웰니스에 관한 거의 모든 것

웰니스에 관한
거의 모든 것

지금 '이곳'이 아닌
나아갈 '그곳'에 관하여

Anything
about
Wellness

There We Aspire to Reach

한이경 지음

2021년 초겨울『호텔에 관한 거의 모든 것』이라는 책을 썼다. 생애 최초의 일이었다. 그뒤로 어느덧 만 2년이 지났다. 그사이 직업인으로서 나는 메리어트 호텔 그룹 브랜드를 단 5개 호텔의 문을 새로 열었다. 지난 시간의 의미는 그게 다가 아니다. 뜻밖에도『호텔에 관한 거의 모든 것』을 반겨주시는 분들이 많았다. 그 덕분에 책을 쓴 저자로서 나는 독자라는 분들의 존재를 뜨겁게 경험했다. 실제로 만날 때는 느낌이 또 다르다. 출간 초기부터 최근까지 프로젝트를 위해 참석한 회의 때마다 낯 모르는 분들이 책을 들고 와 잘 읽었다며 서명을 요청해오신다. 몇 해째 클럽장을 맡고 있는 한 북클럽은 거의 매번 조기 마감이 되곤 한다. 때로는 당황스럽고 또 때로는 어색하며 또 때로는 어쩔 줄을 모르곤 한다. 행운처럼 여겨지는 여러 성원 덕분에 두 번째 책을 쓸 수 있는 힘을 얻었다. 첫 책의 독자가 되어주신 분들께 진심으로 감사를 드린다.

　두 번째 책의 관심사도 역시 호텔이다. 주제는 웰니스로 잡았다. 정확히는 웰니스 리트리트에 관한 책이다. 엄밀하게 말하면 호텔의 미래에 관한 책이다. 호텔에 관한 책이라면서 웰니스라니, 의아해 하는 분들이 계실 수도 있겠다.

　『호텔에 관한 거의 모든 것』의 독자층은 크게 호텔을 애용하는 분들과 호텔업계 종사자들, 둘로 나뉘었다. 나는 이왕이면 이 분들께 실제로 도움이 되는 책을 쓰고 싶었다. 호텔을 애용하는 독자분들께는 전 세계 호텔업계가 지금 어디로 무엇을 향해 가고 있는가를 함께 이야기하면서 이전과는 다른 개념의 경험을 선보이고 싶었다. 호텔업계에서 일하는 독자분들께는 이전에 없던 기회의 장이 열리는 이 시기에 이전에 해오던 방식의 무한복제에서 탈피해 전 세계 이용자들을 향해 호텔의 새로운 경험의 장을 자신 있게 펼쳐 보일 동기를 부여하고 싶었다.

한국인이 사랑하는 시 가운데 러시아 시인 푸슈킨의 「삶이 그대를 속일지라도」는 빠지지 않고 등장한다. 한국에서의 유명세와는 달리 정작 러시아에서는 그리 유명하지 않다고 한다. 왜 그럴까. 이 시의 원전을 최초로 번역한 사람은 시인 백석이다. 그 이후로 숱한 번역본이 등장했지만 나는 이 시를 그만의 방식으로 번역한 백석 시인의 남다른 시선이야말로 이 시를 이토록 오랜 시간 사랑 받게 만든 힘이라고 생각한다.

어쩌다 보니 20대 이후부터 약 30여 년 동안 전 세계 곳곳에서 살아왔다. 그러면서 자연스럽게 이런저런 것들을 보고 겪었다. 그 가운데는 얼핏 볼 때는 지극히 평범했는데 누군가의 남다른 시선과 손길이 닿아 매우 특별하게 재탄생하는 것들도 종종 눈에 띄었다. 당장 머리에 떠오르는 예로는 미국의 매그더 세이예그Magda Sayeg와 남아프리카 공화국의 사라 콜린스Sarah Collins가 있다. 매그더 세이예그는 세계 곳곳에 버려진 차, 전봇대 등을 색색의 뜨개질로 감아 보기 싫은 것을 예술로 승화시켰고, 이는 전 세계적인 열풍으로 이어졌다. 사라 콜린스는 어린 시절 할머니가 음식을 따뜻하게 보관하기 위해 담요 등으로 냄비를 싸두던 걸 떠올려 여러 겹의 천을 바느질해 전기가 필요 없는 슬로쿠커를 만들었다. 사라 콜린스의 슬로쿠커는 단순히 아이디어 차원을 넘어 아프리카 여성들의 삶을 바꿔놓았다. 음식을 조리하기 위해 외진 곳으로 땔감을 구하러 가야 했던 아프리카 여성들은 성폭행이나 납치 위협에 노출되곤 했는데, 슬로쿠커로 인해 그럴 위험이 줄어든 것이다. 이로써 여성의 인권을 보호하는 데 기여한 사라 콜린스는 한발 더 나아가 탄소 배출권 시장으로

매그더 세이예그가 뜨개질로 장식한 폐차와 사라 콜린스가 만든 슬로쿠커

까지 확장, 사업적으로도 규모를 키워나가고 있다. 그녀로부터 이런 이야기를 직접 들으면서 남다른 시선, 그 시선의 확장이라는 것이 만들어낸 엄청난 결과가 경이롭기까지 했다.

그런데 문득 주위를 돌아보니 이런 사례는 바다 건너에서만 존재하는 게 아니었다. 익히 들어왔지만 우리는 그저 종교적 행위의 일환으로만 여기던 불교의 참선을 경험한 미국의 존 카밧진 교수는 이를 마인드풀니스라는 글로벌 언어로 재해석해냈는가 하면, 우리는 1년 열두 달 내내 입을 일 없던 것으로 여기던 한복을 디자이너 김영진이 흑인 모델에게 입히자 단박에 전 세계적인 관심을 받기도 했다. 이런 예는 너무 많아서 하나하나 열거하기도 어렵다. 그런 걸 보면 혁신은 없는 것을 만들어내는 것만이 아니라 이미 있는 것을 다른 시선으로 바라보는 데서도 이루어진다는 걸 실감한다.

그런 한편으로 우리가 살고 있는 세상은 변화무쌍하게 달려나가고 있다. 20세기 산업혁명의 산물인 이분법적 사고관은 역사의 장으로 사라진 지 이미 오래되었다. 미처 깨닫지 못한 사이에 통합적이고 포괄적인 세계관이 소리소문없이 확장되고 있다. 다양한 분야의 학자들이 손을 잡고 과학과 비과학의 경계를 허물고 있다. 코로나19를 힘겹게 겪어낸 지난 몇 년 동안 자고 나면 들려오는 새로운 변화에 깜짝깜짝 놀라곤 했다. 남들보다 더 높은 명예, 성공, 부를 쟁취하기 위해 무한경쟁으로 치닫기보다 상생과 화합을 통해 자기 자신은 물론 지구의 안위를 살피며 모두가 함께 잘 살자는 목소리가 보편성을 획득해가는 모습은 마치 인류의 고해성사처럼 여겨지기도 했다. 이런 목소리는 이상주의자들의 근거 없는 희망의 나열이 아닌, 우리 모두의 공존과 생존을 위한 과학적 사고에서 비롯한 것이라는 점을 기억해야 한다.

변화는 늘 있어 왔다. 하지만 오늘날 우리를 둘러싼 이 변화의 큰 흐름은 단순하지 않다. 그야말로 패러다임이 완전히 바뀌고 있는 것이다. 그렇다면 우리는 이 변화하는 세계 속에서 무엇을 해야 할까. 강 건너 불 구경하듯 구경꾼으로 있어야 할까. 각자가 서 있는 곳에서 각자의 방식으로 두 눈을 크게 뜨고 이 변화가 향하고 있는 곳을 향해 몸을 돌려야 한다.

내가 서 있는 곳은 어디일까. 내 눈에 띤 것은 무엇일까. 내가 선 땅, 내가 주로 활동하고 있는 곳에서 패러다임이 변화하는 방향으로 몸을 돌리니 눈에 띤 것이 바로 웰니스다. 단순한 휴식에서 나아가 진정한 쉼을 추구하려는 사람들, 진정한 쉼을 통해 본연의 모습을 회복하고 그 힘으로 오늘을 지탱하고 내일을 살아가려는 요구가 곳곳에서 팽창하고 있는 오늘날 웰니스라는 키워드가 이미 그 해결책으로 폭발적인 영향력을 발휘하고 있음을 깨닫게 된 것이다.

이를 처음 감지한 것은 이미 10여 년 전으로 거슬러올라간다. 10여 년 전 웰니스를 키워드로 삼아 세상은 변화를 시작하고 있었다. 내가 속한 호텔이라는 비즈니스 세계 역시 그 변화의 복판에 서 있었다. 그 변화의 크기가 너무 커서 미처 감지하고 못하고 있을 때 운 좋게 동참할 수 있는 기회를 갖게 되었다. 중국 상하이에서 활동하던 때였다. 2012년 초반부터 2018년까지 나는 중국의 첫 번째 홀리스틱 웰니스 리트리트인 상하 리트리트 기획 및 개발 그리고 운영을 맡았다. 상하 리트리트는 중국 쑤저우에 세운 약 18만 2천 제곱미터(약 5만 5천 평)가 넘는 거대한 규모의 프로젝트였다. 웰니스 리트리트는 물론 일반 호텔, 주거 공간, 리테일, 교육 공간, 메디컬 클리닉, 메디 스파, 각종 연회장, 유기농 농장 등을 포함한 매우 복합적인 공간을 개발하는 프로젝트였다. 아울러 약 1,320제곱미터(약 400평) 규모의 도시형 웰니스 센터를 만드는 것 또한 나의 일이었다.

사업의 규모도 거대했지만 이 프로젝트가 지향하는 바는 이전에 해왔던 일과는 완전히 달랐다. 이 프로젝트를 진행하며 웰니스라는 키워드가 일상 전반의 라이프 스타일은 물론 다양한 공간에 어떤 식으로 영향을 미치는가에 대해 보고 배웠다. 전 세계적으로 어떤 움직임이 이루어지고 있는가를 체감한 것도 이 무렵부터였다. 아는 것이 거의 없어 마치 흩어져 있는 퍼즐의 조각을 캄캄한 방 안에서 찾아 맞추는 것 같은 기분이 들 때가 한두 번이 아니었다.

어느덧 10여 년이 흘렀다. 지난 몇 년 사이 한국으로 돌아와 일하고 있는 내게 대기업이나 중소기업을 막론한 민간 기업은 물론 공공기관에서도 웰니스 자문 요청이 부쩍 늘었다. 몇몇 재력가들 역시 호기심을 감추지 않고 있다. 웰니스라는 키워드를 넣은 축제나 프로그램들이 심심찮게 회자되고 있기도 하다. 이에 대해 관심을 갖는 이들이 늘어나고 있음을 말해주는 방증일 것이다. 코로나19를 관통하며 이런 변화는 가속도가 붙어 한국에도 본격적인 변화의 조짐이 보이고 있다.

이런 현상을 지켜보면서, 다른 사람이 아직 보지 못하고 있을 때 남다른 시선으로 이 변화의 방향에 동참하고 싶은 분들에게 나의 경험과 관심사를 나누고 싶다는 생각을 하게 되었다. 내가 겪어야 했던 시행착오를 조금이라도 줄이고 세상의 변화에 능동적으로 발맞춰 앞으로 나가는 데 나의 이야기가 밑거름이 되었으면 좋겠다는 마음이 일었다. 『호텔에 관한 거의 모든 것』에 보내주신 독자분들의 성원에 나만의 방식으로 보답하고 싶었다.

그렇게 책을 쓰기 시작하자 생각은 꼬리를 물고 이어졌다. 이왕이면 이 책을 통해 웰니스라는 키워드가 호텔뿐만 아니라 일상을 어떻게 바꿔나갈지를 생각하는 계기가 되기를, 호텔업계는 물론이고 한국 관광 산업 전반의 발전 가능성을 찾는 계기가 되기를 바라는 데까지 이어졌다. 이 책이 각자의 위치에서 어떤 변화를 만들어낼 수 있을까, 하는 질문이 되면 좋겠다고도 생각했다. 앞서 예를 든 매그더 세이예그와 사라 콜린스처럼, 세상에 없던 무엇을 창조하지 않아도, 주위의 것을 달리 보는 시선만으로 변화를 만들어낸 사례는 이미 너무나 많고, 이미 로컬은 그 자체로 세계적인 가치로 부각되고 있으며, 유명세가 아닌 진정성이 주목 받는 시대이고 보면 의식주 전반에 걸쳐 웰니스의 지향과 맞아떨어지는 지점을 충분히 갖춘 우리 땅과 우리 고유의 문화를 바라보는 관점을 조금만 바꿔 놓기만 해도 충분히 승산이 있다고 보기 때문이다. 나아가 호텔을 애용하는 독자들께는 호텔이라는 곳을 통해 호텔만이 아닌 산업 전반의 변화, 나아가 미래를 간접적으로나마 귀띔해드리고 싶었고, 호텔업계에서 일하는 독자분들께는 조금 더 능동적으로 나아가는 동기를 마련해드리고 싶었다.

이런 나의 의도가 얼마나 독자들께 가닿을지 아직은 알 수 없다. 하지만 저 만치에서 우리를 향해 다가오고 있는 이 커다란 흐름에 휩쓸려가는 대신 그 방향에 동참하여 선두에 함께 설 수 있는 이 기회를 놓치지 않기를, 이 책이 그 깨달음의 작지만 의미 있는 마중물로 쓰인다면 보람이 크겠다.

책 출간 직전인 지금 멕시코의 자연친화적 웰니스 리트리트에 와 있다. 전 세계 웰니스 산업 관련 업계 리더들과 웰니스 전문 저널리스트, 그리고 미디어 관계자들과 현재와 미래의 웰니스 산업에 관해 이야기를 나누는 콘퍼런스에 참여하고 있다. 이곳에서 만난 이들에게 나는 한국의 지형적 특색과 문화 그리고 역사를 바탕으로 한 웰니스 리트리트의 가능성과 내가 생각하는 모델에 관해 이야기했다. 반응은 뜨거웠다. 지금까지 어디서도 보지 못한 한국의 웰니스 산업 가능성에 대해 다들 흥분을 감추지 않고 있다. 내가 생각하고 있는 방향에 대한 가능성을 확인했기에 나 역시 흥분을 감추지 못하고 있다. 이 책의 마감 직전, 이 흥분을 독자들과 나누기 위해 군이 한 문단을 추가하는 이유다.

감사 인사를 빼놓을 수 없다. 웰니스라는 여정으로 이끌어주신 뒤부터 지난 10여 년 동안 언제나 한결같은 영감과 응원을 보내주시는 무카라 선생님께 특별히 감사 드린다. 한국어를 못하는 그분을 위해 영어로 인사를 전하는 것을 부디 이해해 주시기 바란다.

I would like to take this opportunity to express my gratitude to Mukara for her infinitive support from the other part of the world. You have set me the path for my wellness journey and always sent me infinitive support all the way from the other part of the world. Special thank you to you.

마지막으로 원고 작업 중 때때로 길을 잃어 헤맬 때 항상 든든하게 옆에서 지지해준 남편에게 고마움을 전한다.

2023년 늦가을,
원앙아리에서
한이경

일러두기

1. 본문에서 언급하는 『호텔에 관한 거의 모든 것』은 저자가 2021년 출간한 저작을 가리킨다.

2. 본문에서 언급하는 '상하 리트리트'는 저자가 2012년 초반부터 2018년까지 중국 쑤저우에서 개발·운영한 웰니스 리트리트를 가리킨다.

3. 이 책에 사용한 외래어는 기본적으로는 국립국어연구원의 외래어 맞춤법 기준에 따랐으나, 업계에서 주로 사용하는 용어 또는 주요 업체명은 관용으로 사용하는 것을 따랐다. 또한 일부 단어는 굳이 뜻을 따라 우리말로 옮기지 않고 관용적으로 사용하는 발음대로 표시했다.

4. 언급한 일부 도서의 경우 한국에 번역되지 않은 경우 직역하여 한글로 제목을 표시한 뒤 원서명을 병기하고, 직역이 어색한 경우 원서명을 그대로 노출했다.

5. 책에 사용한 이미지는 대부분 저자가 촬영한 것으로, 본문에 구체적으로 언급한 특정 장소를 제외하고, 본문 내용의 이해를 돕기 위한 사례로 활용된 경우 해당 장소를 밝히지 않았다. 이는 실내외 디자인의 변화가 자주 일어나는 호텔의 특성을 반영한 것이기도 하다. 이밖에 기관 및 개인 소장 자료는 출처를 밝히거나 허락을 구했다. 위키미디어 공용 사이트의 저작권 만료 또는 사용 제약이 없는 퍼블릭 도메인 이미지는 출처 표시를 생략했다. 이외에 추후 다른 절차 및 정보가 확인되는 경우 이에 따른 적법한 절차를 밟겠다.

6. 참고한 주요 문헌은 필요한 경우 본문에 언급하고, 책 뒤에 목록으로 따로 정리하여 수록했다.

Paradigm Shift

오늘, 여기에서 바라보는
호텔의 나아갈 바

『호텔에 관한 거의 모든 것』에서 나는 호텔의 시작점을 그리스 시대 허름한 행색의 헤르메스와 제우스 신에게 바우키스와 그의 남편 필레몬이 기꺼이 내준 작은 방 한 칸에서 찾았다. 호텔에는 기본적으로 환대라는 DNA가 장착되어야 하고, 그 출발이 여기에서 비롯했다는 데 동의하기 때문이다. 그뒤로 멋진 이브닝 드레스를 입은 사람들로 가득찬 화려한 연회장의 이미지를 거쳐 호텔은 공간과 라이프 스타일의 실험실로 여겨진 지 오래다. 그렇다면 이제 남은 질문은 바로 이것이다.

'앞으로의 호텔은 어떻게 변화할 것인가.'

전망은 다양하다. 지금 이 순간, 어디선가는 이 시대의 화두 중 하나인 자연 친화적인 호텔에서 미래를 찾고 있을 것이고, 또 누군가는 첨단의 AI기술을 활용함으로써 고객 서비스를 개선하기 위해 분투하고 있을 것이다. 먼 곳이 아닌 가까운 곳으로 시선을 돌려보자.

한국 호텔업계는 바야흐로 눈부신 변화를 이루어내는 중이다. 코로나19를 겪는 동안 모든 것이 올스톱되어 있는 듯했지만 호텔업계는 그렇지 않았다. 지난 몇 년 동안, 그 이전에는 볼 수 없던 호텔들이 속속 눈앞에 등장하기 시작했다. 루프탑 수영장으로 문전성시를 이룬 곳도 있고, 유럽에서나 볼 수 있

호텔의 기본 DNA 환대의 기원

■
플랑드르(벨기에) 화가 요르단스가 1645년에 그린 바우키스와 필레몬 집의 제우스와 헤르메스.
이 이야기를 그린 그림은 이외에도 매우 많다. 노스캐롤라이나미술관.

호텔이라는 공간의 다양한 쓰임새
■

호텔은 먹고 쉬는 곳이라는 기본 역할에서 공연장, 전시장, 연회장, 수영장 등 다양한 공간을 통해 고객들의 요구를
충족시키기 위한 곳으로 오늘도 훌쩍 나아가고 있다. 호텔의 진일보는 여전히 현재진행형이다.

던 예술품으로 빼곡한 갤러리 뺨치는 호텔도 나타났다. 정장 차림의 점잖은 어른들만 이용할 것 같은 곳에 때로는 비키니 차림으로, 또는 영화배우 오드리 햅번이나 쓸 법한 챙 넓은 모자를 쓴 젊은이들이 와인 잔을 들고 파티를 즐긴다. 아주 오랜 시간 가라앉아 있던 한국 호텔의 새로운 역사가 바야흐로 수면 위로 떠오르는 형국이다.

코로나19로 인해 해외로 향하던 이들의 발이 묶이자 역설적으로 국내 여행이 활성화되면서 호텔 산업에 새로운 국면이 펼쳐지는 결과를 가져왔다. 코로나19로 인한 사회적 거리 유시가 완화되면서 해외로 나가는 문이 열리자 이번에는 나라 밖에서 한국을 찾는 이들이 유입되고 있고, 그런 수요로 인해 과거와는 다른 양상으로 호텔업계 전반이 변화하고 있다.

변화의 핵심은 압축 성장이다. 단순히 양적 성장만이 아닌 질적 성장을 동반한다는 것이 고무적이다. 어정쩡한 수준으로는 전 세계 다양한 양질의 호텔이나 리조트 등을 경험한 국내외 소비자들의 눈높이를 맞출 수 없으니 필연적인 선택이다. 최근 한국 호텔업계는 물론 눈 밝은 소비자들의 입에 가장 많이 오르내리는 호텔 브랜드로는 아만aman을 꼽을 수 있는데, 이런 최고급 럭셔리 호텔 브랜드를 손쉽게 입에 올릴 만큼 이미 시장의 눈높이는 5년 전과는 비교할 수 없을 만큼 상향되었다.

2018년 한국에 오기 전 약 20여 년 동안 해외 호텔, 리조트 부동산 개발 관련 일을 해왔다. 미국에서 시작해 운 좋게도 여러 나라와 도시에서 다양한 규모의 프로젝트를 진행했다. 세계 3대 투자은행 가운데 하나인 모건 스탠리와 함께 호텔과 리조트를 금융 상품으로도 다뤄보았고, 아랍에미리트 아부다비의 한 왕족이 소유한 회사에서 무형의 자산을 유형의 재화로 현실화하기 위한

아라비아 해안의 작은 섬이던 아부다비 예전 모습.

대규모 부동산 개발을 주도하기도 했으며, 아시아의 부호로 꼽히는 소유주의 회사에서 세상에 없던 홀리스틱 웰니스 리트리트를 만들어내기도 했다.

　그 가운데 하나를 꼽자면 아부다비에서 진행한 프로젝트다. 아부다비는 두바이와 함께 아랍에미리트를 구성하는 7개 토후국 가운데 하나이자 수도로, 원래는 아라비아 해안에 위치한 작은 어촌에 불과했다. 그러다 1996년 석유가 발견된 이후 손꼽히는 부자로 부상했다. 사람이 돈만 가지고 살 수 없듯 도시와 국가 역시 그렇다. 돈이 많아지자 아부다비는 다른 데로 눈을 돌리기 시작했다. 사람들의 눈길을 거의 끌지 못했던 작은 어촌의 역사를 사막의 신기루 같은 마법의 효과로 스토리텔링하더니 세계 최고의 문화 예술이라는 레이어를 덧대 중동의 문화 예술 관광 메카로 만들어 나가기 시작했다. 그 가운데 사디야트 섬saadiyat island 문화지구 프로젝트가 있다. 무려 12조 달러 규모의 이 프로젝트 마스터플랜을 주도하면서 나는 아부다비의 석유가 고갈이 되어도 문화 예술 관광의 메카로 만들어 다음 경제의 동력으로 삼겠다는 이들의 의지와 그것을 현실화하는 현장에서 이전에 경험하지 못한 전율을 느꼈다. 머리로 가슴으로 떠올리는 모든 스토리를 투시도로 만들고, 동영상으로 구현하면서 텅 빈 사막에 오로지 구상만으로 펀딩을 이끌어내는 과정을 주도하면서 꿈을 파는 법에 대해 강렬하게 경험했다. 비록 지금은 그 현장을 떠나 지구 반대편에서 루브르 아부다비 박물관이나 2025년 개관 예정인 구겐하임 박물관 등의 개발 진행 상황을 지켜보고 있을 뿐이지만, 몸은 떠나 있을지라도 머릿속 한켠에서는 역동적인 그 과정에 여전히 함께 하고 있는 것 같다. 나아가 그때의 경험으로 내 머릿속에서는 무에서 유를 만들어내는 일이 끊이지 않고 이어지고 있다.

　무인양품 아트 디렉터 하라 켄야는 자신의 책『저공비행』에서 '관광 산업은 21세기 최대의 산업'이라고 했다. 나는 여기에 관광 산업은 한 국가의 경제를 이끄는 동력이라는 말을 덧붙이고 싶다. 아부다비 사디야트 섬 문화지구 프로젝트는 이를 보여주는 좋은 사례로 꼽을 만하다. 여기에서 언급한 관광 산업은, 손쉽게 디즈니랜드 같은 외국 브랜드를 무작정 수입해서 가져다 놓는 식의 수동적 접근이 아니다. 지역과 거기에서 오래전부터 살아온 사람들의

Saadiyat Beach
District

North
Beach

Manarat
Al Saadiyat

자예드
국립박물관
(영국박물관
브랜드)

Saadiyat Marina
District

Quay
Side

To Abu Dhabi
CBD

Expressway

문화지구 중 저자가
진행한 프로젝트 위치

Waterfront Park

루브르
아부다비
박물관

Museum Park

구겐하임
박물관

루브르
아부다비
박물관

구겐하임
박물관

자예드
국립박물관
(영국박물관
브랜드)

아랍에미리트 아부다비의 사디야트 섬 문화지구 변천사

아라비아 해안의 작은 섬이었던 이곳을 문화예술의 메카로 만들겠다는 꿈을 꾼 이들이
텅 빈 사막에 이룩한 현실.

흔적을 능동적으로 해석해 풀어놓는 방식이어야 한다. 사과로 유명한 지역에 들어섰을 때 느닷없는 백설공주 모형과 마주하는 방식은 곤란하다. 어디선가 도매금으로 사들여온 물고기를 한시적으로 풀어놓고 물고기 축제라고 부르는 것 또한 관광 산업이라고 부르기 민망하다. 기획은 물론 과정 전반에 전문가들의 촘촘한 개입으로 탄생한 결과물을 통한 수익성의 극대화야말로 궁극의 관광 산업이라 할 수 있다. 하지만 아직까지 우리 주위에는 백설공주와 일곱 난쟁이들이 도처에서 등장한다.

관광 산업을 국가 경제를 이끄는 동력으로 삼는다고 할 때 호텔은 키맨의 역할을 맡는다. 어딘가 여행을 간다고 했을 때 아침에 갔다가 저녁에 오는 것과 그곳에서 하루를 머무는 것은 다른 이야기가 된다. 하룻밤을 머물면서 여행지의 정취를 마음껏 누리고 그곳에서 시간을 오래 보낼수록 여행의 깊이는 깊어지고 연동하여 지역의 경제는 활성화된다. 잘 만한 곳이 없다면? 무리해서라도, 아침에 일찍 출발해서 저녁에 다시 돌아오는 일정을 계획한다. 이른바 '당일치기' 여행이다. 그런 의미에서 머물고 싶은 숙소가 있느냐 없느냐는 그곳에서 시간을 충분히 보낼 것인가, 잠깐 들렀다 올 것인가를 결정짓게 하는 중요한 요인 가운데 하나다. 그렇게 보자면 호텔은 단순히 여행지의 잠 자는 곳에서 나아가 그곳에 머물고 싶은 마음이 들게 하는 곳이어야 한다. 그런 의미에서 더이상 '호텔은 놀러가서 잠자는 곳'이라는 일회성 소비 대상의 공간 프레임에 갇혀 있으면 곤란하다. 거기에서 벗어나 주체적으로 관광 산업을 이끄는 포인트로 그 역할과 위상을 스스로 올려야 한다. 이를 통해 호텔에 대한 일반인들의 시선과 접근법에 변화가 이루어진다면, 한국 호텔과 관광의 새로운 역사가 펼쳐지는 전환점이 도래할 것이다. 그 전환점은 새로운 장으로 진입하기 위해 본격 시동을 거는 순간이 될 것이다.

내일로 가는 나침반,
어제의 호텔

자, 그렇다면 어떤 방향으로 어떻게 변화해야 할까. 새로운 장으로의 진입은 어떻게 시작해야 하는 걸까. 이쯤에서 한 번쯤 뒤를 돌아보자. 역사는 교훈을 동반한다. 호텔의 지난 역사를 돌아보는 일 또한 앞으로 나아가는 과정의 발판이 될 것이다. 우리는 잘 모르고 지나왔지만 사회가 변화할 때마다 호텔의 모습과 역할도 거기에 맞춰 끊임없이 달라져왔다. 때로는 수동적으로 또 때로는 능동적으로.

　주목할 만한 사회적 변화의 순간과 맞물리는 호텔의 발자취를 돌아보는 건 그래서 의미가 있다. 어떤 사회적 변화가 호텔의 변신을 촉발하고 또 호텔의 변신은 사회적으로 어떤 변화의 동인이 되었는가를 살피면 압축 성장의 기회를 마주하고 있는 오늘의 우리에게 꽤 쓸모 있는 나침반을 얻을 수 있다. 『호텔에 관한 거의 모든 것』에서 자세히 다루었으니 여기에서는 간략하게 요약하여 설명하기로 한다.

　호텔의 초기 역사는 크게 보아 인간의 이동의 역사와 함께였다. 역사적으로 인간의 이동에 사회적 인프라를 본격적으로 갖춘 것은 로마 시대로부터라고 할 수 있다. 제국의 확장을 위해 군대를 이동하고 물자를 수송하기 위해 그들이 한 일은 길을 닦는 것이었다. 모든 길은 로마로 향한다는 말이 괜히 나온

게 아니다. 그 길 위를 걷는 수많은 군인들에게 먹을 것과 잘 곳이 필요한 건 당연했다. 하루에 사람이 걸을 수 있는 적정 거리 지점마다 군인들이 먹고 잘 곳이 마련되었다. 말을 타고 다니는 이들을 위해 마구간을 갖춘 것도 필요에 의한 결과였다.

산업혁명을 통해 증기기관이 등장하고 사람들이 기차를 타고 다니면서 이곳에서 저곳으로 오가는 이들이 폭발적으로 늘었다. 이런 여행객들의 양적 팽창으로 호텔업은 성장세가 눈에 보일 만큼 빠르게 발달했다. 더이상 잠자리를 제공하는 것만으로는 경쟁력을 갖출 수 없다는 걸 자각한 이들은 서비스라는 개념을 호텔 안으로 들여놓기에 이른다. 그러자 자연스럽게 호텔이 하는 일의 범위가 확장되었다. 운영의 효율성만큼이나 고객의 편안함을 최우선시하게 되었다. 1829년 미국 보스턴의 더 트레몬트 하우스는 객실마다 전화기를 따로 설치하고, 건물 내에 배관을 설치하여 최초로 호텔 지하에 목욕 시설을 갖추었다. 또한 여성들이 공공 장소에서 혼자 식사를 할 수 없는 시대적 분위기 속에서 처음으로 여성 전용 레스토랑을 만든 곳도 여기다. 이전에 없던 레벨의 서비스다.

몇 년 뒤인 1832년에는 캐비닛을 만들던 스테판 홀트가 무슨 마음을 먹었는지 약 35만 달러, 오늘날의 가치로 치면 우리 돈 약 90억 원을 들여 뉴욕에 더 홀츠 호텔의 문을 열었다. 럭셔리의 대명사인 하얀 대리석에 엘리베이터를 최초로 설치한 이 호텔은 오픈 당시 굉장한 뉴스거리가 되었다. 엘리베이터를 설치함으로써 손님들이 짐을 들고 계단을 오르락 내리락하지 않게 한 것은 그때만 해도 혁신적인 아이디어였다. 더 트레몬트 하우스와 더 홀츠 호텔은 단지 새로운 시스템을 도입했다는 의미를 넘어선다. 숙박을 제공하던 역할에서 고객 중심의 서비스를 하는 공간으로 변화되는 분기점을 이 두 호텔이 만들어냄으로써 미국 호텔업계는 이전과 다른 새로운 장으로 들어섰다.

시간은 또 흘렀다. 1950년대 미국의 주와 주를 잇는 고속도로 건설 붐이 일기 시작했다. 주와 주를 쉽게 이동할 수 있게 되자 왕래하는 사람들의 수가 엄청나게 증가했다. 자동차를 타고 여행하는 이들이 급속하게 늘었다. 자동차로 미국의 동쪽에서 서쪽으로, 북쪽에서 남쪽으로 횡단 또는 종단하려면 며칠을 달려야 한다. 그렇다 보니 고속도로 가까이에 하룻밤을 머무는 숙소가 반드시 있어야 했다. 그러자 새로운 비즈니스가 등장했다. 말하자면 홀리데이 인 같은, 전날 저녁 들어가 잠만 자고 다음날 일찌감치 길을 떠나는 데 최적화된 모텔들이 고속도로 라인을 타고 곳곳에 들어선 것이다. 잠만 자고 갈수 없으니 그 옆에는 자연스럽게 패밀리 레스토랑 또는 패스트푸드점이 나란히 들어섰다.

매번 사먹는 음식이 맘에 들지 않거나 가족 단위로 움직이는 여행객들을 위해 이번에는 호텔 안에 간단한 음식을 직접 해먹을 수 있는 레지던스 인Residence Inn 개념의 호텔이 성황을 이루었다.

자동차 다음은 비행기였다. 항공료가 저렴해지고 비행기 이동이 일반화되면서 더 멀리 더 오랜 시간 여행을 떠나는 이들이 급증했고, 호텔은 양적 팽창의 수준을 넘어 양적 폭발의 단계에 접어들었다. 그러자 자본은 여기로 몰려들기 시작, 킹 데이비드 호텔 같은 큰 규모 또는 힐튼 호텔이나 메리어트 호텔그룹 같은 오늘날 우리에게 익숙한 글로벌 거대 호텔 기업들의 전신들이 바로이 무렵 생기기 시작했다.

이런 양적 팽창, 양적 폭발의 시기 들어선 호텔들은 일정한 특징이 있었다.

시대와 산업의 변화에 발을 맞춘 호텔의 변천

　　　걷거나 마차로 다니던 때 호텔은 마구간을 갖춰야 했다. 여행하는 이들이 많아지자
호텔은 서비스를 시작했다. 고속도로가 들어서자 고속도로 라인을 타고 호텔들이 들어섰고
　　비행기가 날기 시작하자 호텔은 양적 팽창을 넘어 양적 폭발의 단계로 접어들었다.
　중세 시대 일러스트와 19세기 그림, 더 트레몬트 하우스와 더 홀츠 호텔, 메리어트 호텔,
킹 데이비드 호텔 등은 그 변천의 과정을 잘 보여주고 있다.

가장 대표적인 특징은 단기간에 수많은 호텔을 개발하다보니 공장에서 찍어내듯 가는 곳마다 똑같은 디자인이라는 점이었다. 당시만 해도 가장 큰 여행 소비자는 비즈니스 여행객들이었고 이들 대부분은 남성들이었다. 그들의 취향은 그리 까다롭지 않았다. 그렇다 보니 어딜 가나 약간 어두운 색깔의 나무 마감재 로비바, 무난한 분위기의 객실이 대부분이었다. 지금 생각하면 단조롭기 그지없지만 당시는 그걸로도 충분했다.

이런 기조는 2000년대 초반까지 지속되었다. 그 당시 나는 보스턴 피라미드 어드바이저Pyramid Advisor리는 회사에서 일하고 있었다. 메리어트 호텔 그룹의 다섯 손가락 안에 드는 거래처였다. 메리어트 브랜드를 달고 새로운 호텔을 개발하는 일을 했는데 어떤 곳에서도 호텔 객실에 밝은 색을 쓰는 건 금기였다. 오렌지색을 써보자고 제안하면 모두들 경기를 일으킬 것 같은 분위기였다. 전통적인 남성 비즈니스맨이던 CEO들부터 이런 색깔에 거부반응을 보였다.

그러나 언제까지 그럴 수는 없었다. 점점 변화가 일어났다. 소비자들이 천편일률적인 객실 디자인에 싫증을 느끼기 시작했다. 특히 빈번하게 출장을 다니는 사람들일수록 불만이 컸다. 미국에서 출장을 많이 다니는 이들은 대개 주중에는 거의 출장을 다니느라 호텔에서 잠을 자고 주말에만 집에서 잠을 자곤 한다. 나부터도 그렇게 살았다. 그런데 가는 곳마다 객실 디자인이 비슷비슷하니 아침에 눈을 뜨면 순간적으로 지금 여기가 어디인지 혼동이 될 때가 많았다. 그런 불만들이 쌓이자 호텔의 오너들이 인테리어 디자이너에게 지역성을 드러낼 수 있는 디자인 요소를 요구하기 시작했다. 그러자 점점 호텔 객실 안에 어딜 가나 엇비슷한 그림들 대신 그 도시의 대표적인 랜드마크를 담은 사진이나 조형물이 걸리기 시작했다. 비로소 호텔의 객실 안에 지역성을 고려한 디자인을 고민한 요소들이 등장하기 시작한 시점이 바로 이 무렵이라고 할 수 있다.

호텔 패러다임의 첫 번째 변화, 라이프 스타일 성지로

시간이 흘러 사람들의 경제적 수준이 높아지고 비행기를 타고 여기저기를 다양하게 누리는 세상이 되자 호텔은 질적 팽창의 시대로 들어섰다. 먹고 사는 문제가 어느 정도 해결이 되면 사람들은 새로운 것에 눈을 돌리게 마련이다. 그렇다 보니 출장이나 여행지에서 이용하는 호텔에서 지루함을 느끼는 이들이 늘었다. 소비자들만 그런 게 아니다. 호텔을 만드는 이들도 뭔가 변화를 꿈꾸기 시작했다. 바로 이 순간, 마치 어디선가 날아온 '짱돌' 같은 변화가 느닷없이 포문을 열었다. 뉴욕에서 나이트클럽을 성공시켜 이름을 날린 변호사 출신 이안 슈레거Ian Schrager를 비롯해 평범한 건물을 특별한 호텔로 변신시키는 데 귀재인 킴턴 호텔의 창시자 빌 킴턴Bill Kimpton, 캘리포니아에 부티크 호텔 조이데 베어를 만든 칩 콘리Chip Conley 등이 '짱돌'을 날린 대표 주자들이다. 이들은 호텔 로비에 번쩍거리는 네온사인을 달고 바둑 패턴을 까는 등의 눈에 보이는 시도를 넘어 무료 미니바를 들여놓거나 최초로 셀럽 셰프를 호텔로 유입하는 등 이전에 없던 고객 경험 중심 유무형의 개념을 도입함으로써 새로운 가치를 창출해냈다.

특징 없는 매우 전형적인 호텔 객실

■

하룻밤 묵고 간다는 목적에 충실한, 그러나 단조롭기 그지없는 객실의 전형.

디자인 감각을 발휘한 호텔 객실
■
객실에 디자인이라는 개념이
들어오기 시작하면서 호텔은 공간 그
자체를 즐기는 대상으로 부상했다.

그 자체로 상품이 된 호텔 객실

■

호텔의 객실은 하룻밤 묵거나 공간을 즐기는 대상에서 나아가 라이프 스타일의 실험실로 부상했다. 객실에서 디자인은 물론 가구며 소품 등을 경험한 고객들은 호텔 밖으로 자신들의 경험을 가지고 나가기 시작했다.

이는 단지 혁신적인 디자인으로만 평가 받지 않았다. 이들이야말로 호텔을 어쩌다 묵고 가는 장소가 아닌 경험하고 즐기는 곳이라는 장르를 구축해낸 장본인들이다. 고객들은 부티크 호텔이라 명명한 이곳에서의 경험에 환호했다.

이로써 인간 이동의 역사와 함께 했던 호텔의 변화는 무의미해졌다. 대신 호텔은 핫한 라이프 스타일을 경험하는 성지로 탈바꿈했다. 온오프라인의 셀럽들이 먼저 찾으면 뒤이어 그들의 팔로우들이 환호하며 모여들기 시작했다. 호텔도 장사이고 보면 사람이 얼마나 몰리느냐에 성패가 좌우된다. 분위기가 이렇다 보니 여기저기 부티크 호텔들이 들어섰다. 이로써 호텔 인테리어 디자인 업계의 르네상스가 열렸고, 사회적으로도 영향력을 발휘하기 시작했다.

피라미드 어드바이저에 근무할 때인 2000년대 초반의 일이다. 호텔 인테리어 디자인이 워낙 다양하고, 자고 일어나면 새로운 것이 쏟아져 나와 최첨단의 첨단을 달리다보니 그 영향이 호텔 담장을 넘어 주택 디자인으로까지 이어지곤 했다. 실제로 당시 내가 다닌 회사에서 개발한 호텔에 투숙한 손님들 가운데 객실 벽지나 조명부터 가구 브랜드가 무엇인지, 구입처가 어디인지를 묻는 이들이 많았다. 문의 전화가 폭주할 때도 있었다. 명실상부 호텔이 한 시대를 풍미하는 라이프 스타일의 체험지로 등극한 순간을 뜨겁게 체험한 셈이다. 그때부터 생각했다. 이런 기조는 호텔이라는 곳이 존재하는 한 계속될 것이라고. 시간이 꽤 흐른 오늘날에도 호텔 같은 침실, 호텔 같은 화장실을 집에서도 원하는 이들이 많은 걸 보면 그때의 내 생각이 틀린 것은 아니었던 듯하다.

두 번째 패러다임의 변화, 경험의 극대화를 향하여

호텔의 변신은 뜻밖의 곳에서 일어났다. 이른바 경험의 극대화가 구현된 것인데, 누군가의 전략적 설계가 아닌 아주 우연한 순간이 계기가 되었다. 언제나 온갖 콘퍼런스가 열리는 도시 중 하나인 샌프란시스코에는 방문자들 수에 비해 호텔 객실이 현저히 부족하고, 부족하니 방값이 무척 비싼 편이다. 2008년의 일이다. 그 무렵 뉴욕에서 샌프란시스코로 이사를 한 브라이언 체스키와 조 게비아 두 사람의 재정 상황은 무척이나 좋지 않았다. 이들은 콘퍼런스 기간 방을 구하지 못한 이들에게 잠자리를 제공해서 월세라도 조금 벌어볼까 생각했다. 준비한 것이라고는 아파트 거실에 매트리스 하나를 깐 것이 전부였다. 이들은 호텔 방을 찾지 못한 콘퍼런스 참가자들에게 'Air Mattress&Breakfast'라는 이름으로 거실을 판매하기 시작했다. 누구도 예측하지 못한 결과가 펼쳐졌다. 이른바 잭팟이 터진 것이다. 제공자들로서는 살고 있는 집의 남은 공간을 여행자들에게 빌려주는 걸로 수입이 생기니 좋고, 여행자들로서는 호텔이 아닌 마치 친척집에 머물며 도시에 대한 경험의 밀도를 높이니 좋은 일이었다. 점차 진화해 집 한 채를 통째로 빌릴 수 있게 되면서 가족 단위 여행자들에게는 더할 수 없이 좋은 선택지가 되었다.

오늘날 우리에게 익숙한 에어비앤비는 이렇게 시작되었다. 샌프란시스코에서 쏘아올린 이 작은 공은 나비 효과를 불러 일으켜 글로벌 브랜드 호텔 회사들에게 적지 않은 위협이 되기에 이르렀다. 마켓을 잃어서는 안 되는 이들은 각자의 브랜드 안에서 자신들만의 언어로 에어비엔비와 비슷한 시스템을 개발했다.

메리어트의 홈즈앤빌라Homes and Villas도 그 가운데 하나다. 호텔 메리어트의 기준에 맞는 집들을 선별하여 자신들의 언어로 운영, 유지함으로써 고객들로 하여금 호텔과 에어비엔비의 장점을 모두 누릴 수 있는 기회를 제공한다. 이전까지만 해도 글로벌 호텔 브랜드가 개인 소유의 집을 예약망에 포함시켜 판매한다는 발상은 있을 수 없는 일이었지만 시장 앞에 장사가 없는 법. 홈즈앤빌라는 물론 비슷한 상품들은 코로나19를 겪으며 급성장을 거듭, 이제는 어엿한 선택지의 하나로 자리를 굳건히 잡은 지 오래다.

이런 에어비엔비의 성공은 그저 우연이기만 한 걸까. 그보다는 시대의 기류에 잘 올라탔다고 보는 게 정확하다. 조지프 파인 2세와 제임스 H. 길모어는 자신들의 책 『경험경제』에서 '새로운 부는 새로운 경험을 기반으로 채택한 기업에서 비롯한다'고 이야기했다. 결과적으로 그들의 예측은 사실이 되었다.

다양한 경험에 돈을 아끼지 않는 MZ세대가 소비의 중심으로 부상하면서 변화는 본격화되었다. 이들은 전형적인 숙박보다는 뜻밖의 경험을 할 수 있는 로컬 숙소를 선호했고, 바로 이 지점에서 에어비엔비의 성공 요인을 찾을 수 있다. 이런 무형의 경험을 큰 가치로 만들어낸 사례를 우리는 잘 알고 있다. 바로 라스베이거스다. 아무것도 없던 땅에 카지노부터 서커스, 놀이공원, 박물관을 비롯한 다양한 엔터테인먼트 시설을 만들어 놓고 성인은 물론 가족 단위 관광객들까지 끌어들이며 거대한 자본을 창출하고 있는 걸 보면 작정하고 촘촘히 짠 경험 산업의 파워를 느끼지 않을 수 없다.

HOMES & VILLAS
by MARRIOTT BONVOY

Destinations   Saved Homes   My Trips   About & FAQs

Sign in

GO FURTHER, FEEL CLOSER

Earn 20,000 Bonus Points on Home Rentals

If you register by 9/24. Terms apply.

REGISTER NOW

EXPERTLY CURATED | 24/7 HOME SUPPORT | MEMBER OF MARRIOTT BONVOY

DESTINATION   DATES (OPTIONAL)

Where to?   Any Dates   SEARCH

Room to Get Away   Ventures within 600 miles of your location

Waterfront

Outdoor Entertaining

Homes With Pools

Trending Homes

Patio/Balcony

경험의 극대화에 동참한 호텔

■

에어비앤비는 호텔이라는 개념을 확장시켰다. 호텔들은 자신들의 객실만을 고집하지 않고 경험을 사랑하는 고객들을 향해 새로운 형태의 서비스를 적극적으로 제공하고 있다. 메리어트 호텔 그룹의 홈즈앤빌라 서비스도 그 가운데 하나다.

무형의 경험이 성공한 대표적 사례, 라스베이거스 ∎

아무것도 없던 땅에 세운 다양한 엔터테인먼트 시설로 관광객들을 끌어들여
거대한 자본을 창출하는 이 도시는 작정하고 촘촘히 짠 경험 산업의 파워를 한눈에 보여준다.

패러다임 변화의 다음은
어느 방향으로?

시대는 또 달라지고 있다. 오늘날의 화두는 AI다. 지난 몇 년 사이 어지러울 만큼 빠른 속도로 발전한 기술은 어느덧 인간 고유의 사고 능력을 위협하는 수준에 이르렀다. 급속도로 발전하면서 갈수록 복잡해지는 세상을 살고 있자니 몸이 힘든 수준을 넘어 뇌의 과부하 증상을 겪는 이들이 증가하고 있다. 멀리 갈 것도 없이 나부터도 만약 뇌에 스위치가 있다면 잠시 꺼두고 싶다는 생각을 한다.

이런 사람들에게 단지 산 좋고 물 좋은 곳으로 잠시 떠나 있는 휴가는 그리 큰 도움이 안 된다. 스마트폰이 생기기 전까지만 해도 있던 곳을 떠나기만 하면 마음놓고 쉴 수 있었다. 휴가가 아니어도 퇴근만 하면 온전히 나만의 시간을 보낼 수 있었다. 하지만 지금은 아니다. 퇴근 후에도 이메일은 쌓이고, 그것으로도 성에 안 차 온갖 메신저로 연결되어 있어 어지간해서는 세상으로부터 떨어져 있기가 어렵다. 집과 회사의 경계가 모호해지다보니 세상에 둘도 없다는, 천국 같다고 꼽히는 태국의 코사무이 해변가에 앉아 있을지언정 뇌 한쪽은 스마트폰으로 들어오는 온갖 요청으로 내내 업무 중인 경우가 많다. 근무 시간은 법적으로 정해져 있지만 근무 시간만 일하는 이들이 얼마나 될까, 싶을 정도다. 보다 못한 몇몇 글로벌 대기업에서 일정 시간 이후 업무 관련 이메일 금지령을 내릴 정도로 심각하지만 이미 우리의 뇌는 멀티 태스킹과 과부하에 시달리는 것이 일상이 되었다.

이렇다 보니 진정한 쉼을 찾는 이들이 늘어나고 있다. 어떻게든 생각을 멈추고 뇌를 쉬게 하고 싶다는 욕구가 높아지고 있다. 한국에서는 템플스테이가 인기를 끌고 있고, 스트레스로 힘들어하는 젊은 세대를 돕기 위한 심리상담 스타트업이 등장했다. 매일매일 마음의 치유와 평정심 유지, 명상에 관한 글을 메일로 보내주는 곳들도 있다.

해외에서는 오로지 쉼과 치유를 목적으로 하는 웰니스 리트리트는 물론 관련 전문가들도 꽤 보편화되어 있다. 그렇다 보니 오래전부터 이런 서비스를 찾는 이들도 매우 많다.

2014년 진행 중인 프로젝트의 벤치마킹을 하기 위해 방문한 튀르키예 리치몬드 누아Richmond Nua 리조트나 스페인의 샤SHA 웰니스 클리닉에서 만난 이들 가운데는 특히 커리어우먼들이 많았다. 대부분 평소의 스트레스를 극복하기 위해 1년에 한 번씩은 이곳을 찾아 몸과 마음을 치유하는 시간을 갖는다고 했다. 앞으로의 1년을 잘 지낼 수 있는 에너지를 얻기 위해 꼭 필요한 시간들이라고들 했다. 전혀 예상하지 못한 이야기였던 터라 나는 그곳에서 제공하는 웰니스 프로그램을 며칠 동안 따라하면서 그 이유를 찾기 시작했다. 하지만 이유를 찾기 위해 노력할 필요가 없었다. 참여하고 나니 몸과 마음이 치유된다는 말에 저절로 수긍이 되었기 때문이다. 실제로 몸에서 가시적인 효과를 경험할 수 있었다. 그렇다면 아시아에서는 이런 곳이 어딜까 찾아보기 시작했다. 태국 후아인의 한 리트리트를 찾았는데 석 달을 기다려야만 갈 수 있다고 했다.

그때부터 웰니스라는 단어는 나의 화두가 되었다. 예를 들어 메디컬 스파와 숙박을 접목시켜 고객들로 하여금 웰니스를 경험하게 한다면 그 경험이야

쉼을 찾아 떠난 이들이 가닿은 곳들

더 많은 것을 보고 경험하는 여행의 방식이 아닌 일상에서 벗어나 쉼을 추구하는 이들이 점점 더 늘어났다.
어떤 이들은 절로, 또 어떤 이들은 도시에서 멀리 떨어진 깊은 산속이나 바닷가로 떠났다.
이들이 찾은 곳은 다르지만 이들은 모두 진정한 쉼, 나아가 치유와 회복을 원했다. 바로 웰니스다.

말로 에어비앤비가 만들어낸 로컬 경험과는 차원이 다른 새로운 가치의 창출을 만들어낼 수 있겠다는 생각을 했다. 여기에 해당 지역의 문화까지 접목한다면 호텔이라는 곳이 개별 사업장의 변화는 물론 지역 전반의 관광 산업에 능동적인 변화를 이끌어낼 수 있을 거라는 데까지 생각이 미쳤다.

방향을 읽는 첫번째 키워드, 외로움

어느덧 옛말을 하고 있지만 2019년 연말부터 등장한 코로나19 바이러스는 정말 무섭게 전 세계로 퍼져 나갔다. 인류가 약 3년여 동안 일제히 멈춤 상태로 지냈다. 우리 세대로서는 처음 겪는 일이었다. 2019년 10월 상하이에서 돌아온 뒤 얼마 지나지 않아 바이러스가 퍼져 나가는 것을 보면서 귀국이 조금이라도 늦었으면 어땠을까 생각만 해도 아찔했다. 이후 미국의 가족들과 약 1년여 동안 만날 수 없었다. 나만 그런 건 아니었다. 상하이 살던 친구의 가족은 아내와 아이들이 유럽에 잠깐 다니러 간 사이 상황이 급변해서 1년 동안 홀로 상하이에 남아 있어야 했다. 여기저기 절절한 사연들이 지구촌 곳곳에서 들려왔다. 그나마 이제는 조금 나아졌지만 아직도 코로나19로부터 완전히 벗어났다고 할 수는 없으며, 그로 인한 여러 후유증이 사회적 현상으로 드러나고 있다.

그 기간 동안 그나마 긍정적인 현상을 하나 찾자면 해외로 나가지 못하는 이들의 발걸음이 국내로 향했다는 것이다. 이로써 오랜 시간 정체되어 있던 국내 호텔과 관광업계는 저변을 확장할 수 있는 가능성을 모색할 수 있게 되었다. 누구도 예상하지 못했으나 이전에 가질 수 없었던 참으로 귀한 기회가 아닐 수 없다.

뉴욕에 있는 글로벌 웰니스 연구소는 웰니스 관련 산업에 관해서는 자타공인 넘버원이다. 이들은 누구보다 발빠르게 글로벌 기류 변화에 민감하게 반응한다. 전 세계 레이더망을 통해 어디에서 무슨 일이 일어

2023년 글로벌 웰니스 연구소에서 발표한 리포트.

나고 있는지, 누가 무슨 일을 하고 있는지를 즉각적으로 파악한다. 그런 이들이 2023년 초 무척이나 흥미로운 리포트를 발표했다. 지난 10여 년 동안 이들의 동향 및 발표 내용을 지켜봐온 나로서는 가장 센세이셔널하다고 여길 내용이었다. 그들이 주목한 것은 무엇이었을까. 바로 외로움이었다.

그들은 지난 3년여 동안 전 지구인들이 코로나19 바이러스로 몸살을 앓았으나 수면 아래에서는 외로움이라는 또다른 바이러스가 무섭게 퍼졌다고 지적했다. 개인부터 국가에 이르기까지 총력을 기울여 코로나19 바이러스에 대항하는 동안 개인의 외로움이라는 감정에 대해 소홀히 한 결과가 심상치 않다는 것이다. 기록적으로 가속화되어가는 핵가족화, 전례 없는 고령화, 저조한 종교 활동, 하루 평균 11시간씩을 차지하는 디지털 미디어 사용 시간 등은 이전에도 이미 외로움을 야기하는 원인으로 지목되었다. 그런데 코로나19 바이

러스로 인한 극단적인 격리 상황으로 인해 극심한 외로움이 사회적 현상으로 드러나면서 외로움에 대한 본격적인 대응책을 마련하는 분위기가 확산되고 있음을 주목한 것이다. 다시 말해 이 리포트는 코로나19가 외로움에 대한 대응책 마련의 티핑Tipping 포인트가 되었다는 것에 주목하고 있었다.

사실 외로움은 코로나19 바이러스보다 좀 더 뿌리가 깊은 현상이다. 산업혁명 이후 가속화된 산업화로 인해 가족을 포함한 여러 인간 관계는 균열이 생기기 시작했고, 한편으로 삶의 우선순위는 개인·일·돈 등이 차지했다. 그로 인해 사회적 동물인 우리 모두는 점점 외로워졌다. 디지털 시대로 접어들면서 누구도 부정할 수 없을 만큼 외로움은 더 커지고 깊어졌다. 그리고 코로나19로 인해 약 3년여에 걸쳐 정상적인 사회 활동이 어려워지면서 외로움은 더이상 개인의 문제로만 여길 수 없는 상황에까지 이른 것이다.

외로움을 주목한 것은 글로벌 웰니스 연구소만이 아니다. 사회적인 현상을 주시하고 글로벌 트렌드를 포착하는 글로벌 리서치 기관 중 하나인 운더만 톰슨 인텔리전스Wunderman Thompson Intelligence에서도 외로움을 둘러싼 현상을 감지, 이를 트렌드라는 언어로 해석해냈다. 그 가운데 눈에 띄는 부분은 이른바 MZ세대들의 외로움 극복법이다. 이들은 외로움을 이기기 위해 좀 더 심도 깊은 방법을 찾고 있는데 그들이 선택한 것이 바로 진정한 사회적 관계 속에서 이루어지는 웰니스라는 것이다. 우리가 흔히 떠올리듯 홀로 자아를 찾기 위한 행위, 이를 테면 스마트폰의 애플리케이션을 통해 명상을 하는 방식은 이들 사이에 주목을 끌지 못하고 대신 가치관이 맞는 이들과 함께 모이는 데서 의의를 찾고 있다는 것이다. 코로나19를 겪으며 혼자 있는 시간은 충분히 가졌고, 그로 인해 느낀 외로움을 다시 겪고 싶어하지 않는다는 것으로도 이해할 수 있다.

코로나19를 겪어온 지난 3년 동안 앞으로 사람들은 모이지 않을 것이라는 전망이 앞다퉈 쏟아져 나왔다. 굳이 전문가의 입을 빌리지 않아도 너나 할 것 없이 내놓는 전망이었다. 심지어 글로벌 웰니스 연구소에서도, 서던캘리포니아대학교 부동산 연구소에서 주최한 줌 콘퍼런스에서도 이런 전망이 나와 갑론을박이 이루어지는 진풍경이 펼쳐지기도 했다. 앞으로는 직장인들의 재택 근무가 일반화될 것이고 그로 인해 다운타운에 사무실이 필요 없어질 것이라는 전망도 그 가운데 하나였다. 호텔업계는 물론 각종 콘퍼런스 주최자들 역시 줌을 통한 비대면 미팅이 보편화되면서 이제 대면 회의 시대는 지났다며 회의 참석을 위한 여행객들이 현저히 줄어들 것이라는 예측을 내놨다.

하지만 이런 예측은 모두 보기좋게 틀렸다. 사회적 거리 유지가 완화되자마자 사람들은 즉시 움직이기 시작했고, 여기저기에서 '다시 모여'를 외치기 시작했다. 그동안 직접 만나지 못하며 느낀 외로움을 더이상 견딜 수 없어서였다. 만날 때 만나더라도 바이러스 감염 위험성을 철저히 방지하는 것이 이전과의 차이라면 차이라고 할 수 있겠다.

코로나19 이전 회자되던 웰니스 산업군의 대표적인 이미지는 혼자만의 시간이었다. 너도나도 '나 홀로'를 외쳤다. 방안에 앉아 스마트폰의 애플리케이션을 켜놓고 혼자 명상에 빠지거나 혼자 요가를 하는 것이 웰니스의 상징이었다. 이런 솔로 프로그램이 성행하다보니 애플 워치 같은 웨어러블wearable이나 혼자서도 사용 가능한 장비들 또는 이를 돕는 애플리케이션이 스타트업계에서 눈에 띄었다. 2014년 미국에서 만든 명상 애플리케이션 가운데 하나인 캄Calm은 코로나19가 퍼져 나가는 동안 급성장을 거듭, 2022년 『타임즈』가 선정한 가장 영향력 있는 회사 100개 중 하나로 선정되었고, 오늘날 이 회사의 가치는 우리 돈으로 약 2조 3천억 원 이상에 달한다. 어마어마한 유니콘 기업으로 성장한 셈이다. 한국에서도 이용자들이 많아 한국어 서비스를 제공하고 있을 정도다.

하지만 이렇게 무섭게 끓어 오르던 나 홀로 웰니스 프로그램들이 외로움이라는 복병의 등장으로 인해 점점 제동이 걸리기 시작했다. 여전히 이용자들이 많긴 하지만 이제는 독주하던 나 홀로 웰니스 프로그램이 아닌 모여서 같이 하자는 기류가 점점 더 확산되고 있다. 아이러니하게도 코로나19로 인해 '나' 에서 '우리'로 다시 회귀하고 있는 셈이다.

방향을 읽는 두 번째 키워드, 진정성

주목할 만한 변화는 더 있다. 여행 스타일의 변화다. 꽤 오랜 시간 사람들은 여행사에서 기획한 상업적인 논리에 의해 여행을 선택했다. 스스로 선택했다고 여기지만 저변에는 상업적 논리가 깔려 있는 경우가 많았다. 이를테면 어느 지역은 맛집이 많으니 주로 먹으러 가야 한다고 여기거나 또 어느 지역은 골프 치기 좋은 곳이니 거기에 맞게 일정을 계획한다. 그에 따라 호텔을 비롯해 식당이며 들르는 곳들도 비슷비슷해진다. 이미 검증을 거친 정보이고, 짧은 여행에서 효율성을 고려하면 합리적인 선택이라는 점은 부인하기 어렵다. 하지만 정말 개인의 취향을 잘 담은 여행일까, 물음표를 던져보면 답은 글쎄다.

코로나19로 인해 멀리 여행을 가지 못하는 시간이 길어지고, 혼자 있는 시간도 많아지면서 사람들은 스스로를 들여다보게 되었고, 그동안 충분히 즐기지 못한 여행을 앞두고 무엇보다 자신의 취향을 우선시하기 시작했다. 거기에 더해 지향하는 가치를 실현시키는 여행에도 관심을 둔 이들이 본격적인 소비자로 부상하기 시작했다. 이런 흐름을 놓칠 리 없는 글로벌 웰니스 연구소를 비롯한 글로벌 트렌드 예측 기관들이 내놓은 2023년 보고서는 정확하게 이 부분을 언급하고 있다. 소비 중심의 여행이 아닌 커뮤니티에 기여하는 진정성 있는 여행이 등장했다는 것이다. 영어로는 'regenerative tourism', 우리말로는 재생 여행이라고 할 수 있겠다.

간단히 설명하자면 유명 대도시의 랜드마크 순례 여행이 아닌 유명하지는 않지만 제대로 된 온천 문화를 즐길 수 있다거나 고대로부터 내려오는 힐링 체험을 할 수 있다거나 심지어 기후위기에 대응하는 캠페인 여행을 선택하는 이들이 점점 늘어나고 있다는 것이다.

누군가 정해놓은 가이드에 따라 움직이기보다 개인의 호기심, 취향, 가치 실현 쪽에 방점을 둔 여행 소비자들이 대세가 되어가고 있다는 의미다. 어찌 보면 많은 사람들의 마음 깊숙한 곳에 감춰져 있던 탐험가 욕구가 발현되는 것 같기도 하다. 물론 이전에도 이런 경향은 있었으나 이제 본격화되어 가고 있다는 점에서 새롭게 주목해야 한다.

여기에서 흥미로운 주장을 접했다. 홍콩에서 활동하고 있는 해외 마케팅 전문가의 이야기다. 그는 미국이나 영국 출신 가수들이 세계 무대를 휩쓸던 것처럼 이제는 케이팝이 온 세상을 주름잡고 있다며, 그 저변에는 케이팝 가수들을 통해 스스로 자신들이 중요하게 여기는 삶의 의미와 가치관을 투영하는 팬들의 열렬한 지지가 깔려 있다고 했다. 말하자면 자신들이 원하는 바를 노래에 담는 가수라면 국적을 불문하고 보내는 뜨거운 호응이야말로 케이팝 열기의 바탕이라는 것이다. 이런 분석을 보면서 전 세계 10~20대의 꿈과 고민에 공감하고 성장통을 겪고 있는 그들을 향해 희망을 노래하는 BTS와 그들을 뜨겁게 사랑하는 전 세계 아미들의 교감을 떠올리는 것은 자연스러운 수순이 아닐 수 없었다.

→»»»»— ◆ —«««««

방향을 읽는 세 번째 키워드, 고대로부터의 지혜

→»»»»— ◆ —«««««

코로나19를 분기점으로 전 세계 석학들이 새롭게 주목한 지점은 또 있다. 키워드로 정리하면 이렇다.

'고대로부터 내려온 지혜, 과학, 영성.'
Ancient Wisdom, Science, Spirituality.

전혀 어울리지 않은 단어들의 조합이자 이질적이기까지 한 나열이다. 이 키워드들은 과연 어떤 고리로 연결되어 있을까. 세계 석학들이 여기에 주목하는 이유는 뭘까. 이를 이해하기 위해서는 우리에게 익숙한 이른바 상식의 틀을 내려놓을 필요가 있다.

코로나19가 한창 창궐하고 있을 때 한국은 비교적 일상생활의 일부만 제한

받는 정도에 그쳤지만, 다른 나라, 특히 이른바 선진국이라고 불리는 주요 국가 시민들은 오랜 시간 최소한의 외출만 허용되는, 마치 창살 없는 감옥에 사는 것처럼 지내야 했다. 그뿐만이 아니었다. 사람들이 속수무책으로 죽어 나가는 상황을 실시간으로 지켜봐야 했다. 병원에는 시신을 안치할 냉동고조차 놓을 곳이 없어 길거리에 시신 보관 냉동고가 방치되거나, 가족들이 세상을 떠나는 마지막 모습도 지켜볼 수 없는 비극적 상황이 이어졌다. 우리에게는 뉴스 속 장면이지만 그들에게는 자신들이 살고 있는 도시에서 일어나는 일이었고, 이웃의 일이었으며 언제든지 본인의 일이 될 수도 있었다. 도시들마다 아비규환이 펼쳐졌고, 영화에서나 보던 집단적 공포가 사람들의 머리 위에 드리워졌다. 그런 한편으로 인류가 함께 겪고 있는 이 비극에서 어서 벗어나야 한다는 한마음을 갖기도 했다.

그러면서 만물의 영장이라고 자부하던 우리 인간이 뜻밖의 바이러스 창궐 앞에서 할 수 있는 일이라는 게 고작 '격리'밖에 없다는 사실에 많은 이들이 참담해 하며 무력감을 느꼈다. 그런 이들의 시선은 자연스럽게 신을 향했고, 그동안 방만했던 삶의 방식을 진심으로 돌아보게 되었다. 텅 빈 밀라노 한복판의 두오모 성당에서 안드레아 보첼리가 부른 〈아베 마리아〉는 '희망을 위한 음악'Music For Hope이라는 콘서트 주제에 맞게 인류를 위한 희망을 기원하는 동시에 인류를 대신해 신을 향해 고해성사를 하는 것처럼도 들렸다.

철학과 과학을 비롯해 미래학 분야의 권위자이자 2004년에 이어 2005년에도 노벨평화상 후보에 오른 어빈 라슬로Ervin Laszlo는 자신의 저서 『웰빙 시대의 서막』Dawn of an Era of Well-being을 통해 상당히 흥미로운 시각을 피력했다. 이를테면 '동양-서양'이나 '현대-고대'의 단어 쌍처럼 '과학'과 '영성'도 쌍을 이

안드레아 보첼리의 '희망을 위한 음악' 콘서트 장면. 유튜브 화면을 캡처한 것으로 이 영상은 지금도 볼 수 있다.

루어, 과학 밖의 것을 과학의 하위 구도로 취급해온 것을 산업혁명의 산물인 이분법적인 시각의 하나로 보고, 이런 시각에 대한 회의가 점차 심화되어가고 있다고 했다. 코로나19로 인해 동시다발적으로 접하는, 보고 있어도 쉽게 믿을 수 없는 상황들이 하나같이 이분법적 사고방식으로는 도저히 설명이 되지 않으니 그럴 법도 하다. 따라서 '이것이 아니면 저것을 택하던 이분법적인 사고에서 벗어나 이것과 저것 모두가 하나의 거대한 시스템 안에 함께 존재하는 일부분일 뿐이라는 전인적인wholeness 세계관이 급부상을 하고 있으며 그 패러다임 안에서 고대 지혜와 과학과 영성의 연결점이 존재한다'고 그는 분석했다. '기계론적 세계관을 중심으로 한 고전 과학이 계속 주류를 이루었다면 이런 사고는 어림도 없었겠지만 고전 과학을 한 단계 더 승화시켜 과학의 새로운 장르라 할 수 있는 라이프 사이언스Life Science 세계관으로 보면 이에 대한 실마리를 찾을 수 있다'고 했다. 실로 산업혁명 후 가장 놀라운 패러다임의 전환이 일어나고 있는 것이다.

잘은 모르지만 누구나 한 번쯤 들어보기는 했을 양자 역학이나 후성 유전학 등을 포괄하고 있는 라이프 사이언스는 오랜 시간 미신으로 치부하던, 세계 각지에서 전해 내려오는 일부 고대의 지혜를 과학적인 입증을 통해 팩트의 영역으로 이끌어내고 있다.

이런 사례는 멀리 갈 것도 없이 우리의 경험에서도 볼 수 있다. 어린 시절 배가 아프면 '엄마 손은 약손'이었다. 아픈 배 위에 엄마나 할머니가 손을 얹고 낮은 목소리로 '엄마 손은 약손'이라고 되뇌이며 쓸어주고 있으면 신기하게도 아픈 배가 진정이 되는 경험을 기억하는 이들이 많을 것이다. 2002년 영국의 저명한 과학잡지 『네이처』는 '어머니의 따뜻한 손길이 자녀의 신경조직을 자극해 정서적 안정과 신체 발육을 촉진한다'라는 설명을 내놨다. '엄마 손은 약손'이 단순히 플라시보 효과가 아니라 실제로 그런 행위가 뇌에 전달되는 신경조직을 작동시켰다는 것이다. 물론 우리에게는 아직 생소한 이야기다.

이밖에도 과연 명상이 과학의 범주에 들어가느냐를 두고 일부에서는 꽤 논란이 되기도 했다지만, 이미 해외에서는 그 단계를 넘어 영성-과학-의학 등 얼핏 이질적으로 보이는 분야의 접목 효과에 대한 논문, 저서 등이 활발하게 발표되고 있고, 이를 토대로 그동안 의학으로 해결하지 못한 분야에서 새로운 활약상을 이어가고 있다.

이런 현상은 학자들의 세계에서만 드러나고 있지 않다. 독실한 티베트 불교 신자로 유명한 미국의 영화배우 리차드 기어만 해도 개인적인 신앙의 일환으로 조용히 달라이 라마를 지지해왔으나, 오프라 윈프리는 팬데믹 기간 동안 대중들의 불안한 심리를 돕기 위해 전 세계 영성 지도자들을 모아 매주 토크쇼를 진행했다. 예를 들어 이 토크쇼에 출연한 영성 지도자 중 한 사람인 에크하르트 톨레Eckhart Tolle가 과거나 미래가 아닌 현재에 집중하는 것이 얼마나 중요한지, 감정은 자신이 아니며 이를 분리하는 의미를 설명함으로써 제어할 수 없는 감정으로 고통 받는 이들에게 새로운 깨달음을 전하는 방식이었다. 이러한 윈프리의 토크쇼를 통해 대중에게 생소했던 영성의 효과가 낯선 벽을 허물고 일상생활 테두리 안으로 들어왔으며, 실제로 많은 이들이 윈프리의 토크쇼를 통해 큰 도움을 받았노라고 했다.

오프라 윈프리보다 한발 더 나아가 영화배우 기네스 펠트로는 아예 비즈니스 마인드로 접근했다. 그는 마인드풀니스, 영성, 자연친화적 재료에 기반한 웰니스 상품들을 만들어 판매하는 회사 구프GOOP를 세워 맹활약하고 있다.

여기에서 잠깐 마인드풀니스Mindfullness라는 단어에 대해 살펴보기로 하자. 오늘날 한국에서도 거의 일상용어처럼 쓰이고 있을 만큼 전 세계에서 함께 사용하는 단어로 정착되었다. 그런데 이 마인드풀니스의 출발점이 어디인지 아는 사람은 드물다. 어디일까. 바로 한국이다. 한국의 불교다. 불교의 참선이 그것이다.

우리는 참선을 불교 신자들의 종교적 행위의 일환으로만 여겨왔다. 하지만 명상을 과학과 접목시켜 세계 최초로 MBSRMindfulness Based Stress Reduction, 마음챙김에 근거한 스트레스 완화 프로그램을 개발한 존 카밧진Jon Kabat-Zinn은 달랐다. 그는 한국 숭산 스님 문하에서 경험한 참선에서 종교적인 의미를 제외하고 오직 논리적이고 객관적인 요소로 이를 체계화했다. 이런 과정을 통해 재탄생한 것이 바로 마인드풀니스다. 그는 나아가 이를 통해 현대인이 어떻게 스트레스로부터 벗어날 수 있는지에 관한 방법론을 제시하는 데까지 이르렀다. 이후 그가 제시한 방법론이 트라우마 증후군을 겪는 사람들의 치료에도 효과가 있다는 것이 의료계에서 입증되자 전 세계가 마인드풀니스에 열광하기에 이르렀다. 오늘날 전 세계적으로 커다란 흐름을 이어가는 대표적인 움직임이라 할 수 있는 영성Spirituality의 시작점에 이미 우리가 가 있다는 의미이기도 하다.

–»»»»»–◆–«««««–
호텔의 미래는 곧
고객에게는 새로운 경험, 호텔에게는 새로운 도약
–»»»»»–◆–«««««–

다시 이야기는 호텔로 돌아온다. 외로움을 극복하고, 진정성 있는 여행을 추구하고, 나를 찾기 위해 고대의 지혜를 빌리기도 한다. 패러다임의 변화를 보여주는 이런 모든 행위를 말해주는 한마디가 있다. 그것이 바로 웰니스다. 그런데 과연 이런 이야기가 도대체 호텔과 무슨 관계가 있다는 걸까.

우리가 일상생활에서 웰니스를 경험할 수 있는 시공간을 확보하기란 현실적으로 쉽지 않다. 일상생활의 흐름에서 나를 분리시켜 오롯이 나 자신에게 집중할 수 있게 할 수 있는 곳을 어디에서 찾을 수 있을까. 바로 호텔이다. 개인의 쉼을 위한 공간이 마련되어 있고, 편안함을 위한 환대의 유전자를 장착한 호텔이야말로 웰니스를 위한 최적의 장소다. 먹고 씻고 자는 것은 물론 심지어 스파를 비롯한 다양한 공간이 준비되어 있으며 24시간 서비스와 운영 지원이 상주한다.

전혀 새로운 이야기가 아니다. 일반 소비자들이 호텔을 여행지에서 하루 묵는 곳으로 여기고 있을 때, 이미 발빠른 호텔업계의 선두 주자들은 코로나19 이전부터 이미 특화된 호텔들을 통해 전문적인 웰니스 프로그램을 제공해왔다.

다만 이런 호텔과 프로그램은 워낙 고가로 이루어져 일부 특정 계층만 이용할 수 있었다. 대중교통으로는 접근조차 어려운 곳에 위치해 있어 대중의 눈에는 더더욱 보이지 않았고, 전략적으로 은밀하게 운영하는 곳도 있었다. 우리나라 한 재벌 2세가 출산 후 회복을 위해 이용하기도 했다는 스위스 엔타이 에이징 클리닉만 해도 가고 싶다고 해서 누구나 갈 수 있는 곳이 아니다.

서양에서만 통한다고 여긴 웰니스 리트리트가 마침내 대규모 프로젝트로 등장한 것은 중국에서였다. 기획을 시작한 때는 바야흐로 2011년, 공간은 중국 상하이였다. 상하이에 본사를 둔 라이프 스타일 부동산 개발 회사 옥타브 Octave에 2012년에 입사를 한 내게 주어진 미션은 그때까지만 해도 생전 처음 들어보는 홀리스틱 웰니스 리트리트 개발이었다. 이를 위해 참여한 첫 임원 회의에서 그동안 쌓아온 나의 인식의 틀은 저변에서부터 완전히 흔들리기 시작했다.

그때까지 나에게 호텔은 곧 메리어트, 힐튼, 스타우드, 하얏트 같은 글로벌 브랜드 기업들이었다. 하지만 그 회의에서 거론되는 곳들은 미국 캐니언 랜치Canyon Ranch, 에설런Esalen 인스티튜트, 호주 골든 도어Golden Door, 태국 치바솜Chiva-Som 같은 낯선 이름들이었다. 업무에 적응해 나가면서 어빈 라슬로와 그의 뒤를 잇는 크리스 라슬로 부자의 이야기를 자주 듣기도 하고, 상담자의 관점에서 이루어지는 것이 당연했던 기존의 심리 상담과 달리 내담자 입장에서 심리 치료를 한다는 하코미Hakomi 상담자 양성 과정도 지켜보게 되었다. 불교의 명상과 노자의 도덕경에서 착안한 하코미 상담자 양성은 중국 최초의 일이라고 했다. 하코미는 '당신은 누구인가'라는 뜻의 미국 선주민 호피Hopi 족 말이라고 했다.

아울러 그 당시 이미 전 세계에서 바이럴되고 있던 실리콘 밸리의 SIYSearch

Inside Yourself 프로그램을 론칭하면서 나는 완전히 다른 세상에 눈을 뜨게 되었다. 더욱이 서양에서는 이런 움직임들이 이미 오래전부터 진전되어 온 것에 비해 동양에서는 이제 막 시작점에 진입했다는 사실이 엄청난 자극이 되었다. 그렇게 시작한 홀리스틱 웰니스 리트리트는 그 자체로 대단한 이슈가 되었고, 몇 년 지난 뒤인 2018년 무렵에 이르러 웰니스 리트리트는 그야말로 폭발적인 성장세를 이루었다. 수많은 중국인들이 힘든 마음을 마인드풀니스를 바탕으로 한 치유법을 통해 극복했다. 대중적으로 커다란 반향을 일으킨 이런 현상을 두고 어쩌면 중국에 종교가 허용되었다면 이 정도의 반향은 불가능했을 거라는 진단도 나왔다.

이런 분위기가 저변에서 만들어지기 시작할 무렵, 코로나19가 터졌다. 힘든 시간을 겪어야 했던 일반 대중들 사이에 자기 치유를 위한 웰니스 프로그램에 대한 수요가 높아지기 시작했다. 그러자 베일에 싸여 있던 웰니스 호텔들이 점점 대중들 속으로 들어오고 있는 경향이 속속 눈에 띈다. 소비자들에게는 새로운 경험의 장이 열리고, 호텔업계로서는 새로운 기회의 장이 창출되는 대변환의 시점이 지금 이 순간 도래하고 있는 것이다.

이처럼 호텔과 웰니스를 접목한 형태를 두고 웰니스 호텔이나 웰니스 클리닉 또는 웰니스 리조트라고들 부른다. 나는 이를 웰니스 리트리트로 명명한다. 리트리트Retreat는 우리말로 한발 물러난다는 뜻이다. 호텔에서 경험하는 웰니스가 일상에서 한발 물러나 스스로를 돌아볼 기회를 갖게 하고, 자신의 부족한 부분에 대해 전문적이고 체계적인 도움을 받는 곳이라는 의미에서 이렇게 부르기로 한다.

먼저 말하자면 웰니스 리트리트에서의 경험은 만병통치가 아니다. 처방전을 통해 증상을 해결하는 방식의 서양 의학과는 개념이 완전히 다르다. 우리 안에 감춰진 내면의 문제는 무의식 저편에 원인을 둔 것일 수도 있고, 잘못된 식습관이나 무질서한 라이프 스타일에서 비롯한 것일 수도 있다. 원인에 따라 개선을 해나가는 데 걸리는 시간과 노력의 양은 천차만별일수밖에 없다. 따라서 웰니스 리트리트에서 우리가 추구하는 궁극적인 목적은 잘못된 라이프 스타일의 개선을 통해 몸과 마음, 나아가 영성의 건강한 상태를 경험하게 함으로써 이후 맞닥뜨리는 어떤 외부 상황에도 건강하게 대처할 수 있는 마음의 근육을 만드는 것이다. 한 번 만든 근육을 유지하는 건 개인의 노력에 달려 있다. 하지만 한 번이라도 근육을 만들어본 사람은 한 번도 안 만들어본 사람에 비해 그 필요성과 효용, 유지하고 만드는 방법을 쉽게 이해할 수 있다. 웰니스 리트리트 역시 그렇다. 이미 전 세계적으로 웰니스 리트리트를 경험한 이들 사이에는 이런 말이 정설로 굳어지고 있다.

'한 번도 안 가본 사람들은 있어도 한 번만 가본 사람은 없다.'

>>>>>> — ◆ — <<<<<<
호텔의 미래는 여기에, 웰니스 리트리트
>>>>>> — ◆ — <<<<<<

그런데 나는 왜 호텔의 미래를 이야기하는 이 책에서 웰니스 리트리트에 대해 이야기하는 걸까. 두 가지 이유가 있다. 앞선 책에서 나는 호텔이 새로운 경험의 장이라는 말을 했다. 이미 화려한 또는 기발한 건물과 인테리어로 무장한 호텔들은 전 세계 도처에 포진해 있다. 호텔들의 서비스도 새로운 기술을 도입하여 점점 업그레이드되고 있다. 이런 호텔들의 정보는 이미 차고도 넘친다. 소비자들이 호텔을 제대로 즐기고 누릴 수 있는 법에 대해서, 한국에서 여전히 부족한 호텔의 시설, 규모, 서비스에 대해서는 『호텔에 관한 거의 모든 것』에서 할 수 있는 이야기를 했다. 책이 나온 뒤 이 책의 독자층은 크게 둘로 나뉘었다.

하나는 호텔을 한두 번이라도 다녀봤거나 자주 이용하는 고객들이었다. 그동안 익숙한 호텔의 새로운 면을 알게 되어 흥미롭다는 반응이 많았다.

또 하나는 호텔업계 종사자들이었다. 어떻게 서비스를 해야 하는지, 운영 및 관리는 어떻게 해야 하는지, 새로운 호텔을 지을 때 어떤 부분에 주의해야 하는지 도움을 받았다는 반응이 많았다.

나는 이왕이면 앞선 나의 책에 호응해준 독자들에게 실제로 도움이 되는 책을 쓰고 싶었다. 멋지고 훌륭한 호텔의 정보는 다른 데서 얻으시고, 나는 나만 할 수 있는 이야기를 통해 호텔에서 누릴 수 있는 이전과는 다른 개념의 경험을 선보이고 싶었다. 또한 새로운 기회의 장이 열리는 이 시기에 이전에 해오던 방식의 무한복제에서 탈피해 전 세계 이용자들을 향해 호텔의 새로운 경험의 장을 자신 있게 펼쳐보일 자극을 한국 호텔업계에 제시하고 싶었다. 이런 나의 시도가 어떤 결과를 가져올지 아직은 알 수 없다. 하지만, 궁극적으로 전 세계 호텔업계를 선도하고 있는 메인스트림의 그 방향에 함께 할 수 있는 이 기회를 우리의 것으로 가져오는 데 이 책이 마중물이 되기를 바란다. 이쯤에서 물음표가 떠오를 것이다.

'외국이라면 몰라도 한국 상황에서 이게 가능할까?'

'일반적인 호텔 이용자들에게 과연 설득력이 있을까?'

몇 년 전까지만 해도 타당한 물음표였다. 하지만 이미 지난 몇 년 사이 한국 상황은 크게 달라졌다. 국내 신규 호텔 오픈 홍보 문구나 새로운 프로그램 안내 문구에서 웰니스라는 단어는 심심치않게 등장하고 있다. 대전에 문을 연 글로벌 브랜드 호텔의 경우 결과는 그리 파격적이지 못했지만 같은 건물 안에 웰니스 클리닉을 두어 웰니스를 콘셉트로 삼으려는 시도를 한 바 있고 부산 기장의 한 리조트에도 엔타이 에이징 클리닉 운영을 통해 웰니스 개념 도입을 시도하기도 했다. 서울의 한 국내 브랜드 호텔에서는 아예 '저니 투 마인드 풀니스'Journey to Mindfulness를 콘셉트로 내세운 스파 프로그램을 론칭한 행보도 있었다. 웰니스에 대해 적극적으로 시도하기 시작한 것이다.

이런 경향은 개인 단위에서 더 활발하게 드러나고 있다. 소규모 숙박업을 의미하는 이른바 스테이들마다 다도, 명상, 마인드풀니스, 바디 무브먼트 콘셉트로 숙박 프로그램을 운영하는 모습은 이미 익숙하다. 해외에서 웰니스 리트리트의 출발은 자본가의 투자로 시작, 고가 상품으로 론칭하는 것이 일반적이다. 따라서 고객층 역시 압도적인 부유층 사이에서 형성되고 이 기준에 맞는 상품이 지속적으로 개발되면서 점점 입소문을 거쳐 확산되는 경향을 보인다. 그런데 한국에서는 소규모 숙박업소에서 먼저 시작하고 있고, 이들이 론칭하는 합리적인 가격대의 상품에 대중들의 호응이 이어지면서 점점 비슷한 상품들이 확산되면서 접하는 이들도 아울러 늘어나고 있는 추세를 보이고 있다. 한국에서만 볼 수 있는 특이한 현상으로, 이런 경향이 이후 한국 웰니스 리트리트 산업의 행보에 어떤 영향을 미칠지 지켜보는 나로서는 매우 흥미진진한 지점이 아닐 수 없다.

호텔의 새로운 변화가 시작되고 있는 데다 무한한 가능성을 품고 있다는 말을 하면 가장 먼저 눈을 반짝이는 이들은 당연히 호텔의 운영자 또는 소유주들이다. 무한한 가능성이라는 말은 곧 새로운 이익의 창출 가능성이라는 의미로 해석되기 때문이다. 수익 가능성이 레이더에 포착되는 순간 본능적으로 발을 벗고 나서서 현실화를 시키고야 만다.

호텔 수익 구조는 조금만 들여다보면 훤히 알 수 있을 정도로 투명하다. 눈에 보이는 공간과 이곳에서 이루어지는 서비스 판매가 주 수익원이기 때문이다. 당장 온라인 검색만 해보면 호텔별 1박 숙박료가 즉각 노출된다. 조식부터 애프터눈티, 연회장 부대 비용까지 모두 공개되니 소비자들 입장에서는 손쉬운 가격 비교를 통해 원하는 호텔을 선택한다. 이렇듯 투명하면서 치열한 경쟁 구도에서 호텔 운영자들은 어떻게든 실적을 올려야 하니 결국 때로 객실가 할인·무료 조식·라운지 이용권 제공 등을 해서라도, 제살을 깎아서라도 승부를 봐야 할 때도 있다.

이런 현실에서 남들이 시도하지 않은 웰니스 프로그램을 도입해서 경쟁력을 높일 수 있다면 호텔로서는 마다 할 이유가 없다. 1박2일 숙박 상품에 달빛 아래 명상이라거나 수영장에서의 사운드 힐링 같은 가장 단순한 수준의 웰니스 프로그램을 추가하기만 해도 천편일률적인 무료 조식보다 훨씬 더 차별화가 가능하고, 이는 곧 상품 가치의 상승, 곧 상품 판매가의 인상을 의미한다.

그렇다면 왜 많은 호텔들이 이런 시도를 서둘러 하지 않는 걸까. 웰니스 프로그램의 특성 때문이다. 측정 불가능의 알파가 있기 때문에 여느 물건값 비교하듯 가격 비교를 할 수가 없으며, 그러니 역설적으로 섣불리 상품을 내놓을 수가 없다.

예를 들면 이런 식이다. 어느 호텔에서 60분 동안 진행하는 싱잉볼 명상 프로그램을 5만 원에 책정했다고 하자. 5만 원이라는 가격의 적정성 여부는 그 프로그램 진행자와 참가자의 호흡이 얼마나 잘 맞느냐에 따라 좌우된다. 프로그램의 흐름이 자신에게 도움이 된다고 여긴 이들에게는 괜찮지만 그렇지 않은 경우 5만 원은 헛돈처럼 여겨지기 쉽다. 따라서 웰니스 프로그램의 성공 여부는 프로그램 진행자에 좌우되는 경우가 많다. 그동안 익숙한 방식과는 다른 접근이 필요한 이유다.

그러나 웰니스 프로그램을 기존 호텔의 문법 안에 적용하는 것은 매우 매력적인 시도임에는 틀림없다. 2023년 스페인 마드리드 스파 밸런스 컨설팅에서 주최한 두 차례의 콘퍼런스에 초대를 받아 전통 호텔업계에서의 웰니스 기여 가능성에 관해 발표를 했는데 반응이 매우 뜨거웠다. 발표 직후는 물론 콘퍼런스가 끝난 뒤에도 전 세계 다양한 호텔 운영자들로부터 질문과 조언 요청이 이어졌다. 호텔들마다 추가 수익 창출 마련에 얼마나 고심하고 있는지를 다시 한 번 느끼는 계기가 되었다. 이런 상황에서 세심하게 준비한 웰니스 프로그램 도입이 어떤 기여를 할 수 있을지 기대하는 마음으로 지켜보고 있는 중이다.

웰빙 시대의 서막을 알렸던 어빈 라슬로는 시기별로 이루어진 의미있는 변화상을 산업혁명에 빗대 다음과 같이 설명한 바 있다.

제1차 산업혁명 : 증기 기관

제2차 산업혁명 : 전기

제3차 산업혁명 : 정보기술

제4차 산업혁명 : 인간에게 끊임없이 도전장을 내미는 AI

비교적 서서히, 단선적으로 발전해온 과거와는 달리 제4차 산업혁명 시대로 접어들면서부터는 전 세계 곳곳에서 일어나는 인종차별, 지구 온난화 단계를 지나 이제 미래를 위협하고 있는 기후위기, 갈수록 양극화되는 정치적 갈등, 답이 없는 난민 증가 등 매우 복잡한 이슈들이 도처에서 등장하고 있다.

이런 문제들의 해결을 위해 이전과는 다른 의식적이고 근본적인 시스템 차원의 개선이 필요하다는 주장이 제기되는데, 그 가운데 하나로 미국 캘리포니아의 아이오닉 인스티튜트Ionic Institute에서 제기한 가치 변화의 필요성은 주목할 만하다. 앞으로 우리가 나아가야 할 진화의 방향을 제시한 것인데 요약하면 다음과 같다.

· 단절separation → 총체적 화합wholeness

· 기계적 세계관mechanistic → 리빙 시스템living system

· 경쟁competition → 화합reconciliation과 협동male-female partnership

이러한 가치의 변화가 지향하는 세계관은 한마디로 우리 인간은 지구 안에 존재하며, 지구는 우주라는 전체적인 시스템 안에 존재한다는 것이다. 다시 말해 우리 모두는 서로 연결된 존재이기 때문에 나의 건강, 우리 모두의 건강을 위해서는 지구와 우주 전체가 건강해야 한다는 의미다. 즉, 전체적인 시스템 안에서의 조화를 강조하는 세계관이다.

이렇듯 하이퍼 커넥션을 가진 세계를 이해하고 설명하기 위해서는 고전 과학의 경계를 넘어, 생물학·의학·인류학·사회학 등의 다양한 학문들이 모인 새로운 과학의 장르인 라이프 사이언스가 인류라는 복잡한 리빙 시스템에 대해 연구해야 한다. 또한 전자의 파동을 입증한 양자 역학이 보이지 않는 세계인 동양철학의 에너지(기)에 대해 설명함으로써 기존의 서양 의학이 해결하지 못한 인간의 웰빙을 위해 선두에 설 필요가 있다고도 한다.

이게 도대체 무슨 말인가 싶겠지만 우리와 상관없는 이야기로 간단히 치부할 일이 아니다. 실제로 유엔에서 내놓은 정책 역시 이와 비슷한 방향을 담고 있다. 유엔은 이미 지난 2000년 '온 세계가 하나가 되어 개도국을 돕자'는 새천년 개발 목표'the Millennium Development Goals를 수립한 데 이어 2015년 '전 세계 빈곤을 종식시키고 지구를 보호하고, 2030년까지 모든 사람들이 평화와 번영을 누릴 수 있도록 보장하기 위한 목표'Sustainable Development Goals를 세웠다. 그리고 웰빙과 행복의 개념을 반영한, 기존의 일원화된 자본주의 개념을 대체할 그 무엇을 찾아왔고, 이를 뒷받침할 이론들을 우리의 일상에 적용할 방법들을 모색해왔다. 오랫동안 한 나라의 부의 척도는 GDP, 즉 국내총생산량으로만 평가해왔다. 하지만 이게 과연 맞는가 하는 자각론이 등장했다. GDP를 높이기 위해 사람들이 느끼는 행복감을 간과했음을 깨닫게 된 것이다.

2008년 부탄에서의 발표가 기폭제가 되었다. 국민의 행복과 웰빙은 GDP에 반영되지 않는다는 것, 이제 국가의 척도는 좀 더 종합적이고 정신적인 관점에서 삶의 질과 사회 발전을 평가하는 행복지수 GNP Gross National Happiness로 평가해야 한다는 내용이었다.

2011년 유엔은 이를 지지하는 입장을 밝혔고, 전 세계적으로 큰 이슈가 되었다. 이는 큰 틀에서 보면 기계론적인 세계관에서 좀 더 조화롭고 균형 있는 세계로 진화하고 있는 세계관의 패러다임 방향과도 일치했다. 결과적으로 변화하는 세계관에 맞게 경제지표를 새롭게 재정비하는 데 유의미한 계기가 되어주었다.

다시 말해 이미 우리는 진작부터 물질적이고 기계적인 시대를 지나 어느덧 일원화된 세계관의 세계로 도입했음을 의미한다. 다시 말해 구체적으로 체감하지 못했을 뿐 이미 오래전부터 패러다임의 대전환 시대에 살고 있었다는 뜻이다.

호텔에 관한 책에서 이런 이야기라 나올 것이라고는 예상하지 못한 독자들이 있을 것이다. 그러나 패러다임의 변화는 크고 거대한 움직임으로만 다가오지 않는다. 이러한 변화는 호텔이라는 산업군에서도 감지된다. 인류가 사회적 변화를 겪을 때마다 호텔은 민감하고 신속하게 그 변화를 받아들여왔다. 엄청난 자본과 최고의 전문가들이 일사불란하게 그 변화를 호텔의 언어로 바뀌왔다. 오늘날에도 다르지 않다. 거대한 패러다임의 변화에 따라 이미 세상과 접점을 이룬 호텔 산업 어딘가에서는 변화가 진행되고 있다. 이는 달리 말하면 호텔을 관찰하면 세상의 변화를 먼저 읽을 수 있다는 의미이기도 하다.

이런 변화를 우리는 왜 읽어야 할까. 비즈니스에서 이런 변화의 흐름을 감지하는 일은 무엇보다 중요하다. 소비자의 선호도와 소비 패턴의 변화 그리고 비즈니스의 풍토 변화를 재빨리 파악하고 읽어낸 뒤 이를 기회로 만들 궁리를 해야 하기 때문이다. 그래야만 치열한 경쟁에서 조금 더 창의적인 상품을 먼저 내놓을 수 있기 때문이다. 이는 곧 마켓의 선점으로 이어지기 때문이다.

소비자들에게도 마찬가지다. 요즘처럼 1분 1초도 쪼개 사는 것 같은 세상에서 한정된 시간과 자원으로 나에게 가장 잘 맞는 쉼을 누리는 것 또한 중요하다. 이를 위해 최적의 정보를 확보하는 것은 그만큼 나의 한정된 자원을 잘 활용하는 것이기도 하다.

이런 모든 필요를 떠나 지금 여기가 아닌 먼저 가 있는 그곳을 향해 시선을 멀리 두고 바라본 뒤 곧 도래할 호텔의 새로운 모습을 누구보다 먼저 상상해 보는 것은 그 자체로 흥미진진한 일이 아닐까. 호텔을 잠시 머무는 공간으로 보는 데서 나아가 종합적인 산업의 집약체로 바라본다면 그 흥미는 더욱 진진하다. 하나의 호텔에는 인간의 심리 연구의 반영, 세심한 브랜딩, 공격적인 마케팅, 최선의 디자인, 최적의 엔지니어링, 맛과 비용의 균형을 이룬 식음료부터 건물 관리, 운영, 리테일, 트랜드, 테크놀로지 등을 망라한 많은 것들이 있다. 말하자면 호텔의 새로운 모습은 이 모든 것들의 새로움을 포함한다. 그리고 이 새로움은 나의 또 다른 생활 반경에 영향을 미칠 수가 있다. 그러니 어찌 흥미롭지 않을까.

제 2 장

선택

Unusual Decision

나 또는 우리만의 시간을 갖고 싶은
이들의 선택지, 호텔

지금까지 살면서 온전히 나만을 위해 선택했던 순간을 떠올려 보자. 우리 세대까지만 해도 하고 싶거나 가고 싶거나 심지어 먹거나 마시는 것까지 당당하게 고르기보다 함께 하는 이들을 배려하는 데 익숙하다. 그게 미덕이라고 배웠다. 그래서 그런지 '아무거나', '아무 데나'라는 말을 자주 쓴다. 외국에서는 거의 들어본 적 없는 말이다.

호텔 추천 부탁을 종종 받는다. 어떤 호텔을 원하는지 물으면 그냥 '좋은' 호텔이라고 답한다. '좋은' 호텔이라고 하면 나에게는 '아무' 호텔이나 골라달라는 것과 똑같은 말처럼 들린다. 없는 시간과 비용을 쪼개서 이왕 나서는 길인데 아무 데서나 잔다는 게 안타깝다.

젊은 세대들은 조금 다르다. 이른바 MZ세대가 사회 구성원으로 나서고부터 '아무거나'는 조금씩 힘을 잃고 있다. 가까운 산에만 가봐도 변화가 보인다. 이전까지 중년들의 등산복은 색깔도 브랜드도 비슷비슷했다. 코로나19로 젊은 세대들이 산을 찾으면서 파타고니아, 룰루레몬, 아크테릭스 등으로 브랜드며 디자인이 다양해졌다. 어느덧 등산복도 핫한 패션 아이템이 되었다. 이들은 여행지에서 고기를 구워먹어도 분위기를 즐긴다. 제대로 된 바비큐 시설을 갖추고 와인 잔을 든다. '대충, 아무거나 먹자'는 말은 이들에게 잘 통하지 않는다.

여행지 숙소도 예외가 아니다. 아무 데서나 몸 누일 곳만 있으면 된다는 발상은 있을 수 없는 일이다. 시간을 들여 꼼꼼히 준비하고 검색하고 비교해서 자신들의 특별한 시간과 경험에 어울릴 만한 곳을 적극적으로 찾아내 선택한다.

이런 분위기는 윗세대들에게도 영향을 미쳤다. 그들 만큼은 아니지만 자신만을 위한 선택에 비용과 자원을 적극적으로 쓰기 시작했다. 호캉스가 대표적인 사례다. 멀쩡한 집을 놔두고 하루에 30~40만 원씩을 들여 집 근처 호텔에서 자는 사람들이 늘어났다. 집에서는 할 수 없던 경험이 쌓이고 있다. 도심 루프탑의 수영장을 즐기기도 하고, 쾌적한 공간에서 요가와 명상의 시간을 삿기도 한다. 분위기 좋은 레스토랑에서 정중한 서비스를 받으며 주말 브런치를 맛보기도 한다.

코로나19로 인해 해외로 갈 수 없는 이들의 일시적 탈출구라고 폄하할 일이 아니다. 한 번 경험하면 진입의 벽은 한결 낮아진다. 호캉스를 선택하고 집을 떠나 호텔 정문을 통과할 때의 기분은 사뭇 다른 세계로 진입하는 듯도 하다. 진입하는 순간 전혀 다른 시공간이 펼쳐지는 것 같다. 취향에 따라 호텔 구석구석을 샅샅이 찾아다니는 이들도 있고, 객실을 자신만의 동굴로 삼아 하루종일 그 안에서만 먹고 놀고 쉬는 사람도 있다.

남다른 선택을 하고 싶어, 스테이

취향은 호텔로만 향하지 않는다. 코로나19로 국내 여행이 활성화되었다는 건 이제 모르는 사람이 거의 없다. 사람들이 많이 떠나니 지역마다 국내 대형 호텔들이 북새통을 이루었을 것으로 예상했다. 틀렸다. 그동안 듣지도 보지도 못한 숙소들부터 동이 나기 시작했다. 인스타그램이나 전화로만 예약을 받으니 정보를 모르는 이들은 접근 자체가 불가능했다. 불편을 토로해도 별수없었다. 아무리 불편해도 인기 있는 곳이라면 석 달을 기다리는 것이 예사였다. 심지어 어떤 곳은 특정한 날 특정 시간에만 예약이 가능한 온라인 창이 열린다. 객실이 많지 않은 데다 원하는 사람은 많으니 온라인 창이 열리는 순간 매진이다. 빛의 속도다. 나 같은 사람은 엄두도 낼 수 없다.

호텔도 아니고 모텔도 아니고 여관도 아니고 펜션도 아니고 민박집도 아니다. 새로운 카테고리의 등장이다. 이름하여 스테이다. 숙박업계의 고정된 시각으로 볼 때 이름이며 정체성이 매우 생경하다. 일본에서 온 말이라는 의견도 있는 듯한데 내가 보기에 지극히 한국적인, 한국 숙박업계 현실을 정확하게 반영한 네이밍이다.

한국 숙박업은 크게 여관, 모텔, 펜션, 국내 브랜드 호텔, 해외 브랜드 호텔 정도로 나눌 수 있다. 기업이 아닌 개인이 숙박업을 시도한다면 동원 가능한 자본과 인력으로 선택할 수 있는 건 여관, 모텔, 펜션 정도다. 하지만 여관이나 모텔은 굳이 말하지 않아도 긍정적인 이미지보다는 부정적인 이미지가 더 크다. 번쩍거리는 네온사인, 어두컴컴한 복도, 지저분한 객실, 불친절한 응대 등등이 자동적으로 떠오른다. 감각 있는 젊은이들이 결코 선택할 수 없는 이미지다. 하룻밤을 묵고 가는 건 같지만 결코 기존의 여관이나 모텔 같은 공간과 같은 이름으로 불리고 싶지 않은 이들이 차별화를 위해 꺼내든 단어가 바로 스테이다. 이전에 없던 새로운 장르의 출현이다. 그렇게 등장한 이들은 그야말로 젊은 세대들의 '광클릭'을 불러일으켰고 나아가 숙박업계 전반에 광풍

이전에 없던 이름, 스테이

■

호텔도 아니고 모텔도 아니고 여관도 아니고 펜션도 아니고 민박집도 아니다. 새로운 카테고리의 등장이다.
이름하여 스테이다. 새롭게 등장한 이 공간에 젊은이들이 환호했고, 이는 예약을 향한 광클릭으로 이어졌다.

을 일으켰다.

　무엇이 이런 결과를 만든 걸까. 바로 남다른 선택을 하고 싶은 요구에 부응한 결과다. 스테이 등장 초반, 이들이 주목한 공간은 바로 한옥이다. 불편하기 짝이 없다고 여겨지던 한옥에 대한 이미지를 완전히 반전시켰다. 근사한 디자인의 욕조가 한지 창호로 둘러싸인 방 한가운데 등장한 사진 한 장으로, 서까래와 대들보 아래 청결하고 편안해 보이는 매트리스가 펼쳐진 사진 한 장으로 한옥은 세계 어디에 내놓아도 뒤질 게 없는, 인스타그래미블한 핫한 공간으로 변신했다. 지루한 아파트, 콘크리트 건물이 아닌 이런 곳에서 누구에게도 방해 받지 않고 온전히 나만의, 혹은 우리만의 시간을 보내고 싶다는 마음이 들불처럼 퍼져 나갔다. 그러자 전국적으로 한옥 개조 열풍이 불었고, 개조의 노하우가 쌓일수록 공간은 더 힙해졌고, 인기가 치솟으면서 한옥 스테이는 트랜드 한복판으로 진입했다.

　그러자 단독주택들이 이 열기에 합류했다. 모던한 풀빌라처럼 개조한 뒤 주택 마당에서 누릴 수 있는 다양한 부대시설을 갖춘 단독주택 스테이들의 인기가 상승하면서 어떤 곳들은 심지어 5성급 호텔보다 더 비싼 객실가로 판매하기도 했다. 그럼에도 불구하고 수영장 딸린 집에서 여유로운 한때를 보낸다는 로망을 품은 이들의 광클릭은 멈출 줄 몰랐다.

　물론 나로서는 이런 스테이들을 볼 때마다 이런 곳에서 자고 싶다는 생각보다 청결과 안전 관리 측면에서 과연 제대로 유지가 되고 있는가 하는 의구심이 드는 게 사실이다. 특히 풀빌라를 전면에 내놓은 스테이들을 볼 때마다 호텔 수영장 유지의 어려움을 알고 있는 나로서는 염려를 쉽게 떨칠 수 없다. 수질부터 안전 관리를 제대로 하기 위해서는 얼마나 까다롭게 확인해야 하는

지, 이에 따르는 운영비가 얼마나 많이 드는지 알고 있기 때문이다. 제대로 관리되고 있는 풀빌라를 이용할 수 있으면 좋으련만 아쉽게도 우리에게는 그런 선택지가 별로 없으니 대놓고 말을 하기도 조심스럽다.

　해외에서라면 풀빌라에 대한 고객의 수요가 이렇게 높아질 조짐이 보이면 머지 않아 대안이 마련되곤 한다. 공용 또는 개인 수영장이 구비된 전문 리조트가 등장해서 수요를 흡수한다. 그도 그럴 것이 비즈니스는 수요의 예측이 가장 어려운데 확실한 수요가 있는 조건이라면 해볼 만하다고 여기는 이들이 있게 마련이기 때문이다. 이미 해외에는 전문적인 관리로 유지 운영되는 수영장을 즐기면서 그 안에서 거의 모든 것이 해결 가능한 리조트가 소비자들의 선택의 폭을 넓혀주고 있다.

　이런 말을 하면 따라나오는 질문이 있다. 이미 있는 대형 호텔들에서 시도하는 건 어떠냐는 것이다. 이론상으로야 틀린 말이 아니다. 하지만 현실로 보면 어려운 일이다. 4계절이 뚜렷한 한국에서 야외 수영장 운영이 가능한 건 고작 1년에 4개월 남짓이다. 4개월을 위해 수영장을 비롯한 제반 시설의 투자, 운영, 관리에 들어가는 비용은 결코 만만치 않다. 손해 보는 장사를 할 수는 없으니 결국 객실 요금 상승으로 이어진다. 비싼 방을 환영할 사람은 많지 않다. 결국은 얼마만큼의 수요가 있느냐의 문제로 귀결되는데, 이런 현상이 지속적으로 이어진다면 국내에도 좀 더 쾌적하고 안전한 풀빌라 리조트를 기대해볼 수도 있지 않을까, 바람을 가져본다.

전문 서비스를 통해 안전하고 쾌적하게 즐기는 풀빌라

수요층이 확실한 풀빌라는 해외 호텔 브랜드에서 고객의 편의와 시설 관리 모두 각별하게
공을 들이는 서비스 가운데 하나다.

나 홀로 떠나 나를 만나러 가는 여행자의 급증, 그들의 선택은 이제 어디로

최근 여행자들의 패턴으로 눈길을 끄는 지점은 또 있다. 바로 1인 여행자들의 증가다. 우리에게 여행은 상식처럼 일행을 동반해야 성립이 가능했다. 심지어 여행지의 객실은 2인 기준이 기본이고, 어지간한 식당에서는 2인 이상만 주문할 수 있는 메뉴가 대부분이다. 그런데 최근 들어 성별을 불문하고 혼자만의 시간을 찾아 여행을 떠나는 이들이 부쩍 늘었다. 잠을 자고 오는 것이 불편하면 서너 시간 거리의 지역을 찾아 잠시라도 색다른 공간을 경험하고 돌아오는 이들도 많다.

강원도 원주에는 일본 건축가 안도 다다오가 설계한 뮤지엄 산이 있다. 일반적인 전시장도 있지만, 이리저리 다니노라면 명상관을 비롯해 빛의 마법사 제임스 터렐이 만든 색다른 공간으로 이어진다. 아름다운 공간에서 누리는 고요한 시간만으로 힐링이 된다고 여기는 이들로 인해 찾을 때마다 문전성시를 이루고 있었다.

그뿐만일까. 노인들의 전유물로 여겨지던 사우나, 찜질방, 불가마 등을 세련된 사우나 집중 여행이라는 이름으로 탈바꿈을 한 사례도 있다. 코로나19로 인해 면역력에 대한 관심이 높아지자 발빠르게 움직인 결과다. 이곳에서는 천연 암석 가운데 하나인 파동석에서 나오는 원적외선이 유해 성분을 체외로 배출시킴으로써 면역 증강, 디톡스 효과가 있음을 내세웠다. 이를 활용해 아주 독특한 찜질방을 탄생시켰다. 이름도 특화한 요소에 걸맞게 면역공방이라고 기막히게 지어 사람들의 소비 심리를 파고 들었다. 거기에 전략도 출중하다. 예약을 한 뒤 특정 시간에 다른 사람들과 동시 입장을 해야 하고, 들어가면 무조건 몇 시간을 그 안에서 있다 나와야 한다. 예약을 하기도 어렵고 가서도 한참을 보내다 와야 하는 불편함이 크지만 워낙 희소성 있는 경험이라 다녀왔다는 것만으로도 특별한 시간을 보낸 듯한 느낌을 준다. 그래서인지 한동안 이른바 셀럽이라고 하는 이들 사이에서는 면역공방을 다녀왔는지를 서로 묻는 게 유행이었을 정도다.

몇 년 전까지만 해도 여행은 그저 관광지에 가서 유명한 걸 보고 난 뒤 맛있는 걸 먹고 오는 걸 의미했다. 우리 세대만 해도 간혹 가족들과 여행을 가면 부모님을 모시고 가는 것이 당연했다. 평수 넓은 펜션이나 콘도를 빌려 이 방 저 방 요를 깔고 아이들은 아이들끼리, 여자들은 여자들끼리, 남자들은 남자들끼리 나눠 잤다. 여자들은 아침 저녁으로 끼니를 챙기고 남자들이 기껏 설거지나 도우면서 온갖 생색을 내는 것이 일상적인 풍경이었다. 명절에 젊은 부부가 자기들끼리 여행을 간다고 세태를 한탄하는 뉴스가 나오던 시절이었다. 옛날 이야기가 나왔으니 하나만 더 하자면 연인들끼리 여행을 다녀오는 건 극비 중의 극비였다. 어른들이 아시면 당장 집안이 발칵 뒤집힐 일이었다. 연인과 떠난 여행지에서 찍은 사진을 SNS에 자연스럽게 올리는 오늘날과는 사뭇 다른 풍경이다.

물론 그런 시절에도 나만의 여행을 꿈꾸거나 실행한 이들도 있었다. 하지만 그런 이들을 주류라고 하기는 어려웠다. 하지만 어느덧 여행의 무게중심은 몇 시간짜리냐, 며칠 동안이냐에 관계없이 개인의 관심사·행복·건강을 추구하는 것으로 이동했다. 친목을 도모하거나 단합 차원으로서의 여행이 아닌 일상에서 벗어나 자기 자신에게 집중하는 것을 최우선으로 두는 여행을 선호하는 이들이 점점 더 늘어나고 있다.

이런 여행은 이미 다른 나라에서는 한참 전부터 보편화되고 있었다. 지금으로부터 약 12년 전의 일이다. 아부다비에서 다니고 있던 회사 CEO가 1년에 한 번씩 약 2주 정도 휴가를 다녀오곤 했다. 보통 휴가를 가더라도 급할 때면 연락이 가능하지만 그때는 예외였다. 그는 전화 연결도 되지 않는 곳으로 말 그대로 사라지곤 했다. 그렇게 사라졌다 눈에 띄게 살이 빠져 돌아온 그는 에너지로 넘쳐 있었다. 전화기는 물론 인터넷 연결도 되지 않는 오지에 틀어박혀 있다 오는 것이 그에게는 비즈니스로 인한 스트레스를 해소하는 방법이었다. 나 역시 외국에서 오래 살긴 했지만 태생이 한국인이라 그런 식의 여행은 상상할 수 없었다. 그의 달라진 표정을 본 뒤 도대체 어떤 여행이 이렇게 사람을 변화시킬 수 있을까 궁금해서 찾아본 기억이 난다. 오래 찾아볼 것도 없이 리트리트라고 부르는 그런 여행지가 이미 많이 있었고, 많은 사람이 주기적으로 이런 곳을 찾아 자신만의 힐링 시간을 확보하고 있음을 알게 되었다.

그런 곳들에서 내세우는 것은 풍성한 볼거리도, 유명한 맛집도, 흥미 있는 액티비티도 아니었다. 일상에서 한발 물러나 자기 자신과 조우함으로써 내재된 자신만의 트라우마 또는 상처를 치유하고 회복시켜 건강한 삶을 위한 라이프 스타일로의 변화를 이끌어준다는 것이었다. 개인주의가 발달한 서구 문화의 특성상 개인들마다 스스로의 건강한 삶을 위해 적극적인 방법을 모색하고 선택하는 것이 자연스럽게 이루어지고 있었고, 이런 요구와 선택이 사회 전반에서 충분히 수용된 지 오래라는 걸 느꼈다. 하지만 그때만 해도 그런 여행은 그들만의 이야기로 여겨졌다.

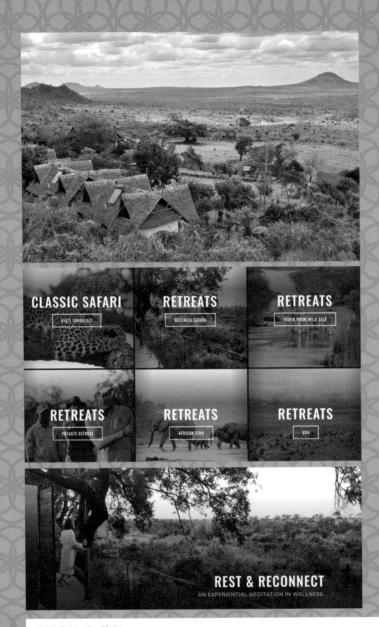

대자연에서 누리는 웰니스

■

남아프리카의 광활한 자연 속에서 쉼을 찾아 떠나는 이들의 시선은 그곳의 대자연이 아닌 자신을 향한다.
그곳에서 이들을 기다리는 웰니스 리트리트는 그 여정을 최고의 프로그램으로 안내한다.
단, 어떤 길을 선택하느냐는 개인이 먼저 결정해야 한다.

그로부터 꽤 오랜 시간이 흘렀다. 오늘날 우리 사회 역시 개인이 감당해야 하는 스트레스가 임계점에 다다른 듯하다. 그렇다 보니 자연스럽게 관계를 돈독히 하기 위한 여행에서 벗어나 진정한 쉼을 통해 자신을 돌아보고 회복시킬 수 있는 시간을 추구하는 이들이 점점 늘어나고 있다. 아, 이제 우리에게도 그런 공간과 시간이 필요한 때가 되었구나, 싶다. 이럴 때 필요한 것이 바로 웰니스 리트리트다.

로마제국 목욕탕부터 온천과 스파까지, 생각보다 오래된, 생각보다 가까운

웰니스 리트리트를 처음 접할 때만 해도 도대체 이것이 무엇인지 그 정체를 알 수가 없었다. 명상·치유·내면 등을 강조하는 걸 보면 어쩐지 종교적인 분위기가 느껴지기도 하고, 낯선 신조어를 못 알아듣고 있는 건가 하는 생각이 들기도 했다. 하지만 호텔의 주요 유전자인 환대의 기원을 제우스 신을 접대한 그리스 신화에서 찾았듯 웰니스 리트리트의 기원은 의외로 낯익은 데서 찾을 수 있다.

바로 고대로부터 이어져온 로마의 공중 목욕탕이다. 마사지를 받으러 찾곤 하는 스파 역시 거슬러 거슬러 올라가보면 닿는 곳이 바로 공중 목욕탕이라는 점은 흥미롭다. 고대로부터 물은 치유 성분을 통해 심신을 치료하는 수단으로 이용되어 왔다. 서양에서는 터멀 메디슨Thermal Medicine이라는 영역이 있을 정도로 전문화된 부분이기도 하다.

물을 신의 선물로 여겨 몸과 정신의 힐링을 위해 사용한 역사는 오늘날에도 이어져 온다. 이집트 사람들은 나일강에, 인도 사람들은 갠지스강에 일종의 의식처럼 몸을 담근다. 강과 바다의 흙 또한 치유와 미용의 효과로 많은 사랑을 받았다. 클레오파트라의 아름다움의 비결이 사해의 진흙 팩이라는 말이 전해지는 것도 그런 맥락으로 볼 수 있다. 로마 시대 공중 목욕탕은 바닷물이나 온천수를 비롯한 물의 효능을 활용하여 몸과 마음의 치유를 위해 많은 이들이 찾던 공간이었다.

약 기원전 500년 전 그리스인들에게 목욕은 얼음물에 잠시 들어갔다 나오는 것이었다. 그러다 그리스 동남부 지역 라코니아_{laconia} 사람들이 목욕물에 뜨거운 물을 쓰기 시작하면서 이 새로운 목욕법이 주목을 받기 시작했다. 뜨거운 물에 몸을 담그는 이른바 라코니아 목욕탕은 당시 사교 장소로도 활용되었다. 당시 활동한 의학의 아버지 히포크라테스의 주장은 뜨거운 물에 대한 선호도를 높이는 데 기여했다. 그는 인체를 구성하는 액체들의 불균형을 질병의 근원으로 여겼으며 뜨거운 물에 몸을 담그거나 땀을 흘리거나 또는 걷기나 마사지 등을 통해 이러한 불균형을 바로잡을 수 있다고 했다. 나아가 그는 균형을 이루기 위해서는 단순히 따뜻한 물에 몸을 담그는 것만이 아니라 여러 가지 하이드로 테라피(수 치료), 다양한 성분을 포함한 온천수 치료 등 조화로운 프로그램을 통한 과정을 거쳐야 한다고 했다.

그의 말이 얼마나 효과를 미쳤는지까지야 알 수 없지만 실제로 그리스 로마 시대 온천욕은 의료 행위의 하나로 받아들여졌다. 로마의 군인들이 근육통 또는 전쟁터에서 다친 상처를 치료하기 위해 온천을 찾기도 했다니 흥미롭기까지 하다.

고대 목욕탕의 자취는 로마인들의 일상에서도 볼 수 있다. 호텔이 시대상을 반영해왔듯 그리스 로마 시대 온천수가 나오던 공중 목욕탕 역시 달라진 시대를 반영했다. 번성한 제국의 부를 드러내듯 공중 목욕탕은 한껏 화려해졌다. 멋진 야외 정원, 피트니스, 강의실까지 갖췄고 먹고 마시고 즐기는 사교와 연회의 장소로 활용되었다. 사교 장소로만 활용된 것은 아니었다. 류머티즘, 관절염 등을 치료하는 곳으로서의 역할도 감당해냈다.

로마 시대 공중 목욕탕은 제국의 번영과 건축 기술의 발전, 수로 건설 등 다양한 인프라의 확산으로 더욱 더 번성했고, 제국이 영토를 확장할수록 공중 목욕탕 문화도 더 널리 퍼져 나갔다. 그로 인해 한때 로마제국에 속했던 유럽, 아프리카, 중동 지역 곳곳에서 로마 공중 목욕탕의 흔적을 쉽게 발견할 수 있으니 로마제국의 영토 확장은 공중 목욕탕의 확장 역사와 함께 해왔다고도 말할 수 있겠다.

오늘날 확인된 바에 따르면 로마제국의 온천 목욕탕 구조는 화려한 건축물 안에 탈의실, 목욕탕, 마사지, 휴식 공간 등으로 이루어져 있었다. 오늘날 미국이나 유럽에서 흔히 볼 수 있는 스파의 구성 요소는 물론이고 우리나라 찜질방의 구조와도 흡사하다. 다시 말해 오늘날 우리에게 익숙한 찜질방 구조의 기원이 바로 로마 시대 공중 목욕탕과 비슷한 것을 보면 사람 사는 모습은 어디나 같기도 한 듯하고, 그 면면이 오늘날까지 이어져 온 게 아닌가 하는 생각이 들기도 한다.

로마제국의 멸망으로 공중 목욕탕 역시 화려한 시절의 막을 내려야 했다. 이후 공중 목욕탕은 한마디로 영욕의 역사를 거쳐야 했다. 중세 유럽의 성직자들은 공중 목욕탕의 잦은 출입이 건강을 상하게 하고 오히려 병균을 퍼뜨린

신의 선물로 여겨지기도 하고 몸과 마음의 치유 수단이기도 했던 물

■

물은 시대와 지역을 초월해 다양한 방식으로 사랑 받았다. 이집트와 인도에서는 강물에 몸을 담갔고, 로마제국에서는 목욕탕을 만들어 즐겼다.
맨 위는 나일강가에서 사냥하는 이들을 그린 그림이고, 아래 왼쪽은 19세기 그려진 로마제국의 카라칼라 목욕탕 모습, 오른쪽은 인도 갠지스강에 몸을 담근 이의 모습이다.

다며 폐지를 선언했다. 그뒤 11세기 영국에서 다시 공중 목욕탕이 등장했고, 영국 각지에서 병을 고치기 위해 사람들이 온천으로 몰려들었다. 그러나 튜더 왕조의 헨리 8세에 의해 공중 목욕탕은 또다시 금기의 공간이 되었다. 그는 가톨릭 반대자들이 모이는 것을 막기 위해 바스Bath 이외에서는 공중 목욕탕에 가는 행위를 죄악시했다. 하지만 언제까지 그럴 수는 없었다. 로마 시대 목욕 문화에 매력을 느낀 헨리 8세의 딸 엘리자베스 1세는 1574년 공중 목욕탕 출입 허용을 공표했고, 이로써 다시 공중 목욕탕은 빛을 보게 되었다. 비슷한 시기 오늘날 체코와 슬로바키아 지역의 의사들은 환자들에게 미네랄 워터를 마시거나 몸을 씻는 처방을 내리기도 했다니 같은 시기에도 공중 목욕탕을 대하는 자세는 이렇게나 달랐다. 엘리자베스 1세의 공표 이후로 공중 목욕탕은 영국 전역으로 퍼져 나갔다. 1660~1815년 무렵 영국 전역의 공중 목욕탕(또는 스파)은 약 48개에 달했고, 관절염을 비롯한 다양한 질병을 치료하기 위해 많은 사람들이 공중 목욕탕을 찾았다. 사람들이 몰리는 곳에는 상업이 발달하게 마련이다. 공중 목욕탕 주변으로 여러 상점, 카페, 음식점 등은 물론이고 며칠 동안 머물 수 있는 숙박업소들이 들어서기 시작했다.

　이러한 공중 목욕탕은 로마 시대에도 그랬듯 단순히 몸을 씻기만 하는 곳이 아니었다. 글로벌 웰니스 연구소의 리서치 디렉터인 배스 맥그로어티Bath McGrroarty에 의하면 18~19세기 온천이 있는 도시들 가운데 관광지로 유명세를 탄 곳들에는 이른바 셀럽들이 드나들었고, 그들로 인해 예술과 패션 분야의 허브 역할을 하기도 했다. 우리도 알고 있는 베토벤·모차르트·프로이트 등도 그들 중 하나였으며 이렇게 유명인들이 모이다 보니 그들을 보기 위해 많은 사람들이 더 모여들었고, 오늘날로 치면 파파라치들도 심심찮게 이곳을 찾았다고 한다. 이런 풍경은 오늘날에도 크게 다르지 않다. 태국 후아인에는 아시아에서 가장 오랜 역사를 지닌 웰니스 리트리트 치바-솜이 있다. 아시아는 물론 미국이나 유럽 등의 셀럽들이 많이 찾는 곳으로 유명한데, 그곳에 가려면 몇 개월을 기다려야 할 만큼 예약 대기자들이 꽉 차 있다. 그럼에도 셀럽들이 많이 찾는다고 하니 정작 그곳이 아닌 그들을 보기 위해 찾아오는 사람들이 줄을 선다. 그런 걸 보면 그때나 지금이나 사람 사는 모습은 비슷한 것 같기도 하다.

19세기 콜레라가 유럽을 강타했다. 전염병이 창궐하자 전 유럽에 걸쳐 사회적으로 위생이 강조되었다. 하지만 영국 전역에 걸쳐 가정에서 세탁과 샤워를 할 수 있는 개인 주택들은 드물었다. 몸을 자주 씻고 옷을 자주 빨아입는 기본적인 위생 관리가 콜레라 예방에 효과적이라는 것을 간파한 리버풀의 키티 윌키슨이 동네에 콜레라가 창궐하자 이웃들이 빨래를 자주 할 수 있도록 집 보일러를 쓰게 했다. 아일랜드 이민자인 그가 박애주의자였기에 가능한 일이 아니었을까. 이를 시발점으로 삼아 개인 주택에서 빨래와 목욕을 할 수 없는 이들을 위해 공중 목욕탕과 공동 빨래터 조합이 영국 전역으로 퍼져 나갔다. 공중 목욕탕은 전성기를 누렸고, 공동 빨래터 역시 곳곳에서 볼 수 있었다. 사람들이 모이기에 딱 좋은 이런 곳들은 술집이나 교회 다음으로 대중적인 사교 장소로 사랑을 받았다. 1920년대 후반 이후 가정마다 샤워와 세탁을 할 수 있는 시설들이 보급되면서 공중 목욕탕의 인기는 시들해졌고, 경제대공황을 거치면서 하락세를 보이기도 했다.

그리스 로마 시대로부터 20세기 초반까지 이어지던 공중 목욕탕의 인기는 유럽에서 하락세를 보이는가 싶더니 미국으로 건너가 새로운 르네상스 시대를 연다. 1850년대 미국 뉴욕 주의 사라토가Saratoga에서 시작한 대중적인 온천 스파를 시발점으로, 1910년에는 우리나라 소비자들에게도 익숙한 화장품 브랜드 엘리자베스 아덴Elizabeth Arden이 뉴욕 맨해튼에 레드 도어 살롱의 문을 열었다. 오늘날의 스파와 비슷하게 숙박은 하지 않고 마사지나 페이셜 서비스 위주의 목욕만 가능한 데이 스파라는 새로운 장르가 이렇게 탄생했다.

1980년대로 접어들면서 스파는 새로운 양상으로 발전하기 시작했다. 이전까지 스파의 역할은 주로 하이드로 테라피, 즉 물 자체나 물에 함유된 성분을 통한 치료가 주 목적이었다. 그런데 이 무렵부터 치료보다는 미용 서비스 중심으로 성격이 달라졌다. 그러면서 차츰 부유층 여성의 전유물이 되어갔다. 맨해튼의 내로라하는 집 여성들이 레드 도어 살롱에서 생일 파티를 하거나 친목 도모를 위한 마사지를 받는 일은 거의 일상이 되었고, 스파는 갈수록 사교모임 장소로 여겨졌다. 얼굴과 전신 마사지, 손발톱 관리 등을 주로 서비스하면서 어느덧 스파는 곧 금남의 공간이 되었다. 로마 시대, 전쟁에서 다친 군인들이 온천 물에 몸을 담그며 치료를 받거나 권력을 손에 쥔 남성들이 모여서 먹고 마시며 환담을 나누던 모습과는 전혀 다른 공간이 되었다.

1990년대 미국에 살 때였다. 한국에서 받던 얼굴 마사지를 떠올리며 큰맘 먹고 레드 도어 살롱을 찾았다. 문을 여는 순간 후회했다. 부티 나는 백인 여성들만 가득 차 있었다. 그들 피부에 맞게 세팅된 값비싼 마사지를 받고 나오면서 다시는 이런 곳에 오지 않겠다고 다짐했다. 그때는 몰랐지만 이미 그곳은 소셜 클럽이었다. 우리에게 익숙한, 얼굴 곳곳을 시원하게 꾹꾹 눌러주는 서비스는 고사하고 그냥 부유층 여성들이 가볍게 차 한 잔을 나누면서 마사지도 받고 수다도 떠는 곳이었다.

웰니스 리트리트의
시작점은 어디에서?

전통적인 온천 중심 스파와 미용 중심 스파의 공존을 거쳐 20세기 초반 새롭게 등장한 개념이 웰니스 리트리트다. 웰니스 리트리트라는 단어는 다이어트를 목적으로 하는, 스파의 파생 상품 같은 곳에서 초반에 쓰기 시작했다. 당시 미국 사회에서 비만을 바라보는 시선은 오늘날 우리의 태도와 흡사하다. 비만은 자기 관리의 실패인 것처럼, 사회 평균에서 벗어난 것처럼, 그래서 문제라는 시선의 대상이 되어야 했다. 때문에 '10파운드만 빼면 인생이 달라진다'는 문구가 진리처럼 여겨졌고, 그 진리를 수행하기 위해 독한 마음으로 찾아가는 곳이 당시의 웰니스 리트리트였다. 하지만 이런 식의 방법이 마냥 좋을 수는 없었고, 자연스럽게 이에 대한 대안이 등장했다.

무조건 살을 빼는 것보다는 건강한 삶을 위해 더 나은 방법으로 정상 체중을 유지할 수 있도록 돕는 프로그램이 시도되었고, 이를 연구하고 대중화하는 데 앞장선 것으로 유명한 멜 주커만은 1979년 미국 애리조나 주 투손에 캐니언 랜치를 설립하기에 이른다. 이곳에서는 의료진·다이어트와 피트니스 전문가·테라피스트·통증 관리사가 종합적이며 전방위적으로 건강한 감량을 돕는 것은 물론이고, 여성들의 심리 상태에 따른 상담과 교육 프로그램을 병행함으로써 이들의 삶을 좀 더 건강하고 긍정적으로 변화시키는 데 중점을 맞춰왔다. 이전에는 어디에서도 시도하지 않았던 프로그램은 수많은 이들의 동의를 얻었고, 문을 연 뒤로부터 오늘날까지 많은 사람이 이곳을 꾸준히 찾고 있다. 이로써 웰니스 리트리트의 첫 장이 열렸다.

웰니스라는 단어가 점점 일상화되면서 소비자들은 이제 한곳에서 모든 걸 해결하기를 원했다. 마사지를 받으러 오지만 마사지만 받는 걸 원치 않았다. 이왕 온 곳에서 마사지도 받고 요가도 하고 명상도 하길 원했다. 이런 시장의 요구를 반영하듯 미용 서비스 중심의 스파들마다 변신을 꾀했다. 점점 스파들마다 이런저런 역할을 추가하면서 원스톱 서비스 공간이 되어갔다. 미용 관련 서비스를 비롯해서 피트니스·명상·대체의학을 활용한 다양한 프로그램을 개발하고, 인도 전통의학인 아유르베다나 한의학에 입각한 의료 서비스와 건강한 재료로 만든 식단까지 제공하기 시작했다. 좀 더 공격적인 곳에서는 아예 의료진들과의 협업을 통해 한 차원 다른 치료법을 고안하기도 했다. 대체로 소비자들의 요구를 반영한 결과였다. 그러자 여성 중심 소셜 클럽 같았던 스파는 다시 성별을 초월하여 건강한 라이프 스타일을 가져보려는 이들을 고객으로 끌어들이게 되었다.

그런 한편으로 스파의 개념은 더욱 진화했다. 뜨거운 물에 몸을 담그는 것에서 마사지로, 건강한 라이프 스타일의 추구로 변화해온 것에서 멈추지 않고 적극적인 치료의 단계로 나아가 의료 영역까지 포함하기 시작했으며, 육체의 건강만이 아닌 마음의 건강, 그리고 영성까지 보살피는 역할까지 맡았다.

이처럼 경계를 넘나드는 서비스 영역의 확장은 다양한 양상으로 나타났다. 병원도 아니고 스파도 아닌 제3의 지대라 할 수 있는 이 영역은 처음에는 부를 이름조차 마땅치 않았다. 웰니스 클리닉, 스파 앤드 클리닉, 메디컬 클리닉 등이 초창기에 붙여진 이름이었다.

웰니스 리트리트는 점차 본격화되었다. 대개의 사업이란 이윤의 추구를 목적으로 삼는다. 그런데 유난히 웰니스 리트리트를 본격화하고 전 세계적으로 이 업계에서 맹활약을 하고 있는 이들 가운데는 다른 동기로 이 일을 시작한 이들이 많다. 그리고 결과적으로 이 보편적이지 않은 이들의 접근 방식이야말로 웰니스 리트리트가 많은 이들로부터 각광을 받고 미래로 향하는 문으로 여겨지게 하는 근본 동력이 되었다.

그렇다면 이들의 동기는 어떤 점에서 다른 걸까. 이들 가운데 상당수는 자신이 겪은 문제를 해결하는 과정에서 얻은 경험이나 살아오면서 느낀 바를 다른 이들과 공유하려는 마음으로 이 일을 시작했다. 상업적 이윤 추구가 아닌 이타적인 이유로 비즈니스를 시작했다는 의미다. 이들의 이야기를 접하면서, 진정성이야말로 성공적인 비즈니스의 필수 조건으로 주목 받는 이 시대의 가치를 이들이 선견지명으로 알았던 걸까 싶은 생각이 들 정도였다.

투자 유치를 위해 고생을 많이 한 사람도 물론 있지만 집안의 재력으로 비교적 손쉽게 성공 가도에 진입한 이들도 있다. 출발선의 차이가 있다고 해도 이들이 품고 있던 진정성이 신생 산업의 명맥을 유지해왔다는 것은 부인할 수 없다.

대표적인 사례로 꼽을 수 있는 샤 웰니스 클리닉은 스페인의 작은 도시 알리칸테에 있다. 설립자 알프레도 파리에티Alfredo Parietti가 2008년에 문을 열었다. 그는 약 30여 년 동안 건강이 좋지 않아 고생을 했는데, 병원에서는 정확한 원인을 찾아내지 못했다. 마음과 몸, 정신적 측면만이 아닌 사회적 측면까지 고려한 치료법을 통해 건강을 회복한 그는 자신이 경험한 전인적인 치유에 목표를 둔 통합 의학, 힐링 효과를 통한 치료법 등을 더 많은 사람들과 공유하고 싶었다. 그가 현대의학으로는 해결되지 않는, 자신과 비슷한 고생을 하고 있는 사람들의 고통을 줄여주고 싶다는 마음으로 만든 것이 바로 샤 웰니스 클리닉이다. 결론부터 말하면 샤 클리닉은 대단한 성공을 거뒀다. 2014년 내가 처음 찾았을 때만 해도 알리칸테에만 있었는데, 이제는 멕시코나 아랍에미리트까지 확장을 해나가고 있다.

알프레도 파리에티가 샤 웰니스 클리닉의 문을 열었을 때 공교롭게도 양자역학이 대중들 사이에 널리 알려졌다. 통합 의학이 지향하는 전인적 치유의 맥락과 양자 역학의 접점이 이곳의 치유법과 통하는 부분이 있었다. 이로 인해 샤 웰니스 클리닉은 대중들의 이해를 한결 쉽게 얻는 행운을 누렸다. 성공은 이렇게 이루어지는 법인가보다.

팬데믹 이전까지만 해도 웰니스 리트리트는 일정한 경제력을 가진 이들의 전유물이었다. 대부분 꽤 높은 소비 수준을 장착한 이들이 찾을 수 있는 곳이었다. 일반 대중들은 가보기는커녕 이런 곳의 존재조차도 몰랐다. 철저하게 개인의 특성에 맞춘 프로그램, 비싼 장비와 수많은 인력의 투입 등으로 운영비가 많이 들기 때문에 값이 높을 수밖에 없는 구조였다. 그럼에도 불구하고 한 번 이런 곳을 찾았던 이들의 재방문 비율은 매우 높다. 확실한 효과를 경험하기 때문이다. 자신의 건강한 삶을 위해 1년에 한 번쯤 이 정도의 비용을 기꺼이 투자하려는 이들이 그만큼 많기 때문이다. 심지어 좋은 프로그램을 갖춘 웰니스 리트리트는 몇 개월씩 기다려야만 겨우 갈 수도 있으니 어느 단계에서는 돈이 아무리 많아도 못 가는 곳들도 있다.

하지만 팬데믹 이후 양상은 조금씩 달라지고 있다. 웰니스에 대한 수요가 워낙 폭발적으로 늘어나고 있다보니 재력 있는 이들의 전유물로 여겨지던 웰니스 리트리트가 서서히 대중 속으로 들어오고 있는 중이다.

온천과 공중 목욕탕을 거쳐 시대와 역사의 흐름과 함께 웰니스 리트리트까지 이어져온 내력을 함께 살펴보았다. 그렇다면 어느덧 우리 곁으로 조금씩 다가온 리트리트로는 어떤 곳들이 있는지 살펴보기로 하자.

>>>>>— ◆ —<<<<<<

웰니스 리트리트에도 성격이 있고, 종류가 있다

>>>>>>— ◆ —<<<<<<

『호텔에 관한 거의 모든 것』에서 언급한 호텔 분류법에 대한 독자들의 관심이 매우 컸다. 웰니스 리트리트도 그렇게 분류할 수 있다면 좋겠지만, 리트리트는 호텔과 분류하는 기준이 조금 다르다. 말하자면 하드웨어가 아닌 소프트웨어로 나뉜다고 할 수 있는데, 얼핏 보기에 무슨 차이가 있을까 싶을 수도 있지만 그 차이에 따라 카테고리가 나뉘고 카테고리마다 마니아 층이 형성되어 있다. 리트리트 이용자들은 익숙한 곳을 반복해서 가는 경향이 있기 때문에 충성도가 매우 높아 다른 카테고리로 이동하는 경우는 그리 많지 않다. 다시 말해 호텔처럼 오늘은 럭셔리 호텔에 갔지만 내일은 비즈니스 호텔을 찾기도 하는 고객들과는 다른 유형의 이용 패턴을 보이는 것이 특징이다. 때문에 웰니스 리트리트를 구분하는 방식 또한 사실은 존재하지 않는다. 하지만 나의 경험을 바탕으로 독자들의 비교적 쉬운 이해를 돕기 위해 정리를 해보기로 한다.

대중적인 리트리트로 가장 먼저 꼽을 수 있는 곳들은 종교 시설과 관련이 있다. 이미 친숙한 템플스테이가 가장 대표적이다. 그런데 따지고 보면 우리에게 익숙한 템플스테이는 리트리트를 위해 시작된 것이 아니다. 2002년 한

일 월드컵 당시 부족한 숙박 시설을 보완하기 위해 고육지책으로 사찰을 개방한 것인데 뜻밖에 이에 대한 국내외 숙박객들의 반응이 매우 좋았다. 그러면서 템플스테이는 곧 대표적인 힐링 스테이로 자리매김을 하게 되었다. 명상이나 다도 등을 체험할 수도 있지만 그밖의 다른 프로그램을 적극적으로 운영하기보다 사찰의 리듬에 맞춰 며칠 동안 지내면서 일상생활의 고민이나 스트레스로부터 벗어나 있게 해준다.

가장 큰 장점은 뭐니뭐니해도 접근성이다. 비교적 가까운 거리의 산중으로 들어가기만 하면 수행자들의 에너지가 충만한 공간에서 현실과 거리를 두고 정신적 디톡스를 할 수 있다. 나 역시 가끔 템플스테이를 하곤 한다. 서울에서 한두 시간 떨어진 곳의 사찰을 찾아 머물다 보면 특별한 시공간 체험을 하곤 한다. 시간은 매우 느리게 흐르고 도시의 소음은 어느덧 사라지고 자연의 소리만 가득하다. 설명할 수 없는 평안함을 누리게 하는 건 단지 공간의 힘이라기보다 공간과 그 주위를 둘러싼 전방위적인 에너지의 힘이 아닐까 하는 생각을 종종 할 정도로 각별한 경험이다.

시설면에서는 뛰어나다고 할 수 없지만 상대적으로 가격이 저렴해서 다른 의미로도 접근성이 좋다. 외국에서도 한국의 템플스테이를 경험하고 싶어 찾는 이들이 많을 정도로 서서히 인기를 더해가고 있다. 중국에서도 템플스테이를 경험할 수 있었는데 이런 곳에서는 명상이나 요가 등 좀 더 적극적으로 다양한 프로그램을 운영하기도 한다.

일반 사찰에 비해 좀 더 전문적인 곳도 있다. 틱낫한 스님의 플럼 빌리지 Plum Village다. 조국인 베트남에서 40여 년 동안 입국 금지 조치를 당한 채로 미국과 유럽을 떠돌다 맨처음 프랑스 남서부 지역에 플럼 빌리지를 세운 그는 이곳에서 대중들에게 'art of mindful living'이라는, 마음다함(마인드풀니스)을 실천하며 사는 삶을 가르쳤다. 그가 불교 승려이기는 하지만 불교 신자가 아니더라도 매년 수많은 사람들이 수행을 위해 이곳을 찾는다. 하루짜리부터 2주 이상까지 다양한 프로그램을 운영하고 있는데 우리의 템플스테이에 비해 고가임에도 불구하고 인기가 많아서 지금은 아시아·유럽·북미 지역에도 들어섰고, 온라인으로도 참여할 수 있게 되었다. 그야말로 놀라운 확장세가 아닐 수 없다.

그 다음은 인스티튜트Institute라고 불리는 곳들이다. 리트리트이기도 하지만 연구 기관의 성격도 띄는 곳이다. 미국 캘리포니아 에설런 인스티튜트와 뉴욕 주 오메가Omega 인스티튜트가 대표적이다. 혹시 이 분야에 관심이 있다면 찾아가 수업을 들어도 좋을 만한 곳으로 추천한다. 중국 상하 리트리트를 개발할 당시 나 역시 에설런 인스티튜트를 벤치마킹했다.

이곳에서는 인간이 생각하는 상식이라는 테두리 밖의 시선으로 인간의 창의성, 죽음, 영성, 리더십, 트라우마 극복, 게슈탈트gestalt 등에 관해 활발하게 연구할 수 있는 환경을 조성함으로써 다양한 치유 프로그램을 개발한 것은 물론 에설런 특유의 마사지법을 통해 왕성한 활동을 이어가고 있다. 인간이 가진 무한한 가능성, 트라우마의 극복에 대해 진보적이고 거침없이 다룰 뿐만 아니라 특히 여성의 사회적 트라우마에 대해 솔직하고 대담하게 다루는 곳으로도 주목을 받고 있다. 개인적으로 가장 경험하고 싶은 곳이기도 하다.

비교적 가벼운 마음으로 몸과 마음을 쉴 수 있게 하는 리트리트들도 많다. 흔히 접할 수 있는 리조트에 힐링 프로그램을 접목시킨 곳들이다. 힐링이 무

웰니스 리트리트의 여러 종류
■

대중적 리트리트로는 틱낫한 스님의 플럼 빌리지 같은 종교색이 반영된 곳이 있고,
오메가 인스티튜트 같은 연구 기관 성격을 띄는 곳도 있다.

엇인지 전혀 모르는 사람도 새로운 경험을 할 수 있는 곳들이며, 일반인들이 이용하는 곳은 대부분 이런 곳들이다.

이미 웰니스 리트리트를 둘러싼 열풍은 시작되었다. 전 세계적으로는 물론이고 한국의 이른바 셀럽들 사이에서 최근 부쩍 언급되는 곳들로는 아만 리조트를 비롯해 호시노야Hoshinoya, 식스 센스Six Senses, 코모COMO 등을 꼽을 수 있다. 어디가 더 좋다고 할 수는 없다. 지역과 문화, 자연 환경에 따라 좋아하는 곳을 고르면 된다.

그 가운데 개인적인 경험을 피력하자면 2022년 다녀온 스페인 이비자 섬의 식스 센스 리조트가 인상에 남는다. 글로벌 기업인 인터콘티넨탈 브랜드 가운데 하나로 알려졌지만 최근에 인수한 것으로, 원래는 인도계 영국인 사업가 소누 시브다사니Sonu Shivdasani가 아내와 함께 공들여 만든 곳이다. 대부분의 웰니스 리트리트는 고객 스스로 개선하고 싶은 부분을 명확히 한 상태로 찾는다. 이곳은 다르다. 사전 준비가 거의 필요 없다. 예약 과정도 일반 호텔과 별반 다르지 않다. 공식 애플리케이션을 다운로드 받는 순간 식스 센스로의 여행이 시작된다. 체류 일정에 맞춰 공항 픽업부터 이용 가능한 스파 옵션까지 내가 원하는 모든 것을 애플리케이션을 통해 선택할 수 있다. 머무는 동안에도 무료로 참여할 수 있는 다양한 프로그램을 친절하게 안내해주는데 그 세심함에 저절로 감탄하게 된다.

예를 들어 일출맞이 요가는 어디에서 몇 시에 하는지, 야외 수영장에서의 일몰 리추얼은 몇 시에 가면 좋은지, 명상 세션은 어떤 프로그램으로 어떻게 운영되는지, 유기농 재료로 자신만의 스킨케어 화장품을 만드는 수업은 어떻게 진행이 되는지 등 호기심을 자극하는 프로그램이 끊임없이 이어져 혼자서도 지루할 틈이 없다. 아울러 나이트클럽부터 바, 다양한 메뉴의 레스토랑 등은 물론 스파 서비스나 수액 치료를 원하는 이들을 위한 최고의 시설을 갖춰 놓기도 했다. 개인적으로 스파의 출입구는 마치 물 속을 헤치고 들어가는 느낌으로 마치 다른 세상으로 건너가는 듯한 경험이 좋았다. 대부분 웰니스 리트리트는 아이들 동반이 불가능하지만 이곳은 아이들을 위한 프로그램까지 구비하고 있어 가족 단위 이용자들에게 더할 나위 없는 선택지라 할 수 있다.

이렇게 캐주얼한 곳이 있는가 하면 좀 더 전문적이고 깊이 있는 리트리트도 있다. 이런 곳이야말로 진정한 의미의 웰니스 리트리트라고 할 수 있다. 태국 코사무이의 카말라야Kamalaya가 대표적인 예다. 이곳을 찾는 이들은 지리적 위치나 시설의 좋고 나쁨이 아닌 오로지 이곳에서 운영하는 웰니스 프로그램에 참여하기 위해 선택한다. 그만큼 카말라야의 진가는 웰니스 프로그램에서 나타난다. 때문에 그저 잠만 자거나 쉬기 위해 갈 수는 없고, 운영 프로그램을 포함한 패키지를 예약해야 한다.

프로그램들은 당장 내일이라도 가고 싶을 만큼 흡입력이 강하다. 그만큼 우리 모두가 원하는 것들이 기가 막히게 조합되어 있다. 건강한 라이프 스타일을 추구하는 요가, 체중 감량·수면 문제 개선 등을 위한 프로그램, 디톡스와 리셋을 위한 디톡스 집중 프로그램, 건강한 장 활동을 돕는 프로그램, 스트레스와 번아웃 해소를 돕는 내면 밸런스 회복 프로그램, 트라우마 치료 프로그램 등 우리의 의식과 무의식을 넘나들며 눈에 보이는 문제와 보이지 않는 문제의 근원을 치유하는 데 중점을 둔 다양한 프로그램들이 우리를 기다리고 있다. 이를 위해 태국과 인도, 중국의 고대로부터 내려오는 치유법을 적극 응용, 활용하는 것도 특징이다.

이런 문제들이 단 한 번의 방문으로 해결될 리 만무하다. 따라서 대부분 5~7일 이상 머무는 것이 기본이다. 이런 정도의 기간을 할애해야 하니 의지가 필요하다. 그렇게 며칠 머무르는 것으로 해결이 되는 것도 당연히 아니니 한 번 이곳에서의 시간을 경험한 이들은 해마다 꾸준히 찾아오는 경우가 많다. 그저 경치 좋은 곳에 가서 며칠 푹 쉬다 오는 것과는 전혀 다른 접근이어야 한다. 다 좋은데 적어도 2~3개월 전에는 미리 예약을 해야 하는 게 단점이라면 단점이다.

지금까지 종교적으로 관련 있는 템플스테이, 인스티튜트, 리조트와 웰니스가 결합한 곳, 전문적인 웰니스 리트리트 등으로 나눠서 살펴보았다. 이들 네 개 카테고리는 차이가 있긴 하지만 하나의 공통점이 있다. 의료진이 없다는 것, 즉 의료 행위와 관련이 없다는 점이다. 여기서 말하는 의료 행위는 한의학이 아닌 서양 의학을 의미한다.

마지막으로 살펴볼 곳은 이런 점에서 차이가 있다. 의료진이 상주하고 있는, 의료 면허를 받아서 운영하는 곳으로 의료형 웰니스 리트리트 또는 이해하기 쉽게 주로 웰니스 클리닉이라고 한다. 의료형 웰니스 리트리트는 유럽에서 유난히 강세를 보인다. 샤 웰니스 클리닉, 독일과 오스트리아에 있는 란센호프Lanserhof, 오스트리아의 에프엑스 마이어The Original FX Mayr, 스위스의 클리닉 라 라프레리Clinique La Prairie 등이 대표적이다.

란센호프나 에프엑스 마이어는 주로 건강이라는 주제를 내세워 내추로패티naturopathy, 에너지 매디슨, 심리학 등을 통합적으로 활용하는 프로그램을 운영하는 것으로 유명한데 특히 우리 몸에 필수적인 에너지의 재생을 위해 매우 전문적이고 다양한 디톡스 요법을 사용한다. 두 곳 모두 장 건강을 중심으로 한 의료 프로그램을 운영하는 것도 특징이다.

클리닉 라 프레리는 아시아의 부호들 사이에 굉장히 유명하고, 장수에 특화된 프로그램 때문인지 특히 영생을 꿈꾸는 사람들이 많은 중국인들의 사랑을 꾸준히, 많이 받고 있다. 2010년대 중반부터 이미 웰니스에 관심이 있는 중국의 부호들이 단체로 견학을 해서 화제가 되기도 했다.

그렇다면 이처럼 의료형 웰니스 리트리트가 더 좋은 걸까 하는 질문이 나올 수 있다. 나아가 앞서 언급한 다섯 개의 카테고리에서 뒤로 갈수록 더 훌륭한 곳일까 하는 질문도 나올 수 있다. 나의 답은 간단하다. 결코 그렇지 않다. 호텔이라면 별의 개수에 따라 등급을 매길 수 있겠지만 웰니스 리트리트는 그렇게 등급을 매길 수 없다. 나에게 가장 필요한 프로그램이 무엇인가에 따라 나에게 가장 좋은 곳이 달라진다. 눈으로 보이는 어떤 시설보다 그 안에서 운영하는 프로그램에 따라 나에게 좋은 곳이 달라지게 마련이고, 나에게 좋은 곳이 누구에게나 좋은 곳이 아닐 수도 있다는 점 또한 리트리트의 특징이다.

여기에서 카테고리를 하나 더 추가해야 한다. 아주 최근의 현상이다. 웰니스를 둘러싼 변화가 이렇게 급변하고 있음을 보여주는 사례라 할 수 있다. 다름 아닌 도시형 데이 센터의 등장이다. 웰니스 리트리트의 궁극적 목표는 건강한 라이프 스타일로의 변화. 이런 변화가 머나먼 웰니스 리트리트를 찾아 며칠 다녀오는 것으로, 해마다 며칠씩 꼬박꼬박 다녀오는 것으로 쉽게 이루어질 수는 없다. 꾸준한 습관의 형성, 지속적인 노력이 바탕이 되어야 한다.

가장 보편적인 웰니스 리트리트

■
종교색이나 연구 기관 성격이 아닌 비교적 가벼운 마음으로 이용할 수 있는 리트리트들이 부쩍 늘어나고 있는 추세다. 이런 곳들은 먹고 자는 것은 물론 다양한 프로그램으로 몸과 마음의 쉼과 치유를 적극적으로 돕는다.

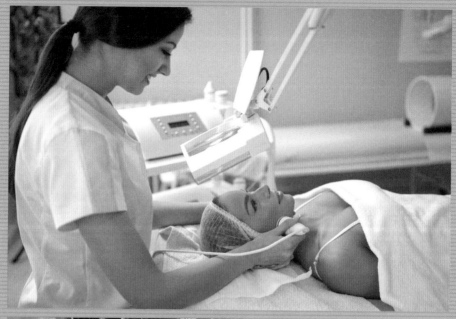

주기적으로 서비스를 받는다면 이를 유지하기에 훨씬 효과적이라는 걸 누구나 짐작할 수 있다.

예를 들어 런던에 사는 누군가 몇 달 전 스페인 알리칸테의 샤 웰니스 클리닉에서 디톡스 테라피를 받았다고 하자. 일상으로 돌아와 디톡스 보완 처치를 받아야 하는데 스페인에 다시 가는 게 쉽지 않다. 그렇게 가기 힘든 고객을 향해 도시 한복판으로 성큼 다가온 것이 바로 데이 센터다. 고객을 위한 애프터 서비스용이기도 하지만 신규 고객 유치를 위해서이기도 하다. 실제로 란센호프는 런던에 그들만의 리그인 웰니스 클리닉 아트 클럽을 오픈했고 클리닉 라 프레리는 태국 방콕에 메디컬 스파 라 프레리 클리닉 방콕의 문을 열었다. 깊고 깊은 곳에 꽁꽁 숨어 있던 웰니스 리트리트가 도시로 진격한 셈인데 세계적인 동향으로 볼 때 더이상 새로운 현상이라고 할 수 없게 되었다. 이런 경향을 반영하듯, 웰니스에 관해 많은 기사를 쏟아내고 있는『데스티네이션 디럭스』*Destination Deluxe* 2023년 웰니스 트랜드에서는 시티 웰니스City Wellness라는 섹션을 전면에 내세우고 있다.

우리 세대까지만 해도 몸과 마음의 고통은 견딜 수 있을 때까지 견디면서 참고 이겨내는 것이 미덕이었다. 그런 열정이 있어야만 뭘 해도 해낼 수 있다고 여겼다. 시대는 달라졌다. 그런 미련한 열정의 소유자들은 어느덧 구시대의 산물이 되어버렸다. 몸은 물론이고 마음이 조금이라도 아프다면 재빨리 적극적으로 자기 관리를 하는 것이 현명한 시대가 되었다. 이런 트랜드에 발맞춰 접근하기 쉬운 곳으로 다가선 시티 웰니스의 시대가 이미 시작되었다. 그리고 반갑게도 최근에 서울에도 한남동을 시작으로 이러한 시티 웰니스의 작은 태동이 서서히 감지되고 있다.

하나부터 열까지, 호텔과는 모두 다르고 달라야 하는 이곳

지금까지 살펴보았듯이 웰니스 리트리트는 기존의 호텔과는 여러모로 다르다. 때문에 접근 방식도 지금까지 경험해온 것과는 완전히 다를 수밖에 없다. 가장 먼저 피부로 느끼는 차이는 예약의 방식이다. 우리가 호텔을 선택하는 방식을 생각해보자. 가고 싶은 호텔이 있다면 온라인에서 원하는 날짜를 넣고 예약이 가능한 객실을 검색해서 가격 비교를 통해 결정한다.

웰니스 리트리트는 그렇지 않다. 야놀자나 트리바고, 호텔닷컴 같은 호텔 가격 비교 사이트에서는 검색해도 잘 나오지 않는다. 왜 그럴까. 웰니스 리트리트를 기계적으로 평가할 수 없기 때문이다. 자신에게 맞는 곳을 찾아야 하는데 그걸 단순하게 수치화하여 서열화하기는 어렵다.

또 다른 이유도 있다. 수익 구조 때문이다. 『호텔에 관한 거의 모든 것』에서 설명했듯 온라인 호텔 가격 비교 사이트의 수익 구조는 판매되는 객실 수와 연동한다. 예를 들어 A호텔 1박 객실 요금을 10만 원이라고 해보자. 이 객실을 판매한 온라인 가격 비교 사이트는 약 15퍼센트 남짓의 수수료를 가져간다고 가정하자. 1만 5천 원 내외다. B웰니스 리트리트 1일 디톡스 패키지 요금을 50만 원이라고 해보자. 이 패키지를 만약 온라인 가격 비교 사이트에서 판매한다면 일반적인 기준을 적용했을 때 약 7만 5천 원의 수수료를 내줘야 한다. 호텔이라면 객실 판매를 위해 그 정도 수수료를 지불해도 좋겠지만 웰니스 리트리트는 패키지 요금에 객실은 물론 하루 세 끼 식사와 디톡스를 위한 프로그램 참가비가 모두 포함되어 있다. 여기에 보이지는 않지만 더 나은 프로그램을 만들기 위한 연구비와 스파 등에 필요한 재료비 등도 포함되어 있음은 물론이다. 그렇게 보면 단순히 패키지 판매를 대행했다고 해서 15퍼센트 남짓의 수수료를 지불하는 건 웰니스 리트리트 입장에서 보면 달갑지 않은 일이다. 게다가 고객의 성향도 다르기 때문에 무조건 많이 노출한다고 해서 판매가 잘된다고 보장할 수도 없다. 이런 이유로 웰니스 리트리트는 점점 더 아는 사람들끼리만 아는 곳이 되었다.

공급자 입장에서야 그렇다고 해도 수요자 입장에서는 쉽게 찾을 수 없으니 무척 불편한 일이 아닐 수 없다. 실제 불과 몇 년 전까지만 해도 믿을 만한 웰니스 리트리트를 소개하는 곳은 'healing hotel of the world' 웹사이트가 유일했다. 전 세계 내로라하는 웰니스 리트리트를 총망라해놓은 곳이다.

지금은 조금 다르다. 워낙 전 세계적으로 웰니스 리트리트에 대한 수요가 폭증해서 비슷한 웹사이트들이 많이 늘었다. 이런 웹사이트의 구성은 다른 호텔 안내 사이트의 구성과는 차이가 있다. 초기 화면에 수요자의 관심사에 맞는 프로그램이 먼저 노출된다. 예를 들면 감정적인 웰빙, 불면증, 스트레스, 디톡스, 체중 감량 등이다. 관심 있는 항목을 선택하면 거기에 특화된 세계 곳곳의 웰니스 리트리트 목록이 나열되고, 거기에서 선택하면 예약 창으로 연결된다. 가격이나 지역이 아닌 개선하고 싶은 부분에 따라 나뉘는 리스트라는 건 기존 호텔 분류로는 생각하지 못했던 일이다.

실제 예약의 과정은 이렇게 이어진다. 요즘 한창 공격적으로 확장을 하고 있는 스페인 알리칸테의 샤 웰니스 클리닉의 예를 들어보기로 하겠다. 내가 처음 이곳을 찾았던 때가 지금으로부터 10년 전쯤인 2014년이었다. 이곳을 선택한 건 그 당시 가장 유명한 웰니스 리트리트였기 때문이다. 도대체 다른 곳과 어떤 점이 달라서 그렇게 유명한 걸까, 호기심이 동했다. 그때만 해도 웹 사이트에서 바로 예약을 할 수가 없었다. 내 돈을 내고 내가 가겠다는데 까다 로운 예약 방식이 낯설었다. 지금 생각하면 뭘 몰라도 한참 몰랐구나 하는 생 각에 웃음이 난다.

샤 웹사이트를 들어가보자. 첫 화면에 '당신의 스테이를 디자인하세 요'Design Your Stay라는 문구가 등장한다. 스스로 내가 머물 곳을 디자인한다는 개념은 생경하다. 이미 디자인된 곳들 가운데 맘에 드는 걸 선택하는 것에 익 숙한 우리로서는 참으로 당혹스럽다. 마음속에 물음표를 한가득 안고 다음으 로 이동한다. 일정을 선택하면 크기와 등급에 따른 객실의 목록이 나올 것으 로 짐작한다. 예상은 빗나간다. 이곳에서 제공하는 웰니스 프로그램 리스트 가 쫙 펼쳐진다. 여기에서 원하는 것을 선택하지 않으면 예약은 더이상 진행 되지 않는다. 프로그램마다 골라야 하는 세부 항목은 어찌나 많은지, 마치 모 니터 뒤에서 누군가 나랑 씨름을 하는 기분마저 든다. 차라리 전화를 걸어 가 장 인기가 많은 걸로 추천해달라고 하고 싶은 마음이 가득하다. 그러나 그런 예약은 불가능하다. 시간을 들여서 자신이 지금 원하는 것이 무엇인지 차근 차근 찾아야 한다. 설명을 자세히 읽고 내게 필요한 최적의 선택을 해야 한다. 대부분 일주일에서 보름 가까이 머물며 진행하는 프로그램들이니 선택해야 할 항목은 끝도 없이 이어지는 기분이다. 그렇게 원하는 걸 모두 찾아 선택한 뒤에야 비로소 객실 선택권이 나오고, 예약은 거의 마무리 단계에 이른다. 그 뒤 마지막으로 최적의 효과를 내기 위한 몇 가지 옵션을 추가하면 끝이다. 내 가 고른 모든 선택의 총합 패키지 가격이 나오고 50퍼센트를 먼저 결제하면

Welcome to SHA Wellness Clinic.

The Method

SHA is a wellness experience created for living longer and better. From the holistic vision of the SHA Method to the excellence of our suites and residences, every detail we offer in our programmes seeks to transform and improve the health of our guests.

Health programmes

At least one of our health programmes per guest is required to book a stay at SHA Wellness Clinic.

Nutrition

Nutrition is a cornerstone of our method, so if your stay is longer than the duration of the chosen programme, the cost of full board for those additional days will be included in your booking and you will continue to enjoy the SHA meal plan.

Accommodation

Find the accommodation that best suits your needs. You can choose between the comfort of our exclusive suites, located in the same building as our clinic, or the privacy and independence of our SHA Residences, located in a separate building.

Accommodation rates are not included in the price of the health programme.

Subtotal   0,00€

Select your health programme

Select your health goal and choose the health programme that better fits your stay

Each guest must add a health programme to their stay. If your stay is longer than the duration of the chosen programme, the cost of full board for additional days will be included in your booking. If you prefer to be assisted with your booking, please contact our Reservations Department at info@shawellnessclinic.com.

Lee

Advanced Detox   Healthy Ageing   Intensive | Optimal Weight and Advanced Detox   Leader's Performance

Select a health programme

- 7 days — 4.300€
- 14 days — 7.600€
- 21 days — 10.800€

Goals:

With this programme we seek to purify the body by purifying the liver and digestive system of toxins that have resulted from bad eating habits and external pollutants. We also determine the level of oxidative stress in the body to counteract it by combining different treatments and therapies.

Moreover, you may add a focused pack in this program and then your experience will be fully complete.

Length: Minimum 7 days / 14 days /21 days

Subtotal   4.300,00€

Select accommodation

Please choose between our exclusive suites, or the independence and privacy of our SHA Residences

You can stay in our suites or in the stand-alone building where our SHA Residences are located. You will see more information about our accommodation categories by clicking on the icon of each type.

See all   SHA Suites   SHA Residences

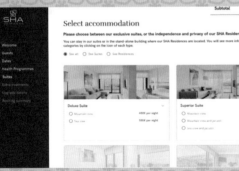

Deluxe Suite
- Mountain view — 480€ per night
- Sea view — 580€ per night

Superior Suite
- Mountain view — 590€ per night
- Mountain view and jacuzzi — 700€ per night
- Sea view and jacuzzi — 800€ per night

Subtotal   8.150,00€

Improve your stay

Enhance even more your stay at SHA, for the most complete and enriching experience.

You can add up to one health package for each guest.

Lee

Revitalising Energy Health Package
- 695€

Cognitive Enhancement Package
- 1250€

한번에 끝나지 않는 웰니스 리트리트 예약

■

논스톱, 원터치 등을 내세워
편리함을 강조하는
다른 예약 방식과 달리
웰니스 리트리트는 예약과 동시에
많은 것을 선택해야 한다.
모든 일정을 자신에게 맞춰야 하기
때문에 꼭 필요한 과정이다.

드디어 예약이 끝난다.

일반적인 호텔 객실 예약 과정과는 근본적으로 다른 방식이다. 때문에 시간을 두고 천천히 단계별로 진행해야 한다. 예약이 모두 끝난 뒤에야 당신의 스테이를 디자인하라는 문구가 무슨 말인지 이해가 된다. 내 생각에는 '당신의 웰빙 경험을 디자인하라'는 문구가 더 정확하다.

그런데 이게 끝이 아니다. 사전 설문 조사와 내가 받을 프로그램에 대한 길고도 상세한 안내문이 날아든다. 일반적인 호텔을 예약했을 때와는 역시 완전히 다른 상황이다. 처음 사전 설문 조사와 안내문을 받았을 때의 당황스러움은 잊혀지지 않는다. 이렇게까지 열심히 '공부'를 하고 가야 하는 건가, 싶은 생각이 먼저 들었다. 하지만 막상 도착을 해서 프로그램을 따라가다보니 다 그럴 만한 이유가 있었다는 생각을 저절로 하게 되었다. 내게 꼭 맞춘 듯한 프로그램들이 순차적으로 물 흐르듯 흘러가고 있었고, 나는 그저 거기에 올라타기만 하면 되는 편안함을 머무는 내내 경험할 수 있었다. 일주일 이상 머물러야 하는 객실은 일반 호텔에 비해 훨씬 넉넉해서 어떤 불편함도 없으며, 인테리어는 어떤 화려함이나 특별함을 추구하지 않고 마치 내 집에 머무는 것처럼 소박하고 쾌적하다.

여기까지 읽고 무슨 생각이 들었을지 짐작이 간다. 웰니스 리트리트가 '그들'만의 리그처럼 여겨지기도 할 것이다. 하지만 과연 그럴까. 앞에서도 말했지만 이런 서비스는 코로나19를 계기로 이미 전 세계 수많은 사람들의 일상 속으로 성큼성큼 걸어들어가고 있다. 2022년 미국 대중잡지『코스모폴리탄』에는 「웰니스 리트리트에 가기 위해 트러스트 펀드는 필요 없다」You Don't Need a Trust Fund for a Wellness Retreat라는 재미있는 기사가 실렸다. 그만큼 코로나19 이전에는 볼 수 없던, 대중을 고객으로 삼는 웰니스 리트리트가 여기저기에서 생기고 있다. 미국이나 멕시코에서는 1박에 55달러, 숙식을 모두 포함해서 일주일에 725달러의 가격에도 이용할 수 있는 리트리트가 나왔다.

우리 주위에는 없을까? 이미 존재한다. 앞에서 이미 언급했듯 외국보다 먼저 다가왔다. 해외에서는 고가의 웰니스 리트리트가 주류였던 때 이미 일반 대중들을 위한 곳들이 제주도와 충주 등지에 속속 들어섰다. 상대적으로 고가인 곳도 있긴 하지만 전체적으로 보면 부유층보다 일반 대중을 고객으로 삼는 시장이 먼저 만들어졌다고 해도 과언이 아닐 정도다.

그렇다면 이처럼 세계적으로 불 붙듯이 확장세를 보이는 웰니스 리트리트의 추이에서 우리가 주목해야 하는 건 뭘까. 단지 웰니스 리트리트 자체만을 들여다본다면 하나만 보고 둘은 못 보는 셈이 된다. 웰니스 리트리트에서 리트리트라는 단어를 빼고 웰니스라는 키워드를 주목해 보자. 그렇게 본다면, 즉 웰니스를 공간 안으로 끌어들여 경험하게 하는 것이 꼭 호텔에서만 가능한 걸까? 웰니스라는 소프트웨어를 구현하는 하드웨어를 반드시 호텔로 한정 지을 이유는 없다. 이미 공간에서의 웰니스는 호텔이 아닌 주거 공간, 오피스, 리테일 등 다른 부동산 개발 상품으로 확장을 시작했다. 엉뚱하게 들리겠지만 곧 다가올 자율주행 자동차 대중화 시대에는 거기까지 영역이 확장될 것이다. 목적지만 입력해두면 자동차가 알아서 운전자를 원하는 곳으로 데려가준다. 그동안 그 공간에서 운전자는 무엇을 할 수 있을까. 무엇을 하고 싶을까. 그 시간을 활용해 명상을 할 수도 있고, 자신을 돌아보는 시간을 가질 수도 있다. 자동차 안에서 오감을 자극하는 다양한 방안이 당연히 필요해지지 않을까. 시작은 해외에서부터 이루어지겠지만 국내 시장으로 이어지는 것은 시간 문제일 것이다. 주거에서도 이미 하드웨어에 치우친 공간의 승부 싸움은 임계점을 향하고 있다. 새로 지은 아파트 분양 광고에는 예전에 볼 수 없던 조식 제공, 차별화된 피트니스 센터나 아름다운 정원, 산책 코스, 커뮤니티 공간 등 다양한 아이디어들이 속속 등장하고 있다. 소비자들이 더이상 화려한 외형의 고가 아파트만으로는 만족하지 않기 때문이다. 하드웨어를 뛰어넘는 소프트웨어 영역에서의 차별점을 기대하기 시작했다. 이런 차별점에 대한 소비자의 기대와 공급자의 요구가 맞닿은 지점에 대안으로 등장하고 있는 것이 바로 웰니스라는 키워드의 구현이다.

그러나 오랜 시간 하드웨어에만 치중해온 건설사들이 달라진 환경에 적응하기란 만만치 않다. 하드웨어에 비해 소프트웨어 개발은 훨씬 더 유기적이고 복합적이며 인간 중심적인 마인드로 접근해야 한다. 태생 자체가 다르다. 진입 장벽은 높기만 하니 대부분 여전히 하드웨어적인 해법에만 매달리고 있는 형국이다.

이런 상황을 포착한 해외 웰니스 리트리트 업계는 웰빙 라이프 스타일을 전진배치하여 어느덧 새로운 형태의 주거 상품을 출시하기 시작했다. 선두에는 스페인의 샤 웰니스 클리닉, 식스 센스 리조트 등이 서 있다. 이들은 급부상하고 있는 액티브 시니어들을 위한 주거 상품을 선택했다. 레지던스를 분양하되 리트리트에서 진행하는 다양한 웰니스 프로그램에 손쉽게 참여할 수 있게 하거나 주거 공간 안에서도 직접 조리하지 않아도 건강한 음식을 매끼 제공 받을 수 있게 하는 등 먹는 것부터 일상생활까지 웰니스라는 개념을 마음껏 활용할 수 있도록 하는 방식이다. 막강한 소비력을 갖추고 제2의 인생을 즐기는 액티브 시니어들에게 꼭 필요한 것을 골라 제안하고 있음은 물론이다. 몇 해 전 중국 쑤저우에 문을 연 상하 리트리트 역시 주거 공간 분양 당시 이런 점을 겨냥했다. 단순히 주택이 아닌 웰니스 라이프 스타일을 판매한다는 전략으로 주택을 구매하면 웰니스 라이프를 마음껏 누릴 수 있다는 점을 광고 홍보 포인트로 삼았고, 많은 이들로부터 지대한 관심을 불러일으켰다.

이렇듯 웰니스 리트리트가 쏘아올린 불씨는 우리의 생활 전반에 막강한 영향을 미치고 있으며 새로운 산업을 견인하고 있다. 한마디로 우리가 살아갈 미래의 라이프 스타일에서 웰니스를 빼놓고 말할 수는 없을 것이다.

Outside
Norm

산 넘고 물 넘고 바다를 건너,
익숙함 넘고 불편함 건너 그곳으로

웰니스 리트리트는 숙박업계의 조용한 혁명이다. 숙박업 성공의 정설로 여겨지던 요소들을 하나씩 뒤집고 있다. 그래도 성공할 수 있다고 존재로 증명한다. 패러다임의 전환과 맞물려 진화하고 있으니 말이 안 되던 게 이제는 말이 되는 형국이다.

그 가운데 대표적인 것이 위치다. 숙박업을 비롯해 모든 리테일의 성공을 좌우하는 가장 기본적인 요소로 위치를 꼽는 것은 만국의 공통이다. 리테일만이 아니다. 무릇 모든 부동산을 논할 때 이걸 빼놓고는 말할 수 없을 만큼 위치는 가장 중요한 요소였다. 그런데 이 기본 논리가 웰니스 리트리트에는 통하지 않는다. 그도 그럴 것이 태생적으로 사람이 많이, 쉽게 찾을 수 있는 곳을 선호하지 않기 때문이다. 혼잡한 도시에서 멀리 떨어져 가급적 자연 속에서 자연의 힘을 느낄 수 있는 곳이어야 하기 때문이다.

부탄의 웰니스 리트리트를 한 번 가려면 그야말로 대장정이다. 비행기를 몇 번이나 갈아탄 뒤 입국할 수 있고 그러고도 자동차로 한참을 달려야 한다. 그렇게 다다른 곳에서는 히말라야 산 정상으로부터 신성한 기운을 느낄 수 있다. 마야 문명 깊숙한 곳에서 정체를 알 수 없는 신비한 힘을 느끼려면 역시 마찬가지다.

생각해보면 우리나라 웰니스 리트리트라고 할 만한 곳들도 접근성 좋은 서울이나 부산이 아닌 대부분 오지라고 할 만한 강원도 정선, 충청도 충주의 산

산 넘고 강 넘고 바다를 건너야만 닿을 수 있는 곳

■

대개의 웰니스 리트리트는 마음먹는다고 쉽게 가기 어려운 곳에 위치한다.
하지만 산을 넘고 바다를 건너서라도 그곳을 꼬박꼬박 찾는 이들에게는
결코 멀기만 한 길이 아니다.

기슭에 자리를 잡고 있다. 기차나 버스 등 대중교통으로는 접근이 어렵고 자동차로 몇 시간을 운전해서 가야 한다. 하지만 이렇게 가는 수고를 감수하고서라도 찾아가는 사람들의 행렬이 끊임없이 이어진다.

이유는 간단하다. 일반 호텔을 이용하는 것과는 다른 필요를 느끼기 때문이다. 이런 곳을 찾는 이들은 자신이 원하는 것이 있다면, 원하는 것을 경험한 곳이라면 지구 끝에 있다 해도 반드시 찾아가기 때문이다. 특정 호텔 브랜드의 충성도 높은 고객과는 다른 충성도를 지닌다. 때문에 웰니스 리트리트를 한 번도 못 가본 사람은 있어도 한 번만 가본 사람은 없다는 말에 저절로 고개를 끄덕이게 된다.

앞에서 잠깐 이야기했듯이 스페인의 샤 웰니스 클리닉에 처음 갔을 때 유난히 혼자 온 여성들이 많았다. 호텔이나 리조트를 갈 때는 일행이 있는 것이 당연해 보였던 그 당시 나는 이들이 왜 혼자 왔을까 궁금했다. 며칠 머무는 동안 가까워진 몇몇에게 슬쩍 물어보니 이들은 1년에 한 번씩 번아웃된 몸과 마음을 보살피며 충전을 하는 것이 삶의 루틴이라고 했다. 대부분 유럽에서 일하는 전문직 여성들이었는데, 꽤 부담스러운 비용이 들긴 하지만 다양한 테라피와 디톡스를 통해 자신에게 집중함으로써 앞으로의 1년을 잘 살 수 있는 힘을 얻을 수 있으니 해마다 찾게 된다고들 했다. 그들의 말을 들으면서도 솔직히 반신반의했다. 하지만 프로그램이 진행되는 동안 눈에 띄게 좋아지는 나의 모습을 발견하면서 놀라는 한편으로 그들의 말에 전적으로 수긍하게 되었다. 그뿐만일까. 그때 이후로 지금까지 이곳의 자진 홍보대사 역할을 하고 있을 정도로 그곳에서 보내는 시간은 완전히 다른 경험을 나에게 주었고, 이후 내가 있는 곳에서 그곳까지의 물리적 거리는 더이상 걸림돌이 아니다.

어쩌면 이런 반응은 한발 물러난다는 뜻을 지닌 리트리트라는 단어 자체에서 이미 예견되어 있는 것인지도 모른다. 우리의 몸과 마음을 상하게 하는 스트레스로부터, 자유롭지 않은 일상으로부터 한발 물러나는 일은 실제 몸을 움직여 물리적인 거리를 둔 다른 곳으로 이동하지 않으면 쉽지 않다. 자동차로, 기차로, 비행기로 지금 있는 곳에서 가급적 먼 곳으로 떠나는 행위 자체가 우리 자신을 속박하는 여러 요소로부터 풀어주는 과정이라 할 수 있다. 다시 말해 웰니스 리트리트에서의 경험은 바로 이런 여정으로부터 시작된다고 할 수 있다는 의미다. 그렇게 불편함을 감수하고 다다른 그곳에서 누리는 편안함이 우리를 회복시켜줄 것이라는 믿음이 길을 나서게 한다.

그렇게 먼 길을 돌아 몸과 마음을 쉬게 해줄 장소에 가까이 도착했다. 저 멀리 반짝거리는 외부 간판이 우리를 반긴다. 그래야 한다. 아니다. 번쩍거리기는커녕 정문 가까이에 가서야 겨우 보일 듯 말 듯 작은 표지판 하나 붙여둔 곳이 많다. 아차, 하는 순간 길을 잃기도 한다. 찾아오는 손님이 저 멀리에서도 잘 찾아올 수 있게 하는 것이 호텔 건축 사인의 질서라면 여기는 아니다. 누구든, 찾아주시는 손님께 감사하다는 제스처와는 거리가 멀다. 미리 예약을 하지 않는다면, 아무나 들어올 수 없다는 고압적인 느낌까지 받을 정도다. 준비된 객실을 많이 팔아야 하는 호텔과는 다른 접근법이다. 이미 이곳을 충분히 알고 선택한 고객들만을 위한 곳이라 불특정 대중을 향한 홍보에도 썩 적극적이지 않다. 그런 곳에 홍보비라는 명목으로 비용을 쓰기보다 리트리트 본연의 역할에 맞는 프로그램 개발에 더 투자한다. 그렇게 함으로써 질 높은 서비스와 난이도 높은 프로그램을 제공하고, 고객 한 사람의 만족도를 최고로 높임으로써 더 많은 고객을 확보한다. 문턱이 높을수록 찾는 이들이 더 많을 것이라는 걸 잘 아는 셈이다.

정문을 지나 이어지는
낯선 체크인 풍경

가까스로 정문을 통과했다. 그러면 이제부터는 친절한 응대가 나를 기다릴까? 보통의 호텔에서 체크인 시간이 길어지면 불쾌지수가 높아진다. 북적거리는 호텔 로비의 소란스러움도 딱 질색이다. 이런 고객들의 불만을 이미 충분히 알고 있는 호텔 운영사들은 체크인 과정의 간소화를 위해 다각도로 노력한다. 셀프 체크인을 위해 키오스크를 설치하고, 모바일로 체크인이 가능하도록 서비스를 개발하는 것도 이런 노력의 일환이다. 직원을 통해 체크인을 할 때 주고받는 대화는 짧을수록 좋다. 예약 사항을 확인하고, 신분증을 주고받고, 간단히 인적사항 등을 적으면 대개는 객실 키 카드를 손에 쥘 수 있다.

웰니스 리트리트에서의 체크인 과정은 사뭇 다르다. 매우 긴 대화가 이어진다. 서로 확인하고 묻고 답할 것이 워낙 많아서다. 사전에 예약한 내용에 대한 확인은 물론이고 각종 안내를 다시 받는다. 필요하면 영양사나 머무는 동안 나를 책임져줄 라이프 코치와의 상담을 위해 상담실로 안내 받기도 한다.

샤 웰니스 클리닉에 처음 갔을 때 체크인을 한 뒤 나를 기다리는 건 객실이 아니라 영양사였다. 음식과 관련해서 사전에 내가 체크한 사항을 다시 한 번 점검했다. 등록해둔 프로그램을 점검한 뒤 추가하면 좋은 프로그램을 안내 받기도 한다. 워낙 새로운 도구와 장비 등을 사용하는 터라 나 역시도 질문이 많았는데, 친절하고 자세한 안내를 통해 한결 마음이 놓였던 기억이 난다. 그렇게 오랜 시간 대화를 나눈 뒤 객실로 향하는 내 손에는 아주 두툼한 문서 폴더가 들려 있었다.

이런 경험은 개인적으로는 몸과 마음의 쉼을 주기도 했지만, 이후 나의 일에도 매우 큰 영향을 미쳤다. 나의 일이란 2012년 초반부터 2018년까지 진행한 중국의 첫 번째 홀리스틱 웰니스 리트리트인 상하 리트리트 기획 및 개발을 말한다. 상하 리트리트는 중국 쑤저우에 세운 약 18만 2천 제곱미터(약 5만 5천 평)가 넘는 거대한 규모의 프로젝트였다. 웰니스 리트리트는 물론 일반 호텔, 주거 공간, 리테일, 교육 공간, 메디컬 클리닉, 메디 스파, 각종 연회장, 유기농 농장 등을 포함한 매우 복합적인 공간을 개발하는 프로젝트였다.

이런 대규모 프로젝트인 상하 리트리트를 만들며 하나부터 열까지 길을 만들어야 했던 나로서는 그때까지 직간접적으로 경험한 것들 가운데 가장 좋은 것을 연구해서 그보다 더 좋은 것을 구현해야 했다. 수많은 고민과 동료들과의 협업을 통해 만들어낸 상하 웰니스 리트리트의 체크인을 통해 호텔과는 다른 웰니스 리트리트의 진입 과정을 간접적으로 경험해보면 어떨까.

상하 웰니스 리트리트의 체크인은 이렇게 진행된다. 고객이 도착하기 전 이미 실질적인 객실의 체크인은 끝나 있다. 다시 말해 리트리트에 도착하는 고객은 프론트 데스크에 가서 줄을 설 필요가 없다. 정문에 도착하면 이미 담당 직원이 대기하고 있다가 환영 인사와 함께 티라운지로 안내한다. 웰컴티를 마시며 시설 전반의 이용 안내를 듣는다. 공간은 절대 북적이거나 소란스러워서는 안 된다. 통창을 통해 창밖에 펼쳐진 자연 풍경이 공간 안으로 들어오도록 설계되어 마치 그 풍경 안에서 이야기를 나누는 것 같은 느낌을 주도록 했다.

이 과정은 단지 고객의 기분을 좋게 하기 위해서 마련한 것이 아니다. 정문을 통과해서 이루어지는 첫 만남의 순간은 이후 이곳에 머무르는 모든 시간, 나아가 리트리트 전체에 대한 인상을 좌지우지한다. 나아가 이 장소와 공간이 추구하는 비전을 말없이, 그러나 강력하게 전달하는 중요한 순간이다. 물리적인 공간에만 신경을 써서는 안 된다. 이를 위해 상하 웰니스 리트리트에서는 도착하는 고객을 응대하는 직원들의 언어와 태도 교육에 각별히 공을 들였다. 리트리트가 추구하는 비전, 그 결에 맞춘 표정은 물론 단어와 몸짓에 이르기까지 세심하게 준비시키는 것은 물론이었다. 그러는 동안 고객의 짐은 소리없이 객실로 운반되어 있어야 한다.

객실로 들어가 잠시 휴식을 취한 뒤 고객이 향하는 곳은 메디 스파다. 지금까지 안내를 받은 것은 주로 숙소인 호텔에 관한 내용이었다. 이곳에 머물며 받아야 하는 웰니스 프로그램에 대한 체크인은 별도로 진행한다. 그도 그럴 것이 상하 웰니스 리트리트는 약 18만 2천 제곱미터가 넘는 거대한 규모이니 호텔과 리트리트 프로그램의 설명을 구분하지 않으면 안 된다.

이른바 세계 최고급 럭셔리 호텔에서는 버틀러 서비스를 운영한다. 객실마다 배정된 전담 호텔 직원이 고객의 필요한 사항을 모두 다 해결해준다. 상하 웰니스 리트리트에서도 이에 착안하여 라이프 코치 서비스를 도입했다. 리트리트에 머무는 동안 모든 프로그램에 전담 라이프 코치의 안내를 받는다. 서양 의학에서부터 한의학, 인도 아유르베다, 영성을 바탕으로 한 것까지 프로그램이 워낙 다양한 데다 각자의 필요에 따라 순서 및 내용을 새롭게 조합할 수도 있어서 만나는 이들이 한둘이 아니다. 그렇다 보니 매 프로그램마다 질

기존 호텔과는 사뭇 다른 웰니스 리트리트 체크인 공간
■
일반적인 호텔의 체크인 공간은 빠를수록 좋은 곳이다. 하지만 웰니스 리트리트 체크인 공간에서는
느긋하고 편안하게 앞으로 이곳에서 보낼 시간에 대한 안내를 받는다.

문이 생기게 마련인데 그때마다 서로 다른 사람에게 질문하면 혼선이 생길 수 있다. 이를 방지하기 위해 도입한 것이 전담 라이프 코치 서비스다. 한 사람의 고객에게 최적화된 프로그램을 구성하고 전 과정을 관리하는 라이프 코치를 통해 더 편안하고 효과적인 시간을 갖도록 설계했다.

정문에서 객실에 이르는 과정에서부터 우리가 알고 있던 호텔과는 완전히 다른 차원의 서비스를 고안해야 한다는 걸 상징적으로 보여주는 예라 할 수 있다.

여기, 이곳에 오는 이들은 무엇을 찾아 오는가

웰니스 리트리트의 특징에 대해 몇 가지 알아보았다. 그렇다면 이번에는 이곳을 찾는 고객들에 대해서 생각해봐야 하지 않을까. 우리는 출장·여행·호캉스 등 다양한 목적으로, 나홀로·동료·친구·가족·연인 등 여러 형태로 호텔을 찾는다. 잠만 자고 가기도 하고 하루종일 호텔 밖으로 안 나가기도 한다. 경우의 수가 참 많다.

웰니스 리트리트는 대개 그렇지 않다. 대부분 리트리트 안에서만 머문다. 몸과 마음의 쉼을 얻으려는 목적도 비슷하다. 그래서일까. 이곳에서 처음 만난 사람들이지만 정문을 통과하는 순간 일종의 동지의식 같은 게 자연스럽게 형성된다. 'seen and to-be-seen'이라는 말이 있을 정도로 서로가 서로에게 구경거리가 되곤 하는 호텔과는 사뭇 다른 분위기다. 호텔에서는 사람들의 시선이 다른 사람으로 향한다. 서로가 서로를 구경한다. 웰니스 리트리트는 정반대다. 자기 치유를 위해 온 사람들이 대부분인 만큼 관심사는 오로지 자기 자신, 자신의 내면에 집중되어 있다. 이미 다른 곳을 바라보는 일에 지칠 대로 지쳐 있는 상태라 이곳에서는 다른 사람에게 거의 신경을 쓰지 않고 서로의 시선을 의식하지 않으니 지내는 내내 사뭇 편안하다.

사람들의 시선을 의식하지 않는다는 편안함 이전에 오가는 사람들이 거의 없는 것처럼 여겨지는 것도 이곳에서의 시간을 특별하게 만들어준다. 실제로 사람이 없어서가 아니다. 리트리트가 만석이 되어도 어딜 가나 한가하고 여유롭게 느껴진다. 다들 각자 예약한 프로그램에 참여하고 있기 때문이다. 프라이빗한 공간에 분산이 되어 있다보니 같은 시간, 같은 공간에 동선이 겹칠 일이 거의 없다. 또는 다들 고요하게 프로그램에 집중하고 있으니 여럿이 있어도 대체로 고요하다.

옷차림에서도 다른 누구를 의식할 필요가 없다. 강요하는 건 아니지만 객실 안에 갖춰놓은 가운이나 요가복 또는 유니폼을 입고 다닌다. 촘촘히 예약해둔 프로그램을 다니다 보면 하루가 바쁘다. 나의 경우를 예로 들자면 보통 눈을 뜨자마자 해맞이 요가를 한 뒤 식사를 하고 잠깐 휴식을 한 뒤 오전 프로그램을 소화한다. 점심을 먹은 뒤 다시 잠깐 쉰 뒤 다시 오후 프로그램을 소화한다. 보통 한두 개 또는 두세 개의 프로그램이 이어진다. 다시 저녁을 먹고 일몰 리추얼 또는 스파를 비롯한 몇몇 프로그램에 참여하면 잠자리에 들 시간이다. 쉬러 오는 건 맞지만 그저 편안하게 객실에서 머무는 휴식이 아니니 이렇게 프로그램을 쫓아다니다보면 저녁에는 곯아떨어질 정도다. 한 번은 40분짜리 하이드로 테라피를 받은 뒤 두 시간을 내리 자고 일어났다. 그러니 옷차

웰니스 리트리트를 찾는 사람들

■
자기 치유를 위해 오는 이들은 다른 사람들의 시선이 아닌 오로지 스스로에게 집중한다. 따라서 웰니스 리트리트의 기본 전제는 고객의 모든 순간에 최고의 편안함을 제공하는 것이다.

림에 신경쓸 여력이 거의 없고 그럴 필요도 없다. 요가복이나 운동복 또는 수영복이나 속옷만 입고 객실 가운만 걸친 채 다니는 게 가장 편안하다.

언젠가 샤 웰니스 클리닉에 갔을 때의 일이다. 비행기로 부친 짐이 도착하지 않아 거의 빈 손으로 가야만 했다. 직원에게 이런 상황을 설명했더니 그는 웃으며 괜찮을 거라며, 꼭 필요한 것은 안에 있는 숍에서 구입하면 될 거라고 했다. 결론은 아무것도 살 게 없었다. 객실 안에 있는 가운이나 운동복만으로도 충분해서 다른 옷이 전혀 필요가 없었기 때문이다.

모든 것은 하나, 먹는 것이 곧 나를 이룬다는 세계관의 구현

'You are what you eat'라는 말이 있다. 즉, 음식이 곧 그 사람을 규정한다는 말이다. 그만큼 우리의 몸은 음식과 깊이 연결된다. 호텔 조식 뷔페에 가면 사람들마다 접시를 번갈아가며 잔뜩 먹는 걸 심심치 않게 볼 수 있다. 특별한 이벤트이니 먹는 사람도 보는 사람도 너그럽고 분위기는 즐겁다. 과식을 경계하던 사람들도 스스로에게 저절로 너그러워진다.

웰니스 리트리트에서는 통하지 않는 이야기다. 전문적인 리트리트에서는 도착 즉시 영양사와의 상담을 거쳐야 하고, 그 결과를 바탕으로 한 식단이 주방으로 전달된다. 리트리트에 머무는 동안 철저하게 그에 맞춰 요리한 음식과 양만 먹을 수 있다. 나의 건강을 최우선으로 고려한 재료와 조리법으로 만든 음식이 매끼 제공된다. 과식은 상상할 수 없다. 조금 비약해서 말하면 음식에 관한 선택권은 반납했다고 해도 과언이 아니다.

그렇다고 오해는 금물이다. 건강에 좋은 음식이 맛도 없을 거라는 의미는 아니다. 물론 지금으로부터 10여 년 전까지만 해도 건강음식은 곧 맛이 없음을 뜻했다. 말라비틀어진 것처럼 보이는 빵, 스팀기에 쪄서 내놓은 야채, 그저 물에 데치기만 한 것 같은 생선 살 스테이크 등이 대부분이었다. 건강한 음식이라는 데는 동의할 수 있지만 먹는 즐거움을 완전히 내려놓고 지내는 데는 한계가 있게 마련이다. 자연스럽게 각성이 일었다. 건강한 음식은 이렇게 맛이 없어야만 하는가에 대한 물음표가 여기저기에서 튀어나왔다.

나 역시도 이 물음표에 격하게 동의하는 사람 중 하나였다. 물음표는 행동으로 이어졌다. 상하이에서 도시형 웰니스 센터를 만들 때의 일이다. 나는 센터 안의 레스토랑에 파격적인 콘셉트의 메뉴를 서비스하기로 했다. 실험적이면서 힙하고, 그러면서 건강한 음식을 선보이자고 마음먹었다. 당뇨병이나 고혈압 등 지병을 가진 고객들도 마음놓고 편하게 즐길 수 있는 메뉴를 만들어야겠다고 생각했다. 이를 위해 런던의 한 미슐랭 스타 레스토랑 출신의 요리사를 영입했다. 로컬에서 재배한 야채, 자유롭게 방목해서 얻은 닭고기와 달걀, 옥상에서 직접 재배한 허브 등을 주 재료로 삼고, 튀기지 않고 굽거나 찌거나 졸이는 조리법을 활용했다. 가공 또는 정제 설탕 대신 꿀이나 천연 재료에서 추출한 단맛을 사용하고, 밀가루 대신 아몬드 가루로 만든 디저트를 개발했다. 이밖에도 유기농 식자재를 적극 사용했다. 그때만 해도 유기농 식자재에 대한 인식이 지금 같지 않아서 믿을 만한 구매처를 찾느라 여러 시행착오를 거치기도 했다. 이렇게 식자재와 조리법에 집중적으로 고민을 하다보니 고혈압 또는 당뇨병 같은 기저질환이 있는 손님들도 마음놓고 먹을 수 있는 메뉴들을 포함해서 건강하고 창의적인 메뉴들이 늘어나기 시작했다. 상하이에서 이런 시도는 처음이었고 따라서 비건 레스토랑보다 더 전문화된 레스토랑으로 각광을 받기도 했다.

보기에 좋은 떡이 먹기에도 좋다는 건 만고불변의 진리에 가깝다. 이런 음식들에 어울리는 식기에도 각별히 신경을 썼다. 비싸고 다루기 어려운 식기를 썼다는 말이 아니다. 흙의 질감을 충분히 살린 그릇, 나이테가 고스란히 드러나는 나무판 등을 주요 식기로 쓰고, 최대한 가공을 덜한 냅킨을 식탁 위에 올렸다. 먹는 것만이 아니라 식탁 위의 모든 것들을 조화롭게 맞추기 위해 세심하게 신경을 썼다.

당시 상하이에서 이런 경향은 점점 더 확산되어갔다. 와이탄 지역에 문을 연 한 대만 비건 레스토랑에서는 거의 최초로 고가의 유기농 비건 메뉴를 시도, 큰 인기를 끌었다. 야채는 물론 쌀의 종류도 다양하게 활용했으며 플레이팅도 놀라웠다. 눈으로만 봐도 배부른 느낌을 주었다.

이제는 이런 이야기를 하는 것조차 새삼스러울 만큼 다양한 건강식 메뉴가 보편화되었다. 어딜 가나 맛있고 건강한 재료와 조리법이 넘쳐나는 것 같다. 그럼에도 불구하고 여전히 괜찮다고 꼽히는 웰니스 리트리트에 가면 어쩌면 이렇게 기발하고 맛있게 음식을 만들어낼 수 있을까 식사 때마다 눈이 휘둥그레진다. 특히 아시아의 웰니스 푸드들의 선전이 눈부시다. 갖가지 야채들을 말리거나 찌거나 에어프라이어를 활용해서 종전과는 완전히 다른 맛과 텍스처를 구현하고, 아울러 눈까지 즐겁게 해준다. 어쩌다 다소 많이 먹어도 속이 편안하고, 재료며 조리법에 대한 신뢰가 있으니 죄책감도 거의 느껴지지 않는다. 마치 보이지 않는 주방 저편의 주방장이 나의 구원자가 아닐까 하는 생각

이곳의 음식이 이곳을 규정한다
■

우리의 몸이 음식과 깊이 관련되어 있듯 웰니스 리트리트에서 제공하는 음식에는 그곳만의 가치관이
배어 있게 마련이다. 이런 곳에서는 건강한 음식은 맛이 없다는 인식을 잊게 하기도 한다.

이 들기도 한다.

진정한 로컬 가치의
극대화 현장

"어떤 풍토와 환경에서 우리가 진정 감동할 때는 그 지역에 오래전부터
살아온 사람들의 흔적과 맥을 이어 계승해온 지혜의 산물이 훌륭하게
형태를 이룬 것을 직접 보았을 때다."

일본의 유명한 디자이너 하라 켄야는 자신의 저서 『저공비행』의 '호텔이란
무엇인가' 부분에서 이렇게 말했다. 이 문장을 읽고 환호성이라도 지르고 싶
었다. 호텔에 대해 진심으로 고민했을 때 비로소 나올 수 있는 내용이며, 나아
가 웰니스 리트리트의 핵심을 담고 있기 때문이다.

그동안 간혹 만나던 로컬의 호텔들 가운데 인상적인 곳들이 꽤 있었다. 하
지만 대부분 그 지역의 풍토와 환경을 외형에 반영하는 것에서 그칠 뿐 그 지
역에 쌓인, 또는 오랜 시간 전해내려오는 지혜의 산물을 호텔 안으로 끌어들
인 곳은 거의 보지 못했다. 비슷한 예를 굳이 들자면 일본의 오래된 료칸에서
접할 수 있는, 일본만의 전통적인 환대법이라 할 수 있는 오모테나시 정도가
될까.

이유는 간단하다. 지혜의 산물이란 눈에 보이지 않는다. 지금까지 우리는
눈에 보이지 않는 것의 가치에 대해 거의 주목하지 않았고, 따라서 그에 대한

대가를 지불하는 데 익숙하지 않았다. 하지만 웰니스 리트리트에서는 반대다. 눈에 보이는 것보다는 보이지 않는 것의 가치를 더 극대화시켜 공간 안에서 구현한다. 일본의 오래된 레이키靈気 마사지나 다도, 중국의 도교 명상법 같은 역사와 문화의 맥이 담겨 있는 것을 프로그램으로 응용, 구현하여 고객으로 하여금 경험할 수 있게 한다. 어떤 지역만의 고유한 풍토와 환경을 반영하는 외형의 형질에 무형의 자산을 잘 담아내는 것이 웰니스 리트리트가 지향하는 핵심 가운데 하나이고 보면 하라 켄야의 저 문장은 내가 하고 싶은 말이기도 하다. 그러니 환호성이 나올 수밖에.

특정 지역에서 오랜 시간 전해내려온 유·무형의 특징이 강점으로 부각된다는 건 어떤 의미일까. 고객 입장에서는 '이곳에서만 할 수 있는 특별한 경험'의 가치가 극대화된다. 운영자 입장에서는 고객들에게 독창성 있는 상품을 제공함으로써 새로운 비즈니스 기회의 장을 열어준다. 얼핏 막연하게 들릴 수 있지만 잘 살펴보면 매우 고급스러운 비즈니스 모델의 가능성을 내포하고 있다는 걸 알 수 있다.

중국 상하이에 살고 있을 때, 튀르키예의 웰니스 리트리트 가운데 하나인 리치몬드 누아를 일부러 찾아간 적이 있다. 물을 활용한 다양한 테라피가 유명한 곳이라니 호기심이 일었다. 말 그대로 다른 곳에서는 경험할 수 없는 다양한 테라피를 체험할 수 있었다. 물 온도 40도, 습도 100퍼센트를 유지하여 근육을 이완시키고, 스팀 룸의 한 종류인 오스만 스팀 배스Osman Steam Bath로 디톡스를 유도한다. 또한 30도를 유지하는, 인체의 곡선을 따라 만든 도자기 타일 의자 위에 누워 있는 동안 우리 몸이 추위에 견디도록 단련시켜주는 휴식처 테피데리움Tepidarium도 인상적이었다. 로마 시대부터 내려오는 문화라고 하니 호기심이 증폭된 것은 물론이었다. 튀르키예식 디톡스 요법 가운데 하나인 하맘Hammam 서비스도 기억에 남는다. 어디 하나 나무랄 데 없이 제대로 갖춰놓은 설비에 서비스도 남달랐다. 이런 시설과 서비스의 조합이 자연스럽게 이어지는 가운데 사이사이 내놓는 튀르키예의 전통 차와 간식을 비롯한 접대 문화는 이곳에서만 경험할 수 있는 각별한 순간으로 각인되고, 다시 가고 싶다는 생각으로 이어진다.

그러나 여기까지는 상상이 가능한 범주 안에 있다. 말 그대로 과감하고 파격적으로 그 지역의 문화와 지혜의 산물을 반영한 사례가 있다. 멕시코 투룸 지역의 아주릭Azulik 리트리트다.

이곳을 세운 사람은 독학으로 건축을 공부한 로스Roth라는 인물이다. 그는 마야 문명권인 투룸 지역 정글에 리트리트를 만들었는데, 정글 본래의 지형과 모습을 존중하여 원래 있던 나무들을 한 그루도 베지 않고 있는 그대로의 모습 안에서 공간을 만들어냈다. 단지 그 모습을 존중한 것에서 그치지 않고 탄소 중립을 철저하게 지향하는 동시에 약 200여 그루의 나무들을 오히려 중심에 놓고 그 줄기 등을 엮어서 리트리트 전체를 구성하고, 마야 문명권에서 전해지는 공예품으로 내부를 장식했다.

지형의 모습을 존중해 공간을 만들었기 때문에 당연히 모든 공간의 형태는 제각각이다. 심지어 어느 곳의 루프탑은 새 둥지 모양을 하기도 했다. 로스는 현대인들이 사각형에 갇혀 있다고 여겼다. 사각형 건물에서 먹고, 자고, 일하고, 쉬기 때문에 마음 역시 사각형으로 비슷비슷해진다고 했다. 그로 인해 어릴 적 천진난만함을 잃고 재미 없는 삶을 살아가고 있다는 것이다. 그런 그가 만든 곳이기 때문일까. 아주릭 리트리트에 오는 이들은 마치 어린 시절 나무를 타던 때처럼, 또는 한 번쯤 꿈꿔봤던 그런 순간을 만끽한다고들 한다. 나아가 마야 문명권의 깊은 맛을 온몸으로 체험할 수 있다고도 한다. 겉으로 보기에는 로컬의 문화와 예술의 디자인 언어를 빌려온 것이 독특해 보이지만 실제로 그 공간에 머물다 보면 눈에 보이는 것 너머 그 땅과 역사 속으로 들어갔다 나오는 것 같은 느낌을 받는다는 이들이 매우 많다. 단순히 공간적인 특징만이 아닌 마야 문명권의 아우라를 잘 담아낸 결과라 할 수 있다.

하라 켄야의 책을 보며 깊이 공감한 대목은 또 있다. 글로벌과 로컬이 반대 개념이 아니라는 것이다. 이는 지난 10여 년 동안 아시아의 변화를 지켜보며 나 역시 발견한 사실이기도 하다. 흔히 글로벌과 로컬은 대립되는 것으로 여겨왔다. 그러나 지난 10여 년 동안 서서히 그러나 꾸준하게 이어진 변화의 방향은 분명히 이 두 개의 개념이 맞닿아 통하는 쪽으로 향하고 있다. 시대의 전환점에서 미처 생각하지 못했던 개념과 단어들이 이합집산하고 있는 것이다. 글로벌과 로컬이라는 두 단어가 그러했듯, 또 어디에선가는 또 다른 익숙한 개념과 단어들이 해체·조합되어 새로운 국면을 펼치고 있을 것이다.

그렇다면 호텔은 어디로, 무엇을 향해 가야 하는 걸까. 지금까지 해오던 익숙한 방식으로 우리는 호텔의 미래를 제대로 준비하고 있다고 말할 수 있을까. 새로운 전환점에 선 것은 시대만이 아니고, 그 시대를 살고 있는 호텔 역시 전환점에 서 있다. 그 미래의 방향을 오늘날 전 세계 선두에서 호텔의 미래를 그리는 이들은 웰니스 리트리트에서 찾고 있다.

멕시코 투룸 지역의 아주릭 리조트

지형의 모습을 존중하고, 로컬의 문화와 예술의 디자인 언어를 차용하여 공간을 구성한 이곳은
마치 그 땅과 역사 속으로 들어갔다 나오는 것 같은 느낌을 들게 한다.

웰니스 리트리트, 그 세계를 앞장 서 만들어가는 이들은 누구인가

그렇다면 웰니스 리트리트 업계를 이끌고 있는 그들은 누구인가? 라는 궁금증이 생긴다. 그래서 찾아보니 참 신기하다. 오늘날 글로벌 선두에서 이 세계를 이끌고 있는 인물들의 특성은 다른 산업의 리더들과는 사뭇 다르다. 돈을 벌기 위해서라기보다 자신들의 경험을 다른 사람들에게 나누는 게 목적인 것처럼 보인다. 대부분 현대 의학으로 해결하지 못한 문제를 그들 나름의 방법으로 극복한 사연 한두 가지는 가지고 있고, 그 과정에서 터득한 깨달음, 노하우를 다른 사람들과 공유하기 위해 노력해온 이들이 꽤 많다. 자신들은 비록 깨달음을 얻기까지 어려운 과정을 겪었지만 다른 사람들은 그 전철을 밟지 않기를 바라는 이타심이 설립 동기에 깊이 배어 있다.

그리스의 유포리아 웰니스 리트리트 설립자 마리나 에프레이모글로우Marina Efraimoglou는 증권 투자 전문 은행에서 맹활약하던 20대의 나이에 암에 걸린다. 암 치료 과정에서 한의학의 음양오행과 대체의학의 도움을 많이 받게 되었다. 그는 여기에 그리스 문화를 접목, 자신만의 웰니스 리트리트의 문을 열었다.

1962년 에설런 인스티튜트를 함께 세운 마이클 머피Michael Murphy와 리처드 프라이스Richard Price의 사연 역시 만만치 않다. 리처드 프라이스는 스탠포드 대학교를 졸업하고 하버드 대학교 대학원을 다니다 공군 복무를 위해서 샌프란시스코로 이주한다. 그곳에서 우연히 동양학을 공부하다 영적 경험을 하게 되었다. 엘리트 코스를 밟던 아들의 이런 변화에 그의 부모는 정신적으로 문제가 생긴 것으로 여겨 정신병원에 입원을 시켰고 리처드는 그곳에서 온갖 전기 치료와 인슐린 치료 등을 받은 뒤 퇴원한다. 입원 중에 받았던 무자비한 치료에 깊은 내상을 얻은 그는 그 무렵 캘리포니아 일부 히피들 사이에서 한창 유행하던 일본 불교 최대 종파인 조동종 승려 스즈키 순류鈴木俊隆가 만든 센터에서 공동체 생활을 하며 명상과 강연 등을 통해 내상을 치유하게 된다. 이런 자신의 경험을 토대로 뜻을 함께 한 마이클 머피와 문을 연 에설런 인스티튜트는 오늘날 이른바 '휴먼 포텐셜 무브먼트'Human Potential Movement의 진앙지로 불리고 있다.

앞에서 언급한 샤 웰니스 클리닉의 설립자 알프레도 파리에티의 사연과 내력까지 다시 떠올리다보니 이들에게는 어려움을 극복한 과정에서 느끼고 깨닫게 된 무언가가 있었을 것이라는 것, 그 무언가가 이들로 하여금 남들이 가지 않는 길을 가게 하고 있다는 것을 느낄 수 있었다. 그런 소명의식이야말로 이들을 앞으로 나아가게 하는 동력일 것이다. 그들 모두는 때로 선구자처럼 보이기도 한다. 어떤 순간 절대 꺾지 않은 고집 역시 그들이 이루려는 바를 더욱 단단하게 만들어주는 것처럼 여겨지기도 한다.

그동안 만난 웰니스 리트리트 설립자 가운데 가장 잊혀지지 않는 인물의 이야기를 하지 않을 수 없다. 태국 코사무이의 카말라야 웰니스 리트리트는 문을 연 지 어느덧 17년이 지났지만 아시아의 탑텐 자리에서 내려온 적이 없다. 존 스투어트John Stewart와 카리나 스투어트Karina Stewart 부부가 함께 만든 곳이다.

캐나다 출신의 존은 16살 때부터 유럽과 북미를 여행하며 아시아 문화와 철학에 관심을 갖기 시작했고, 23살 무렵 요가 마스터를 따라 히말라야 한 강가의 동굴에서 5년을 지낸 뒤 인근 지역에서 약 16년 동안 승려 생활을 했다. 멕시코 출신의 카리나는 미국에서 학창 시절을 보냈다. 1982년 다니던 프린스턴 대학을 휴학하고 떠난 히말라야 정글 여행에서 우연히 존을 만나게 되었다. 이후 두 사람은 약 11년 동안 편지로 안부를 주고 받게 된다. 그 기간 동안 카리나는 미국에서 한의학을 전공한 뒤 고대로부터 내려오는 아시아의 지혜를 접목해 사람들을 치유하는 일에 몰두하고 있었다. 그런 카리나를 존이 찾아왔고, 두 사람은 결혼을 한 뒤 네팔에 정착한다. 허브로 만든 건강 보조 식품 등을 팔며 생계를 이어가던 두 사람에게 불행이 찾아왔다. 존이 암에 걸린 것이다. 존의 치료를 위해 태국 코사무이로 이주를 한 두 사람이 살 곳을 찾다가 우연히 발견한 곳이 무려 수백 년 동안 태국의 스님들이 수행하던 동굴이었다. 그 동굴은 과거 존의 수행 생활을 떠오르게 했고, 두 사람은 이곳에 오늘날의 카말라야 리트리트를 설립했다. 존은 오랜 수행 생활을 통해 진정한 행복은 자비심을 가지고 다른 사람들을 돕고 베푸는 것, 그로 인해 일어나는 주변의 긍정적인 변화에 있음을 깨달았다며 그런 삶의 비밀을 사람들에게 알려주고 싶었다고 설립 취지를 이야기했다. 그런 존의 뜻에 카리나 역시 기꺼이 동의한 것은 물론이었다.

16년 간의 수행 생활, 암을 극복한 과정, 한의학을 공부한 아내와의 운명적인 만남에 이르는 드라마 같은 이야기가 바로 오늘날 세계적인 웰니스 리트리트로 꼽히는 카말라야의 탄생 스토리다. 부족한 자본으로 겪어야 했던 우여곡절, 투자를 한 파트너에게 카말라야가 넘어갈 뻔했던 순간 등 어려움도 많았지만 설립자의 신념과 선한 의지로 견뎌낸 덕분에 카말라야는 언제나 70퍼센트 이상의 객실이 차 있을 정도로 안정된 운영을 통해 해마다 성장을 거듭하고 있다. 특히 고객의 50퍼센트 이상은 대개 혼자 온 이들이라고 하니 이곳으로 향하게 하는 그 힘이 어디에서 비롯한 것일까 궁금할 정도다.

웰니스가 시작한
창조적 파괴의 한 사례

웰니스 리트리트에 대해 살펴보고 있지만, 웰니스는 응용하기에 따라서 전방위로 다양한 변화를 실현 가능하게 한다. 그런 사례 가운데 하나로 들 수 있는 게 바로 내가 경험한 콘퍼런스다.

먼저 우리에게 익숙한 호텔에서의 콘퍼런스 형식을 떠올려 보자. 많은 적든 참가자들은 호텔 연회장에 모여 하루 종일 강연을 듣고 패널 토론에 참여하거나 경청한다. 그밖에는 관련 전시 부스들을 둘러보거나 다른 참가자들과의 네트워킹을 위해 동분서주하게 마련이다. 그렇다 보니 하루 종일 실내에 머물러 있는 경우가 대부분이다. 인간의 뇌가 받아들이는 자극에는 한계가 있다. 게다가 온종일 인공조명 환경의 답답한 실내에 갇혀 있어야 하는 콘퍼런스는 상상만 해도 머리가 지끈거리는 듯하다.

거의 해마다 참석하는 웰니스 콘퍼런스가 있다. 이 콘퍼런스를 맡은 요가 교사 출신 로라 몬테산티Laura Montesanti는 전형적인 콘퍼런스의 공간과 프로그램 운영의 형식에서 벗어나 새로운 방식의 콘퍼런스를 만들었다. 이름하여 '시너지, 리트리트 쇼다. 해당 콘퍼런스에 정말 관심 있는 사람들만 모일 수 있도

YNERGY - THE RETREAT SHOW

Shaping the world
of retreats together

웰니스라는 개념을 콘퍼런스에 활용한 사례

■

웰니스는 단지 공간에서만 구현하는 개념이 아니다. 응용하기에 따라 전방위로 다양한 변화를 실현 가능하게
한다. 웰니스라는 개념을 적극 활용한 콘퍼런스 현장에서 어쩌면 누군가는 또다른 아이디어를 얻지 않을까.

WORKSHOP & CLASS OPTIONS - 6:30 PM

Thu 27 Oct 2022 6:30PM - 7:30PM

Location :SHARING WOODS and EXPERIENTIAL AREA

Show more

TRANSFERS TO SOL BEACH HOUSE

Thu 27 Oct 2022 7:30PM

Location : Ca Na Xica, Carretera de Sant Miquel, Sant Miquel de Balansat, Spagna

Sant Miquel de Balansat, Spagna

EVENING AT LEISURE

Thu 27 Oct 2022 8:00PM

| SHOW ALL | Tue 25 | Wed 26 | Thu 27 | Fri 28 | Sat 29 | ‹ › |

BOOK MORNING CLASS - VEDIC THAI YOGA WITH KERRY

Thu 27 Oct 2022 7:00AM - 7:45AM

Location :

기술 활용에도 스며 있는 웰니스의 기본 배려

■

고객의 요구와 필요에 최적화된 애플리케이션은 이곳에 머무는 동안 개인 비서 역할을 충실히 해준다. 요구를 섬세하게 파악해야만 가능한 기능이다. 이를 위한 첨단 기술의 활용은 웰니스 리트리트에서 빼놓을 수 없는 영역이다.

록 심사를 통해 250명을 선정한다. 다양한 목소리를 듣기 위해 참가자들의 전문성도 고려한 결과 미디어 종사자, 웰니스 호텔과 리트리트 오너들, 힐러와 명상가, 요가 교사 등 테라피 전문가들, 부동산 디벨로퍼, 웰니스 비즈니스의 리더들, 신경과학자, 심리 상담사, 식물기반의학 종사자 등 전통적인 분야부터 최첨단 기술 분야의 사람들까지 골고루 참석할 수 있게 되었다.

콘퍼런스를 진행하는 동안 강연은 최소한으로만 구성하고 대신 참가자들끼리 일대일로 만나서 심도 있는 이야기를 나눌 수 있는 형식을 고안했다. 그 결과 참가자들은 실질적인 네트워킹이 가능해졌고, 업계의 리더들과 자연스럽게 이야기를 나눌 수 있게 되었다. 운 좋게 이 자리에 참석한 나로서는 다른 것도 다 좋았지만 중간중간 사운드 힐링이나 요가 프로그램을 배치해준 덕분에 몸과 마음, 머리를 느슨하게 이완시킬 수 있다는 점이 마음에 들었다. 잔디밭이나 올리브 나무 아래 앉아 아무런 생각도 하지 않고 고요히 시간을 보낼 수 있게 해준 것은 사소해 보이지만 매우 인상적이었으며 효과도 컸다. 기존의 콘퍼런스가 얼마나 비생산적인지 예민하게 포착하지 않았다면 나올 수 없는 디테일이다.

감동은 기술의 활용에서도 이어진다. 콘퍼런스 기간 동안 참가자들은 앱 베이스 자체 프로그램인 율리Youli를 통해 자신이 등록한 프로그램부터 일대일 미팅 일정까지 실시간으로 체크할 수 있었다. 그 덕분에 여유롭게 콘퍼런스를 즐길 수 있었다. 마치 개인비서를 둔 듯한 편안함을 누릴 수 있었다.

장소 또한 늘 상상 이상이다. 2022년에는 스페인 이비자 섬 북부의 아름다운 올리브 나무 가득한 부티크 호텔 카나시카 호텔&스파Ca Na Xica Hotel&Spa에서 진행되었다. 모든 프로그램은 야외 또는 아름다운 텐트 속에서 이루어졌다. 문이나 창문이 닫힌 실내 공간은 하나도 없었다. 이른 아침 동트기 전 다들 모여 지중해의 일출을 마주하며 요가로 하루를 시작하고, 하루 종일 자연을 누리며 그 안에서 세계를 이끄는 업계 최첨단의 이야기를 나눈다. 중간중간 올리브 나무 아래 앉아 짧은 명상을 하거나 정원의 석류 나무에서 딴 석류를 먹거나 어디서든 잠깐씩 휴식을 취한다.

콘퍼런스가 끝난 뒤에도 감동은 이어진다. 희망자는 콘퍼런스가 끝난 뒤 주최측이 신중하게 엄선한 웰니스 리트리트 중 한 곳을 선택해서 머물 수 있는데, 이곳에서 우연히 다른 참가자를 만났을 때의 반가움은 이루 말할 수 없고, 콘퍼런스에서 못다한 이야기를 충분히 더 나눌 수 있는 기회가 된다.

2023년 콘퍼런스는 멕시코 플라야 델 카르멘Playa del Carmen 밀림 한복판에서 열렸다. 이른바 마야 문명을 깊이 느낄 수 있는 자연 속에서 경험하는 몰입형 웰니스 콘퍼런스였다. 콘퍼런스가 끝난 뒤에는 네 시간 정도 더 들어간 곳의 바칼라르Bacalar 라군lagoon 지역에 들어선 자연친화적인 웰니스 리트리트에서 소규모 워크숍을 진행했다.

이 리트리트가 여러모로 대단하다는 말을 듣긴 했지만 막상 와서 보니 눈여겨볼 지점이 한두 군데가 아니다. 가장 먼저 눈길을 끈 것은 건축 방식이었다. 이곳의 모든 건물은 모듈 시공법을 적용해 지었다. 멕시코 시티에서 미리 만든 모듈을 가지고 와 이곳에서는 조립만 했다. 지상 위에 세워, 별도의 땅파기 작업이 필요 없었다. 이로써 건축 폐기물을 최소화했으니 출발부터 친환경적인 공간이었던 셈이다.

눈여겨볼 지점은 더 있다. 라군의 수질을 보호하기 위해 물 속에는 자외선 차단제를 바르고 들어갈 수 없다. 매주 수요일은 라군 지역의 출입을 금한다.

멕시코 투룸 지역 밀림 한복판에 새로 생긴 자연친화적 웰니스 리조트

2023년 가을, 웰니스라는 키워드로 진행된 이 콘퍼런스를 통해
세계적인 웰니스 리트리트의 최전선을 몸소 경험할 수 있었다.

그렇다고 불편을 감수할 것을 요구하지 않는다. 자연 소재, 친환경적인 재질로 만든 가구를 비롯해 객실 안에도 있을 건 다 있지만 야외에 갖춰놓은 샤워실에서는 이곳만의 특징과 분위기를 만끽하게 해준다.

멕시코 전통에서 착안한 테메스칼Temescal 같은 독특한 프로그램부터 비건 중심, 글루텐프리 재료로 만든 음식까지 모든 것이 그저 경이롭기만 했다. 테메스칼은 아즈텍 시대부터 내려온 멕시코 전통 문화를 반영한 것으로, 화산석을 이용한 돔 형태 안에서 하는 찜질이다. 웰니스라는 키워드로 진행하는 콘퍼런스를 통해 세계적인 웰니스 리트리트의 최전선을 몸소 경험할 수 있었다.

정의

Return
Home

웰빙 그리고
웰니스의 정의

더 건강한 삶의 추구는 이제 확실한 트랜드로 자리를 잡았다. 이를 상징하는 단어로 대표적인 것이 바로 웰니스다. 각종 미디어와 뉴스 등에서 이미 자주 등장하고 있을 뿐만 아니라 국가의 주요 정책으로도 거론되고 있다. 실제로 지난 2023년 5월 모 국회의원이 국가전략산업으로 웰니스를 제안하는 정책 토론회를 개최했는데, 이 자리에서 문화체육관광부로 하여금 치유관광 산업 육성에 관한 법률을 5년마다 검토하여 중장기 전략을 수립하도록 하고, 보건복지부·해양수산부·산림청 등 관련 부처들과의 협력 체계를 가동하도록 했다. 이런 뉴스가 나오는 한편으로는 충북 충주와 제천, 강원도 정선과 삼척과 영월, 경북 칠곡, 경남 양산, 광주광역시와 인천광역시, 제주도 등 여러 지역에서 웰니스 도시로 인정받기 위한 경쟁이 일어나고 있다는 소식도 들려오고 있다. 세계적인 추세에 비해 다소 늦은 감이 없지는 않지만 이제라도 관심을 갖는 이들이 많아지는 현상은 매우 반가운 소식이다.

그런데 염려되는 지점도 있다. 웰니스에 관한 관심들이 높아지고 있기는 하지만, 정작 웰니스가 무엇인지에 대해 정확하게 알고 있는 경우가 매우 드물기 때문이다. 이런 질문을 하고 싶다.

'웰니스는 무슨 뜻일까?
그 의미는 무엇일까?

이미 익숙한 웰빙의 뜻은 무엇일까?

웰빙과 웰니스는 같은 걸까?

다르다면 어떤 차이가 있을까?'

웰니스를 지향하고, 국가 정책 사업으로까지 염두에 두는 이들에게 이런 질문을 던진다면, 질문을 받는 이들이 어떤 답을 내놓을까 궁금하다. 그동안 지켜본 바에 의하면 안타깝게도 제대로 답을 하는 이들은 거의 드물 듯하다. 대부분 개념 자체를 아예 모르거나 안다고 해도 잘못 이해하고 있는 듯하다. 뉴스나 미디어를 통해 드러나는 인식은 한마디로 이렇게 요약할 수 있겠다.

'웰빙은 주로 육체적인 건강에 초점을 맞춘 것이고, 웰니스는 정신적으로 즐겁고 행복한 삶을 지향하는 개념으로, 웰빙에 비해 웰니스가 좀 더 포괄적인 의미를 담고 있다.'

과연 그럴까. 이 분야에 대해 좀 더 체계적인 연구를 바탕으로 관련 산업이 발달된 다른 나라의 전문가들 이야기를 들어보면 우리가 알고 있는 것과는 사뭇 다르다. 웰니스업계의 리더 중 한 사람으로 꼽히는, 스페인의 스파 밸런스 컨설팅 대표이자 『더 웰니스 에셋』*The Wellness Asset*의 저자 소날 오베로이Sonal Uberoi의 설명을 요약하면 다음과 같다.

'웰빙은 우리가 추구하는 건강하고 행복한 삶의 상태를 목표로 하는 개념이며, 웰빙이라는 목표를 위한 도구가 바로 웰니스다.'

웰빙과 웰니스의 개념을 정확히 알아야 하는 이유는 목표와 도구를 혼동하지 않기 위해서다. 웰니스의 대표적인 방법으로 자주 등장하는 명상을 예로 들면, 우리가 명상을 하는 이유는 명상을 했다는 행위 자체를 위해서가 아니다. 즉, 명상 그 자체가 목적이 아니라는 의미다. 그 행위를 통해 얻을 수 있는 어떤 상태, 말하자면 마음을 다스려 평정심을 유지하고 삶에 대한 긍정적인 태도를 갖는 것이 명상의 목적이자 그 행위를 하려는 이유다. 명상은 그 목표를 향해 가는 도구인 셈이다.

그렇다면 웰니스를 통해 얻으려고 하는 웰빙의 상태라는 건 어떤 의미일까. 의학박사이자 전 세계적으로 큰 영향력을 갖고 있는 영성 지도자 디팩 초프라Deepak Chopra는 자신의 저서 『디팩 초프라의 완전한 명상』에서 이렇게 설명한다.

'웰빙에 이르게 되면 '깨어난 의식 상태'를 유지할 수 있는데, 이 상태를 유지하면 외부의 어떤 자극적인 상황에서도 생각과 감정의 균형을 잡고 건강하게 그 상황을 처리하는 능력을 갖게 된다. 이는 다른 말로 '깨어 있는 상태'Enlightment라고도 한다.'

우리는 왜 웰니스를 알아야 하는가

그렇다면 우리는 왜 이런 상태를 추구해야 할까. 간단히 답하자면 내가 나로서, 나답게 건강하고 행복하게 살기 위해서다.

각자 자신을 돌아보자. 과연 우리 모두는 나의 얼굴, 나만의 얼굴로 살고 있을까. 나보다 남의 반응에 더 예민한 우리를 만나는 일은 어렵지 않다. 다른 사람의 시선에 신경을 쓰고, 남에게 보여주기 위해 애쓰며 사는 것이 일상이 되어 있을 정도다. 그로 인해 따라붙는 것은 불필요한, 그러나 매우 과도한 스트레스다.

내가 나로서만 살 수 있다면 남들이 나를 어떻게 볼지에 대해 적어도 지금처럼 과민하게 반응하며 살지 않아도 된다. 그게 어떻게 가능할까. 먼저 그런 상태인 웰빙에 대해 이해도를 높일 필요가 있다. 이를 위해 두 가지 차원으로 접근할 수 있다.

잠시 우주로 떠나보자. 2016년 1월 22일자 『한겨레』에 실린 「먼지에서 우주먼지로, 당신은 별의 아이들」이란 기사를 보니 빛이 탄생한 138억 년 전 그날 이후 우주의 별들이 탄생과 죽음을 반복하며 뿌린 먼지인 원소가 모여 피부와 장기를 이루고 뇌세포를 형성해 만들어진 것이 인간이라고 한다. 즉, 우리는 모두 별의 자식이라는 말이다.

처음 들어본 말 같지만, 따지고 보면 낯설지 않다. 세상을 떠난 이들을 두고 하는 '별이 되었다'는 말을 떠올려 보자. 『우리는 모두 별에서 왔다』의 저자인 서울대학교 윤성철 교수도 '우리 인간이라는 존재는 우주 역사의 일부이자 별의 진화, 탄생과 함께했고 우주의 별 먼지와 같은 존재이다. 즉 인간은 별에서 왔다가 별이 될 운명이다'라며 인간도 우주 역사의 일부라고 이야기한다.

이런 논리로 보면 인간이 별들로부터 비롯되어, 죽으면 별이 된다는 말은 단지 관념적이고 은유적인 표현이 아닌 과학의 영역에 속한다고 볼 수 있다.

먹이 사슬 피라미드의 제일 높은 자리를 차지하고 있다고 자부하는, 만물의 영장이라고 거침없이 자신하는 인간이 별의 자식, 나아가 별의 먼지로 인한 산물이라고 하면 어쩐지 초라해지는 느낌이 들기도 한다. 그렇지만 부인할 수도 없다. 이미 우리는 인간이 전 지구적 관점으로 보면 이 세계를 구성하는 무수한 요소 가운데 하나일 뿐이라는 걸 잘 알고 있으니 말이다.

나라는 존재가 전 지구의 수많은 구성 요소 가운데 점 하나에 불과하다는 걸 깨닫고 난 뒤 더 큰 스케일의 단위에서 한 번 생각해보자. 우주 전체로 놓고 보면, 지구라는 별도 수많은 행성 가운데 하나에 불과하다. 그 수많은 행성들 사이에서 나라는 존재를 떠올려 보면 저절로 겸손해질수밖에 없다.

이렇듯 거대한 태양계 시스템 안에서 보면 아주 미세한 점에 불과하지만 우리 각자에게는 고유한 삶을 살아가는 특권이 주어진다. 이 삶은 다른 동물과는 차원이 다르다. 삶의 과정에서 수많은 사연들이 이어진다. 태어나고 자라고 늙고 병이 들고 죽어간다. 누군가는 사랑을 하고 결혼을 하고 아이를 낳는다. 또 누군가는 인류 역사에 큰 획을 긋기도 하고 또 누군가는 누군가만의 삶을 살아간다.

그렇다면 삶이란, 인생이란 무엇일까. 널리 알려진 노랫말처럼 나그네길이며, 빈손으로 왔다가 빈손으로 가는 것이라고 읊조릴 수도 있겠지만 그게 다가 아니라는 걸 우리는 안다. 논리를 중시하는 서양에서도 인생을 두고 철학에서부터 생물학에 이르기까지 다양한 분야에서 고찰을 해왔다. 그 가운데 최근 가장 인상적인 정의는 이렇다.

'삶이란 과학이자 예술이다.'

이 크고 넓은 우주에서 바라볼 때 인간은 어떤 존재일까

■

인간은 모두 우주의 일부라는 분명한 진실 앞에서 우리가 깨달아야 할 것은
바로 모든 생명은 하나로 연결되어 있다는 사실이다.

Life is Science and Art.

앞에서도 여러 차례 언급한 어빈 라슬로의 말이다. 들을수록 정말 멋진 말이다. 그는 '동서양 문화를 자세히 들여다보면 참으로 많은 삶의 이야기가 인간이 그린 무늬라고 일컬어지는 문명의 다양한 모습 안에 담겨 있는데, 그것이 곧 예술'이라고 한다. 상당히 인문학적 표현이다. 그는 또한 '과학의 눈으로 보면 인간은 약 60조 개 남짓의 세포로 이루어진 하나의 거대한 바이오 시스템'이라고도 했다. 이 세포들이 끊임없이 새로 만들어지고 소멸되는 과정을 거듭하면서 인간의 몸을 환경에 적응시키며 생존할 수 있게 한다는 것이다. 이번에는 상당히 과학적인 표현이다. 이처럼 삶에 대한 그의 정의는 완전히 다른 학문적 접근을 통폐합한 시선으로 우리 자신을 바라보게 한다. 종전과는 다른 접근법이다.

이를 내 방식대로 정리하면 수많은 별들의 탄생과 죽음을 거쳐 탄생한 인간은 또한 각각의 거대한 바이오 시스템의 작동으로 생존한다. 흥미롭게도 이 거대한 바이오 시스템 안에서도 수많은 세포들의 탄생과 죽음이 반복되고 있다. 인간이 하나의 구성 요소로 살아가는 지구라는 행성은 무수한 행성들이 존재하는 태양계의 일부다. 이렇게 생각하고 보면 인간이 속한 대단히 광범위한 리빙 시스템living system이 그려진다.

여기에는 매우 중요한 포인트가 있다. 이른바 동서양의 만남은 여기에서 극적으로 등장한다. 어빈 라슬로는 이를 두고 천인합일天人合一이라고 한다. 영어로는 이를 'Oneness'라고 한다. 즉, 세계와 내가 하나라는 말이다. 우리는 일원론적인 삶을 살고 있다는 의미다. 서양의 노벨평화상 후보에 두 번씩

이나 오른 사람의 입에서 동양의 철학이 흘러나온다. 그는 이를 두고 지금 우리가 살고 있는 세계는 퀀텀 패러다임의 세계관이 가동하기 시작했다고 한다. 그에 따르면 거대한 태양계 시스템 안에 속한 인간이 건강하게 살기 위해서는 우주라는 거대한 시스템과 같이 조화로운 방향으로 움직여야 한다. 그렇지 않고 다른 방향 또는 역방향으로 향하면 조화로움이 깨져 충돌이 일어난다. 그런 충돌은 건강을 해치는 결과로 이어진다. 하물며 거센 바람이 부는 방향을 거슬러 걷는 것도 힘든 일인데 우주라는 스케일에서 생각하면 굳이 경험해보지 않아도 이해되는 말이다.

우리에게 익숙한 최재천 선생도 비슷한 이야기를 한다. 하버드 대학에서 생물학을 공부한 최재천 선생은 학계는 물론 독자들에게도 널리 사랑받는 분인데, 어려운 이야기를 쉽게 해주셔서 나도 많은 도움을 얻고 있다. 그분에 따르면 다윈의 이론이 지배적이던 시대에는 경쟁 자체에 관심이 집중되어 있어서, 그저 경쟁에서 이겨야만 생존할 수 있다고 믿었다. 하지만 지금은 아니다. 물론 잠재적인 경쟁은 존재하지만 죽고 사는 지경에까지 이르지는 않는다. 다윈이 주장한 것과 달리 경이롭게도 자연에서는 서로 돕고 협력하며 생존을 도모하는 일이 많다. 동물과 식물의 경쟁에서 몸집으로 보자면 동물이 압도적으로 이길 확률이 높아 보인다. 그러나 그렇지 않다. 꽃들은 곤충과의 협동으로 살아남아 확장을 거듭했고, 그 결과 지구상의 꽃들을 다 합하면 동물들보다 그 무게가 훨씬 많이 나갈 것이다. 이 말을 듣고 정신이 번쩍 들었다. 최재천 선생은 손을 잡는 사람들이 손을 잡지 않는 사람들보다 살아남을 확률이 높다고도 한다. 자연의 이치에 따른 조화로운 협동의 의미가 그렇게 중요하다.

팬데믹 기간에 『당신의 주인은 DNA가 아니다』라는 책을 몰두해서 읽었다.

라이프 사이언스의 구성 멤버이면서 후성 유전학의 대가인 브루스 H. 립튼 박사의 책이다. 그는 이 책에서 17세기에 데카르트가 마음과 몸을 분리하는 사고를 정립한 후, 뉴튼 물리학의 관점에 지배당한 의학계 또한 과학과 영혼의 세계를 분절된 시각에서 봐왔다고 한다. 이 시각은 인간이 인간과 자연의 질서를 이해하며 살아가도록 노력하지 않고, 자연을 통제하고 지배하려는 태도에 일조하였다고 한다. 이러한 잘못된 태도로 인해 과학이 인류를 멸망의 길로 몰아갈 것이기 때문에 후성 유전학에서 관찰된 것처럼 인간이 공동체의 생활방식을 따르고 '개체'를 강조하는 다윈의 이론을 뛰어넘어 '공동체'의 협력을 강조해야 한다고 주장한다. 다른 분야의 석학들은 각자의 목소리로 지금까지의 고전 과학 접근법에 근거한 기계적인 사고방식은 더 이상 새로운 패러다임의 전환점에서 진화하는 인류의 다양한 현상을 설명할 수 없다고 결론 짓고, 과학은 좀 더 포괄적인 시각의 세계관으로 저변을 확장해야 한다고 주장한다. 이는 곧 양자 역학이나 신생물학으로 주목 받는 후성 유전학 등으로 이루어진 새로운 과학, 즉 라이프 사이언스의 지향점이기도 하다.

나는 립튼 박사의 책을 읽으며 최재천 교수의 이야기와 일맥상통한다고 생각했다. 실제로 이런 맥락의 주장들이 오늘날 각계에서 탄력을 받으며 많은 사람들의 세계관을 변화시키고 있다. 즉, 세계는 이원화가 아닌 일원화로 바라보아야 하고, 이렇게 모든 것이 연결된 세계에서 인간이 건강한 상태를 유지하려면 우리가 속한 거대한 시스템과 조화롭게 그리고 협력하며 진화해야 한다. 그리고 이것이 바로 우리가 웰빙 상태를 유지하는 데 반드시 필요한 마인드다.

어쩌면 독자들은 이런 이야기에 흥미가 없을 수도 있다. 도대체 무슨 말을 하는 것인지 관심을 두지 않을 수도 있다. 그렇다면 오늘 각자의 하루를 돌아보자. 작은 일에 일희일비하는 감정의 소용돌이를 겪은 순간을 떠올려 보자. 그럴 때마다 우리는 무척 괴롭다. 다시 말해 강력한 스트레스를 받는다. 이런 스트레스의 축적이 만병의 근원임을 이제 우리는 모두 알고 있다. 하지만 그 순간 우리를 힘들게 하는 감정을 다시 한 번 생각해보자. 우리는 대부분 감정이 곧 나 자신이라고 여긴다. 화를 느끼면 내가 화가 났다고 여긴다. 이건 명백한 착각이다. 화라는 감정, 분노라는 감정이 내 안으로 들어온 것일 뿐, 내가 곧 화는 아니다. 이럴 때 필요한 것은 화를 삭이거나 외면하는 일이 아니다. 화라는 감정과 나 자신을 분리하는 일이다. 분노라는 감정의 상태를 알아차리고 나를 분리하여 바라보아야 한다. 저항하거나 참으려고 하기보다 지켜보아야 한다. 가만히 감정을 바라보며 화가 들어온 것을 인지하고, 그것이 지나가는 것과 내 안에서 나가는 것을 최대한 담담하게 바라보도록 해야 한다. 이 전 과정을 감정의 소용돌이에 휩싸이지 않고 그저 가만히 바라보아야 한다. 웰빙의 상태가 바로 이것이다. 이런 상태에 이르면 나의 의식이 깨어 있기에 어떤 감정에도 즉각적으로 반응하지 않는다. 감정으로 인해 후회하는 순간을 덜 만들게 된다. 웰빙에 이르는 것이 중요한 이유가 여기에 있다.

다니엘 골먼과 리처드 J. 데이비드슨의 책 『명상하는 뇌』는 자칫하면 신비주의의 일환으로 여길 수 있는 명상에 관해 뇌과학적 관점에서 잘 설명해주고 있다. 책에 실린, 위스콘신 대학의 심리학자 캐럴 리프의 웰빙의 상태에 관한 여섯 가지 마음을 알기 쉽게 요약하면 다음과 같다.

1. 자기 수용: 자신에 대한 긍정적인 면과 부정적인 부분을 모두 인정함

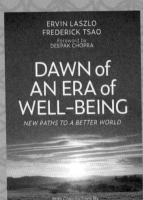

인간 존재와 웰니스를 탐구하는 다양한 책들

■

저자는 모두 다르지만 수많은 책들이 우리 인간의 근원과 존재의 이유를 각자의 방식으로 설명하고 있다.
코로나19 시기에 이 책들을 읽으며 나 역시 인간의 근원과 존재의 이유 그리고 웰니스에 대해 깊이 생각했다.

으로써 있는 그대로의 모습을 받아들이고 판단하지 않는 자기 인식.

2. 개인의 성장: 선의 대가 스즈키 순류의 말에 따르면 지금의 상태도 온
   전하지만, 조금만 더 개선해볼 여지가 있다는 의미에서의 수용과 성장.

3. 자율성: 남의 시선에 신경쓰기보다 독립적인 사고와 행동을 통한 사
   회적 압박으로부터의 자유로움.

4. 숙련: 복잡한 삶 속에서 어떤 상황에서도 자신의 필요와 가치에 맞게
   상황을 만들어냄.

5. 만족스러운 관계: 서로에 대한 관심, 공감, 신뢰를 바탕으로 한 관계.

6. 삶의 목적: 나만의 삶의 목표와 신념의 설정.

누군들 여기에 공감하지 않을까. 누구나 이런 상태의 마음을 갖기 원한다. 하지만 우리는 대개 즉각적인 해결법을 찾는다. 스트레스 상태가 되면 잠을 자거나 여행을 떠나는 이들도 많지만 쇼핑을 선택하는 경우도 많다. 오죽하면 리테일 테라피, 금융 테라피라는 신조어가 생겼을까. 쇼핑을 통해 스트레스를 푼다고 여기는 것이다. 순간적인 쾌락이 답이 아니라는 건 누구나 안다. 즉각적으로 효과가 있는 것도 같지만 결국 일시적이고 말초적인 것으로 그치고 만다. 효과가 사라지면 더 비싸고 더 큰 걸 쇼핑하고 싶은 충동으로 이어지기도 한다. 이런 식의 자극적이고 일시적인 해결책이 아닌 근본적으로 우리의 마음을 다스릴 필요가 있다. 스트레스는 막을 수 없고, 이를 건강하고 지속적으로 해결하려는 이들이 선택하는 것이 바로 웰니스다. 웰니스를 통해서라면 훨씬 더 바람직하고 생산적으로 우리의 감정의 기복을 해결할 수 있다.

사라지는 속설과 과학의 경계,
그 접점에서 만나는 웰니스

웰니스, 하면 떠오르는 건 뭘까. 요가나 명상이 아마 가장 먼저 떠오를 것이다. 흔히 웰니스 프로그램, 또는 힐링 프로그램이라고 하는데 최근에는 요가와 명상 외에 사운드 힐링, 맨발로 땅 걷기earthing부터 한의학에 근거를 둔 것까지 매우 다양한 프로그램들이 등장하고 있다. 그 가운데 가장 맹렬한 기세로 전 세계에 확산되고 있는 것으로는 역시 명상과 요가를 들 수 있다. 마인드풀니스도 빼놓을 수 없다. 우리말로는 대개 '마음챙김'이라고 번역해서 쓰고 있다. 앞서 언급한 책 『명상하는 뇌』에 따르면 마인드풀니스는 인도에서 부처님이 설법을 할 때 사용한 팔리Pali어인 사티sati를 영어로 번역한 것이라고 한다. 사티는 알아차림awareness, 주의attention, 주의 재집중re-tention 또는 통찰discernment 등으로도 번역되는데 자세히 들여다보면 이 단어들은 주로 현재의 상황을 알아차리는 마음 상태를 뜻하고 있음을 알 수 있다.

지금 우리는 물론 오늘을 살고 있지만 우리의 마음은 과거에 머물러 있거나 미래에 가 있는 경우가 많다. 이미 흘러간 옛일에서 벗어나지 못하거나 일어나지도 않은 일을 미리 걱정하며 자기 자신, 나아가 주위 사람들을 괴롭히곤 한다. 이러지 말자고 아무리 다짐해도 그때뿐이다. 이럴 때 취해야 할 태도는 부정하거나 벗어나려고 애쓰기보다 나의 시선을 현재의 자신으로 향하게 하는 것이다. 이러한 마음의 상태로 단련이 되고 자리를 잡게 되면 우리 안에는 긍정의 근육이 단단하게 만들어진다. 이런 상태를 지속시키기 위해 명상이나 요가 같은 수련을 하는 것이다. 오랜 수련을 거친 분들의 편안한 얼굴을 떠올려 보면 그 효과를 짐작할 수 있겠다.

요가나 명상을 포함한 여러 수련의 방법들은 어느날 하루아침에 생긴 게 아니다. 어느 지역에서나 고대로부터 전해내려온, 그들 선조들의 지혜에서 비롯한 것이 대부분이다. 새로 생겨난 것이 아니라 오래전 인류에서부터 이미 내재되어 있던 것들이다.

인공지능이 최첨단의 세상을 펼쳐내고 있는 21세기 한복판에 고대로부터 내려오는 선조의 지혜라니, 마치 비과학적인 미신이나 허무맹랑한 속설로 여겨지기도 할 것이다.

질문을 두 개 던져보겠다. 우선, 미신이란 무엇인가. 국어사전에서 미신은 "비과학적이고 비합리적으로 여겨지는 믿음. 또는 그런 믿음을 가지는 것"이라고 나온다. 미신은 비과학적이니 무시해야 할 대상으로 여기는 이들도 많다. 그렇다면 이런 건 어떨까. 시험을 앞두고 미역국을 먹지 않는 것, 사람의 이름을 빨간색으로 쓰지 않는 것에 어떤 과학적 근거가 있을까. 비과학적이긴 하지만 암묵적으로 지켜오고 있는 것들이다. 굳이 하지 말라고 하는데 일부러 할 필요는 없으니 자연스럽게 지킨다. 의식적으로는 미신을 부정하지만 한편으로는 이를 따르는 게 자연스러운 우리의 모습이다.

다음 질문으로 이어가보자. 과학적이라는 말은 무슨 의미인가. 같은 국어사전에서 과학적은 "과학의 바탕에서 본 정확성이나 타당성이 있는 것"이라고 나온다. 과학은 무엇인가. "보편적인 진리나 법칙의 발견을 목적으로 한 체계적인 지식"이다. 어빈 라슬로를 또 거론하지 않을 수 없다. 그는 자신의 저서 『웰빙 시대의 서막』에서 '서구 사회 문명의 발달에서 기계론적 시각의 과학

웰니스, 하면 가장 먼저 떠오르는 것들
■

요가와 명상, 싱잉볼과 맨발로 땅걷기 등을 비롯해 다양한 수련의 방법들이 있다. 이런 방법들은 하루아침에 생겨난 것이 아니다. 인류의 오래전 조상들로부터 이미 시작되어 오늘날까지 전해져 오는 것들이 대부분이다.

은 그 누구의 도전도 받지 않은 독보적인 분야의 위치에 있었으나 오랜 세월 영원한 진리라고 여겨온 뉴튼의 중력의 법칙, 다윈의 적자생존 등이 오늘날 역동적으로 변화하고 있는 세계의 패러다임을 더 이상은 설명을 하지 못하고 있으며, 살아 움직이고 변화하는 세계를 설명하는 최상의 논리는 양자 역학, 코스몰로지, 생물학 등의 총체적인 접근법에 근거하고 있고 이러한 세계관을 퀀텀 패러다임'이라고 했다. 그는 또한 '이 퀀텀 패러다임 안에서 우주는 멈춰 있지 않고, 끊임없이 진화하고 있으며 세상은 하나의 유기적이고 조화로운 구조물로서 생존하고 진화하는데 이러한 관점에서 예전에 고전과학이 설명하지 못했던 부분, 특히 일부 미신이라고 치부했던 부분에 대해 과학적인 설명이 가능해졌다'고 했다. 앞에서도 얘기했던 이 부분은 몇 번을 읽어도 읽을 때마다 놀라는 지점이다.

앞서 말한 '엄마 손은 약손'에 이어 내가 또 떠올린 것은 음식이다. 쉬운 예를 들자면 꿀이 있다. 기침을 하거나 목이 아프면 따뜻한 물에 꿀을 타서 마시곤 한다. 어릴 때부터 습관처럼 그렇게 해온 것인데 『영국의학저널』*The BMJ*에 의하면 꿀에 항생제 못지 않은 효과가 있다고 한다. 민간에서 해오던 것인데 의학적으로 그 효과가 검증된 셈이다. 이런 사례는 너무 많아서 하나하나 거론하는 게 무의미할 정도다.

최근에 전 세계적으로 핫아이템으로 급부상하고 있는 것 중에 아야와스카 Ayahuasca 식물이 있다. 한때 아마존 밀림의 미개한 선주민들이 쓰는 것으로 하찮게 여기거나 또는 마약의 일종으로 금기시했으나 일부에서 트라우마, 중증 우울증, 일부 기저질환의 치료에 효과를 보았다는 사례가 나오면서 의학계가 이를 검증, 실제로 효능이 있다는 게 밝혀졌다. 오늘날 몇몇 국가에서는 의료진 감독을 통해 병원에서 복용을 처방하기에 이르렀다. 이제 누구도 이를 두고 마약이니 미신이니 하는 말을 할 수 없게 되었다.

이렇듯 곳곳에서 속설과 과학의 경계선이 희미해지고 있다. 우리가 사실이라고 여기던 것들이 재정의, 재판단, 재평가되는 세상을 살고 있다. 웰빙, 웰니스의 기본 바탕이 되는 세계관 역시 그 일환이다. 이를 두고 여전히 속설의 하나라거나 미신이라거나 사이비 종교 행위의 일환쯤으로 여기는 것은 각자가 판단할 일이다.

하지만 분명한 것은 웰니스가 오늘날 각 분야 산업군마다 가장 주목 받는 키워드라는 사실이다. 공격적으로 진화하고 있으며 전 세계의 자본이 몰려들고 있을 정도로 핫한 트랜드의 중심이자 세계관의 변화를 상징하는 개념으로 이미 부상한 웰니스에 대해 정확한 의미를 파악하는 일은 이미 믿고 안 믿고의 단계를 지났다. 새로운 세상의 패러다임을 포착하고 이를 각자의 세계에서 어떻게 활용할까를 고민해야 하는 단계로 접어들었다. 나만의 시선으로 이를 제대로 응시해야 할 필요가 차고도 넘친다.

동서양의 고대로부터 시작, 오늘날 미국 학계와 의료계의 중심에 서다

웰니스의 개념은 어디에서부터 비롯한 걸까. 단어 자체는 몸, 마음, 영성의 적절한 균형을 갖춘 건강한 상태를 뜻하고 있으니 상당히 현대적이지만 최근에 새로 생긴 개념이 아니다. 거슬러올라가보면 고대와 맞닿아 있다.

웰니스 산업에 관한 많은 연구와 자료를 발표하고 있는 뉴욕의 글로벌 웰니스 연구소에서는 웰니스의 근간을 기원전 3000~500년 사이에 발전한 인도 아유르베다에서 찾는다. 아유르베다는 구전으로 전해져 내려오다 한참 뒤에야 기록으로 남아 전해졌다. 이에 따르면 인간의 몸은 음식, 운동, 주위 사람들과의 관계, 그리고 위생 등의 요소들이 균형이 잡혀야 병을 예방하고 건강을 유지할 수 있다. 또한 인체는 복잡한 에너지 거미줄로서 자연의 법칙에 순응해서 산다면 아무런 문제 없이 살 수 있으나 공해·흡연·화학 성분으로 이루어진 의약품 등 자연적이지 않은 것에 지속적으로 노출되면 이런 인위적인 것들로 인해 인간이 가지고 태어난 인체의 조화로운 시스템에 문제가 생겨 몸의 균형이 저절로 깨진다. 병이 생기는 것은 그렇게 깨진 몸의 균형을 원래 상태로 돌려놓기 위한 과정 중의 하나다. 때문에 모든 관점을 몸과 마음의 건강한 균형을 유지하는 데에 집중해야 한다.

오늘날 골목마다 들어선 강습소와 주민센터 등에서 문화 프로그램으로도 빠지지 않을 만큼 보편화되어 있는 요가의 역사는 이렇게 오래된 아유르베다에서 비롯되었고, 그뒤에는 이렇듯 깊고도 오묘한 고대로부터의 철학이 자리잡고 있다.

서양에서는 어떨까. 기원전 500년으로 거슬러올라가면 그리스 시대 유명인 히포크라테스를 만나게 된다. 그는 그 당시 우리 몸의 균형이 깨진 상태가 질병의 원인이라고 언급했다. 시간이 흘러 기원전 50년 로마 시대에는 질병의 치료 못지않게 예방에 힘써야 한다는 견해가 등장, 전염병 확산을 막기 위해 공중 목욕탕을 비롯해 상하수도 시설, 수로 등을 적극적으로 건설했다. 이미 오래전부터 건강은 삶의 균형에서 비롯하는 것으로 정의하고, 질병의 예방

Wellness travelers are changing course, and going to the source of ancient healing and learning, like the Nimiipuu people in north-central Idaho, and experiencing how to care for the land and for themselves. Photo, Nez Perec Tourism

2023년 글로벌 웰니스 연구소 리포트 본문
■

자연과 조화를 이루면서 오랜 시간 땅을 지켜온 이들을 직접 찾는 최근 경향을 소개하고 있다.
미신이나 속설로 치부하던 고대의 지혜를 현대인들이 폭넓게 받아들이는 현상은 곳곳에서 자주 볼 수 있다.

을 위한 다양한 노력이 이어지고 있다는 사실은 오늘날의 시선으로 보면 참 새삼스럽다.

19세기에 이르러서는 새로운 지적 움직임의 일환으로 영성에 근거를 둔 철학과 의학이 발전하면서 인간의 건강과 조화로운 균형의 상관 관계가 한 단계 더 나아간다. 대체의학의 하나로 거론되는 동종요법인 호메오패티homeopathy, 정골요법으로 불리는 오스테오패티osteopathy, 허브 치료와 냉온탕을 번갈아 이용할 때 나타나는 효과와 유사한 치료법의 크나이프 큐어Kneipp Cure 테라피 등이 이 시기에 등장, 활용되었다. 하지만 균형을 강조하는 이러한 접근법은 증명에 기반을 둔 현대의학에 밀려 한동안 뒷전으로 물러나 있어야 했다.

조화로운 균형을 강조하는 웰니스의 부활은 1990년대 말부터 그 조짐이 시작되었다. 그 당시 대부분의 미국 의료 기관에서는 대체의학에 관해 회의적인 반응을 보였다. 하지만 비만, 당뇨, 고혈압 등 만성적인 성인병이 사회 문제로 대두되면서 이를 위해 치러야 하는 비용이 눈덩이처럼 불어나자 국가 차원에서 이를 해결하기 위해 팔을 걷어부치고 나섰다. 2011년부터 2018년까지 탄산음료를 비롯한 당분이 많이 들어간 음료상품에 온갖 세금을 붙이는 법안을 발의한 것을 보면 미국 정부가 이 사안에 대해 얼마나 심각성을 느끼고 예방을 위해 노력했는지를 짐작할 수 있다. 이처럼 병이 생긴 뒤 치료를 하기보다 질병에 걸리기 전 예방의 필요성이 본격적으로 거론되기 시작했고, 그런 시각에서 현대인들의 건강 상태를 적극적으로 관리해야 한다는 자각이 확산되었다. 이로 인해 미국의 하버드나 스텐포드 같은 명성 있는 의과대학에서 현대 성인병 예방을 위한 대체의학, 웰니스 등에 관한 연구가 활성화되기 시작했다. 이런 움직임은 미국에서만 끝나지 않고 핀란드, 헝가리, 프랑스, 아랍에미리트, 남아프리카 등 전 세계로 퍼져 나갔다.

동양에서는 인도의 아유르베다가, 서양에서는 고대 그리스 의사 히포크라테스가 웰니스의 세계를 선도했다면 패러다임의 전환기인 오늘날 웰니스의 세계는 누가 어떻게 주도하고 있을까.

2012년 초반부터 2018년까지 중국의 첫 번째 홀리스틱 웰니스 리트리트인 상하 리트리트를 기획, 개발할 때까지만 해도 웰니스 분야의 전문가를 찾는 일은 마치 사막 한가운데서 바늘을 찾는 것 같았다. 기껏해야 미국 캘리포니아 에설런 인스티튜트, 태국의 치바-솜, 미국의 캐니언 랜치, 스위스의 라 프레리 클리닉 등 정도였다. 오늘날 업계에서 내로라하는 디팩 초프라나 타라 브랙 같은 이름들은 그야말로 몇몇 사람들끼리만 알고 있던 때였다. 이뿐만 아니라 불과 얼마전까지만 해도 스트레스는 정신력으로 극복해야 하는 것으로 여겨졌고, 특히 동양에서는 마음이 아픈 건 곧 정신질환이라는 사회적 편견이 견고하게 깔려 있었다.

하지만 지난 몇 년 동안 전 인류를 고통 받게 한 팬데믹을 통해 알면서도 모른 척해오던 마음의 병이 수면 위로 올라왔다. 그러면서 팬데믹으로 인한 공포감은 개인이 홀로 감당하기에 너무 벅찬 일이라는 인식이 사회적으로 형성되었고, 이와 맞물려 불과 3~4년 사이에 웰니스 전 분야에 걸친 매우 다양한 연구들이 쏟아져 나와 이제는 수많은 연구 자료 가운데 옥석을 가려서 잘 살펴야 할 상황이 되었을 정도다.

오늘날 웰니스 산업 및 연구 분야의 리더는 의학, 신경학, 심리학, 영성학, 샤머니즘, 비즈니스, 예술계 등등 전 분야를 망라하여 나열하기도 벅차다. 그 가운데 웰니스 산업의 등대 역할을 하고 있는 이들의 행보를 살펴보기로 하겠다. 이들이 어디로 움직이는지를 지켜보노라면 웰니스를 둘러싼 산업의 방향이 어디로 가고 있는지 짐작할 수 있기 때문이다.

가장 먼저 언급할 이름은 존 카밧진 교수다. 두말이 필요 없다. 마인드풀니스, 즉 마음챙김을 거론할 때마다 거의 모든 대화는 이 이름으로부터 시작한다. 2017년 4월 중국 쑤저우에서 열린 그의 테덱스토크TEDxTalk에 참가했을 때 그의 이름을 처음 들었다. 그때만 해도 왜 미국인이 중국의 쑤저우까지 와서 강의를 하는지 궁금했다. 그만큼 정보가 전혀 없었다. 마음챙김 명상을 토대로 한 MBSR 프로그램을 만든 사람이라는 걸 나중에서야 알았다. 나는 몰랐지만 당시 이미 중국에서는 바람이 거세게 불고 있었다.

1979년 미국에서 분자 생물학을 공부했던 존 카밧진은 보스턴 근교 브랜다이스 대학에서 자신이 가르치던 학생의 추천으로 한국의 숭산 스님을 만났다. 1974년부터 프로비던스 선원에서 '용맹정진'이란 이름의 수행 모임을 하고 있던 스님과 만난 뒤 그에게서 참선을 배우고 4년 동안 법사 생활을 거치기도 했다. 그는 숭산 스님으로부터 받은 가르침과, 불교 수행자의 핵심 수행법을 담은 경전 사티파타나숫타를 과학적인 관점에서 접근하기 시작했다. 이후 이를 바탕으로 현대인의 스트레스 경감을 위한 프로그램인 MBSR을 만들었고, 마인드풀니스라는 개념을 전파하기에 이른다.

동양에서는 종교적인 의식이나 신비한 행위로 여겨지던 명상에서 종교적인 색채를 모두 제거한 뒤 과학적인 논리로 뒷받침하여 투명하고 객관적인 치유법으로 탈바꿈시켜 만든 이 프로그램의 효과가 우울증, PTSD 환자 등의 치료에 효과가 있음이 증명되면서 1990년대부터 몇몇 병원에서 공식적으로 도입하기 시작했고, 미국 정부는 이 분야에 예산을 책정함으로써 관련 연구의

웰니스의 대표적 그루들

■

왼쪽 위부터 시계 방향으로 존 카밧진, 틱낫한, 에크하르트 톨레, 브루스 립튼.

활성화를 위한 정책적인 뒷받침을 하기 시작했다.

19세기까지만 해도 명상은 동양의 종교에 국한된 것이었고 서양에서 동양의 종교를 접한 이들은 극소수 상류층들만이었다. 그러다 20세기 중반 이후인 1960~1980년대 동양을 다녀간 히피들을 통해 명상은 대중들에게 점차 알려지기 시작했다. 그리고 존 카밧진 교수로 인해 명상의 효과가 널리 알려지면서 이에 대한 대중의 관심도 점점 높아졌다. 이런 관심을 반영하기라도 하듯 2003년 8월 『타임즈』는 일찌감치 이에 관해 커버 기사로 다룬 데 이어 2014년에 또다시 명상을 재조명하는 기사를 싣는다.

존 카밧진 교수로 인해 명상은 과학과 만나 명실상부 새로운 차원으로 거듭났다. 종교의 그늘에서 벗어나 과학의 옷을 입은 덕분에 온갖 스트레스에 노출되어 있는 현대인을 치유하는 데 효과적인 치유법으로 회자되었고 무서운 속도로 국경을 넘나들며 퍼져 나가기 시작했다. 그리고 오늘날 마인드풀니스는 세계의 공통 언어가 되었으며 그가 만든 MBSR은 스트레스 치유의 바이블처럼 여겨지고 있다.

웰니스 쪽에 관심이 조금이라도 있다면 피해갈 수 없는 이름이 있으니 바로 글로벌 웰니스 연구소다. 미국의 수지 엘리스Susie Ellis와 낸시 데이비스Nancy Davis가 이끌어 가고 있는 비영리기관으로, 온오프라인 워크숍·연구 보고서·콘퍼런스 등을 통한 교육으로 공공과 민간 모두를 대상으로 예방 차원에서의 건강 그리고 웰니스의 중요성을 널리 알리고 있다.

불과 몇 년 전까지만 해도 웰니스 전문가들 사이에서만 회자되는 이름이었으나 오늘날에는 건강과 굳이 연관이 없는 매체에서도 이 연구소에서 새로운 내용을 발표하면 곧바로 기사화하고 있다. 그만큼 건강은 대중에게 매우 중요한 이슈가 되었고, 트랜드를 거쳐 상품화 단계에 접어든 지 오래다.

글로벌 웰니스 연구소는 단순히 웰니스의 중요성을 홍보하는 것에 그치지 않고, 탄탄한 경제 전문가로 이루어진 연구진을 통해 웰니스 산업을 둘러싼 현상에 경제적인 해석을 덧붙여 현실성 있는 예측을 제시한다. 최근 들어 여러 매체에서 전 세계 웰니스 산업의 규모가 4조 원이 넘는다는 말을 많이 하는데, 부동산·의학·관광 등의 여러 분야로 나뉘어 웰니스 전체 산업이 약 4조 원의 규모임을 발표한 곳이 바로 이곳이다.

팬데믹 기간 동안 웰니스에 대한 대중의 관심이 커진 만큼 이 연구소의 보고서나 활동 역시 더욱 더 공격적으로 변화하고 있다. 가장 최신 트랜드인 식물기반의학에 관한 분야를 다루면서 많은 의료인들의 답을 받아 작성한 연구 결과를 발표하는가 하면 온천의 부활에서부터 직장에서의 스트레스 경감법, 지구온난화와 건강, 먹거리의 관계까지 매우 글로벌한 이슈에서부터 상당히 지역적인 이슈까지 광범위한 주제를 다룬다.

또한 매년 글로벌 웰니스 서미트 콘퍼런스를 개최하는데 콘퍼런스 후에는 포스트 콘퍼런스 여행으로 그해의 어젠다에 맞는 웰니스 리트리트를 선정, 참가자들에게 경험하게 하는 흥미로운 프로그램도 제공한다. 2019년에는 중국에서 처음으로 동양의 철학과 서양의 과학을 접목해 만든 최초의 동양형 웰니스 리트리트라는 점에 주목, 내가 개발한 상하 리트리트를 포스트 콘퍼런스 대상지 가운데 한 곳으로 선정하여 웰니스 비즈니스 리더들이 방문하기도 했다. 전반적인 웰니스 산업군의 막강한 네트워크를 가지고 있는 곳으로, 만약 웰니스의 최신 동향을 비즈니스 관점에서 알고 싶다면 이곳의 정보를 최우선으로 살펴야 한다.

　또 한 곳은 IONSInstitute of Noetic Sciences다. 내가 이 연구소를 처음 알게 된 것은 2019년 상하 리트리트에서 열린 웰니스 콘퍼런스 때였다. 이 연구소 수석 연구원들의 패널 토론을 들으면서 마치 뒤통수를 세게 맞는 느낌을 받았다. 블랙홀에 정신없이 빨려 들어가는 듯했다. 설립자는 1973년 아폴로 14호에 탑승, 인류 역사상 여섯 번째로 달 표면을 걸었던 우주인 에드가 미첼Edgar Mitchell 박사로, 그는 달에서의 임무를 끝내고 지구로 귀환하는 동안 그동안 알고 있던 과학으로 설명할 수 없는, 우주와의 연결성을 느끼는 경이로운 경험을 하게 되었다. 지구로 돌아온 뒤 그는 우리가 알지 못하는 영역 안에 대자연과 인류 사이를 연결하는 초자연적인 연결 고리가 있다고 확신, 과연 그것이 무엇인지 알고 싶다는 마음으로 캘리포니아에 연구소를 만들었다. 시대를 한참 앞선 그의 시도는 오해도 많이 받았지만 그후로 약 46년을 우직하게 견딘 결과 지금은 어빈 라슬로가 언급한 새로운 과학의 장르인 라이프 사이언스의 선두에 서서 인류에 관한 많은 연구 자료를 발표하고 있다.

　연구소 이름에 포함한 노에틱 사이언스는 한국어로는 지력 과학으로 해석되기도 하지만 정확한 의미를 전달하기에는 다소 어렵다. 그 뜻을 풀어 설명하자면 객관적이고 과학적인 방법과 주관적인 직감을 함께 이용해 우리 인류에 대해 새롭게 발견하는 여러 분야 전문가가 함께 하는 연구를 의미한다. 양자 물리학자, 분자 생물학자, 컴퓨터 사이언티스트, 심리학자 등으로 구성된 IONS의 연구진은 우리 인간의 존재 자체에 대한 연구와 함께 인류의 지속적인 생존을 위해 의식의 중요성을 깨닫고 이에 관해 중점적으로 연구하고 있다. 다양한 분야의 학자, 연구자, 의사 등이 함께 진척시킨 입체적인 연구들은 한국에도 잘 알려진 위즈덤 2.0이나 에설런 인스티튜트 같은 곳들을 통해 전 세계인들에게 퍼져 나가고 있다.

웰니스 프로그램의 기본, 힐링 모달리티

웰니스에 대해 이야기를 하고 있으면 많은 분들로부터 웰니스 리트리트에서 어떤 프로그램을 경험해볼 수 있느냐는 질문을 자주 받는다. 이 글을 쓰고 있는 순간에도, 독자들이 책을 읽는 순간에도 새로운 기술이 쉬지 않고 개발되고 있다. 때문에 겉으로 드러나는 프로그램의 종류는 늘 새로워진다. 따라서 프로그램의 종류를 나열하기보다 웰니스 프로그램을 구성하는 기본적인 요소들을 설명하는 편이 훨씬 의미가 있다.

웰니스 프로그램의 기본 요소를 힐링 모달리티modality라고 한다. 힐링 모달리티는 우리의 몸, 마음, 영성의 구체적인 치유법이라 할 수 있다. 궁극적인 치유를 목표로 하는 웰니스 프로그램이 완성된 요리라면, 힐링 모달리티는 그 요리를 만드는 식재료다. 식재료의 종류와 그 쓰임을 알면 요리를 이해하기가 훨씬 쉬워지듯 힐링 모달리티를 알면, 그 요소들의 조합을 통해 웰니스 프로그램이 다양하게 만들어진다는 것도 이해할 수 있다. 똑같은 블럭으로 만드는 사람에 따라 다른 결과물을 만들어내는 것과 같은 이치다.

그런데 힐링 모달리티에 대한 이해를 하기에 앞서 먼저 알아둘 것이 있다.

웰니스 프로그램의 한 장면

겉으로는 드러나지 않지만 웰니스 프로그램은 여러 요소를 어떻게 응용하느냐에 따라
성격이 달라진다. 이를 위한 기본 요소가 바로 힐링 모달리티다.

이 세상에는 좋은 힐링 모달리티로 구성한 훌륭한 웰니스 프로그램이 많다. 하지만 아무리 훌륭한 프로그램도 참여하는 사람의 마음이 열려 있지 않으면 소용이 없다. 따라서 프로그램 시작 전 사람의 마음을 여는 과정이 가장 중요하다. 즉, 이는 곧 전문가의 영역이라는 의미다. 이들 전문가들을 두고 카운슬러를 비롯한 여러 명칭으로 부르지만 정해진 건 없다.

상하 웰니스 리트리트에서는 이들을 라이프 코치라고 했다. 리트리트에 머무는 동안 동반자, 가이드가 되어준다는 뜻으로 그렇게 정했다. 상하 웰니스 리트리트에서는 프로그램 시작 전, 사전에 설문조사도 작성하지만, 라이프 코치를 통해 고객들과의 상담을 꼭 진행했다. 참여하는 사람의 마음을 열기 위한 것이었는데, 이를 통해 고객들의 다양한 사정을 미리 알 수 있어 프로그램 진행에 큰 도움이 된다는 라이프 코치들의 이야기를 많이 들었다. 설문조사에서는 드러나지 않는, 무의식적인 태도와 말투, 표정 등에서 굉장히 많은 정보를 파악할 수 있다는 것이다. 그런 이야기를 듣고 있노라니 리트리트 전반을 운영하는 입장에서는 고객들의 내밀한 마음을 더 잘 끄집어낼 수 있는 유능한 라이프 코치의 육성 및 영입이 무엇보다 필요하겠다는 생각을 했다.

하이드로터말 중심 치유법

그렇다면 힐링 모달리티에 대해 좀 더 구체적으로 이야기해보기로 하자. 가장 먼저 하이드로터말Hydrothermal 중심 치유법이 있다. 물과 열을 이용한 다양

하이드로 터말 중심 치유법

물과 열을 이용한 다양한 치유법으로 이름은 낯설지만 이미 우리에게 꽤 친숙한 치유법이다.

한 치유법이다. 하이드로Hydro는 물, 터말thermal은 열이라는 의미다. 이름이 낯설어서 그렇지 이미 친숙하다. 공중 목욕탕, 온천, 찜질방 등에서 볼 수 있는 찜질 가마, 소금방, 자외선 방, 습건식 사우나 등과 거의 비슷하다. 차이가 있다면 전문적인 웰니스 리트리트에서는 역사와 유래, 효과와 효능까지 스토리텔링을 근간으로 친절하고 자세하게 설명하고 있는데 비해 우리에게 익숙한 목욕탕은 다소 거칠고 세련되지 못하다는 점이다. 최근의 경향은 최신의 장비까지 갖춰 고객들의 호기심을 최대한 끌어올리는 한편 가급적 서비스를 세분화하여 다양한 상품화를 꾀하고 있다. 보통 여러 개의 방이 있는데, 온도와 습도, 열을 가하는 방식에 따라 다른 이름을 붙인다.

이 가운데 건식 사우나는 보통 온도는 40도, 습도는 20퍼센트 유지가 기본이다. 여기에 벽과 의자, 바닥 등에 향을 분사하여 청량감과 혈액순환을 돕고 면역력을 높여주는 기능을 더한 방은 주로 라코니움Laconium이라고 부른다. 같은 건식이긴 하지만 온도는 55~60도, 습도는 50퍼센트를 유지하는 곳도 있다. 방 안에 벽장 같은 도자기로 마감된 곳을 만들어 이곳에 열을 가해 온도를 유지한다. 또는 방 한 가운데 허브를 예열해둠으로써 공간 전체에 허브향을 퍼지게 하는 곳도 있다. 방 안에 있는 동안 향을 들여마신다고 해서 허브 스팀 배스라고 한다.

이에 비해 습식 사우나의 온도는 40도, 습도는 100퍼센트가 일반적인데 이곳에서는 근육을 이완하고, 피부를 부드럽게 해주면서 디톡스 효과가 있는 오스만 스팀 배스를 주로 둔다. 목재로 마감한 사우나방을 두기도 하는데 대개 이단이나 삼단 벤치로 구성, 그 안에서 60~100도의 온도를 경험할 수 있게 한다. 우리가 잘 아는 핀란드식 사우나를 떠올리면 쉽다. 대중적으로는 소금방도 대부분 갖추고 있다. 다만 우리가 아는 소금방과는 다르다. 에스키모 이글루처럼 만들기도 하고, 조명과 인테리어를 적극 활용해서 공간 자체만으로도 멋스러운 경험을 가능하게 하는 곳들도 매우 많다. 이런 곳일수록 세심한 조도와 공간에 어울리는 음악까지 잘 배치해서 완벽한 휴식을 적극적으로 유도한다.

수치료
중심 치유법

물과 열이 있다면 이번에는 또다른 의미의 물, 편의상 수水 치료 중심 치유법을 들 수 있다. 물이 함유한 성분으로 몸과 마음을 치료하는 것은, 우리나라만 해도 왕들의 휴양지였던 온양 온천이 1300년의 역사를 가지고 있듯, 웰니스의 가장 기본적인 방법이다. 온천수에 특별한 성분이라도 있다는 소문이 나면 너도나도 그곳을 찾아 몸을 담그는 일은 동서양 고금을 막론하고 자주 볼 수 있는 풍경이었다. 최근에는 단순히 특별한 성분이 있는 물에 몸을 담그는 것에서 그치지 않고 더 다양한 방식으로 효과를 극대화하고 있다.

대표적인 것이 와추 워터Watsu Water 테라피다. 전문가와 일대일로 진행을 하는데, 37도의 온도를 유지하는 욕조 안에서 전문가의 보조에 맞춰 물에 뜬 채로 느릿하게 움직이는 방식이다. 물 안에서 움직이다보니 중력을 최소한으로 받는 상태에서 몸과 마음의 일체화가 이루어지고 마치 엄마의 자궁 안에 있는 것 같은 편안함을 느낌으로써 스트레스를 해소시키는 데 효과가 있다.

크나이프 수 치료 시설의 일부분

수 치료의 창시자 세바스천 크나이프의 이름에서 유래한
크나이프 워크 테라피는 물의 온도 및 압력의 다양한 활용을 통해 치유 효과를 극대화한다.

약 40분 전후로 진행되는데 생각보다 훨씬 고강도의 체력 소모가 이루어져 마치고 나면 반드시 낮잠을 자야 한다. 국내에서 경험할 수 있는 곳은 아직 많지 않고, 아직까지는 워커힐 호텔에서만 경험해볼 수 있다.

또 하나는 크나이프 워크Kniepp Walk를 들 수 있다. 19세기 독일의 세바스천 크나이프Sebastian Kniepp 목사가 만든 것으로 바닥에 자갈을 깔아둔 냉수와 온수 욕조를 맨발로 번갈아 걷는 방식이다. 발바닥의 경락점을 자극해 몸 전체의 기운을 재생하는 데 도움을 준다.

디톡스
중심 치유법

웰니스에서 중요한 요소로 디톡스가 있다. 그런 만큼 디톡스 중심 치유법 역시 중요하다. 건강한 기운을 불어넣으려면 우선 불순한 것을 걷어내야 한다. 이게 바로 디톡스다. 디톡스 중심 치유법은 크게 의료적인 것과 그렇지 않은 것으로 나뉜다.

비의료적인 것의 예로는 튀르키에 하맘을 들 수 있다. 우리가 공중 목욕탕의 뜨거운 탕에 들어가 몸을 불린 뒤 때를 민다면 하맘에서는 습식 사우나에서 몸을 불린 뒤 따뜻한 대리석 위에 누워 세신을 받는다. 우리나라 세신에 비하면 좀 더 리추얼화된 성격의 테라피다. 모공을 덮고 있는 각질을 제거해 디톡스에 도움이 된다.

특수 진흙을 사용하기도 한다. 라솔 체임버Rhassoul Chamber 리추얼이라고 하

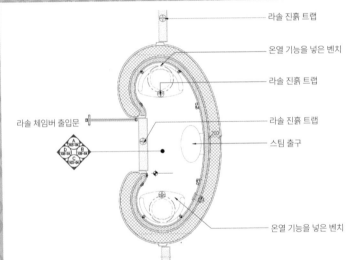

라솔 진흙 트랩

온열 기능을 넣은 벤치

라솔 진흙 트랩

라솔 체임버 출입문

라솔 진흙 트랩

스팀 출구

온열 기능을 넣은 벤치

디톡스 중심 치유법

우리 몸에서 불순한 것을 걷어내는 치유법으로
의료적인 것과 비의료적인 것으로 나눌 수 있다.
위는 디톡스 프로그램이 진행되는 하맘 룸이고,
가운데와 아래는 디톡스 중심 치유법 가운데
하나인 라솔 체임버 리추얼을 위한 공간의 도면과
실제 진행 장면이다.

는데 모로코산 라솔 진흙을 온몸에 바른 뒤 몸속 독소를 배출해낸다. 이밖에도 사우나를 응용한 다양한 디톡스 프로그램이 있다.

또다른 방식,
의학 중심 치유법

지금까지는 비의료적인 내용을 이야기했지만 웰니스에서 의료적인 방법을 제외하기는 어렵다. 의학 중심 치유법이다. 의료적인 요소를 도입하려면 반드시 의료 면허가 있는 곳에서 이루어져야 한다. 그런데 기술의 눈부신 발전으로 새로운 테크놀로지와 결합한 기계들이 만들어져 최근에는 의료와 비의료적인 시술의 경계가 모호해지는 경우도 종종 나타나고 있다. 다만 여기에서 말하는 의료적인 방법이란 우리가 쉽게 떠올리는 서양식 의료 행위만을 의미하지 않는다. 그렇다면 구체적으로 어떤 것들이 있는지 살펴보기로 하자.

의학 중심 치유법 가운데 대표적인 것이 바로 인도 아유르베다 치유법이다. 이 치유법은 일반적으로 리트리트에 머무는 동안 아유르베다 의사의 진단을 통해 받은 처방에 따라 먹고 자는 것부터 웰니스 프로그램까지 참여하는 방식으로 이루어지고, 집에 돌아간 뒤 지켜야 할 식생활 개선에 관해서도 포괄적으로 안내를 해준다. 단지 리트리트에 머무는 동안만이 아닌, 라이프 스타일 전반에 관한 점검이 이루어진다고 보는 게 맞다. 이런 경우 리트리트에는 아유르베다 음식 전문 요리사가 상주하여 전통 요리법에 의해 음식을 만든다. 스파에서는 아유르베다 마사지를 받을 수 있어야 하는데 이를 위해 반드

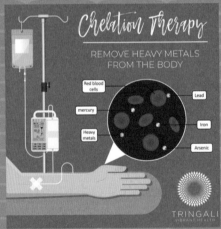
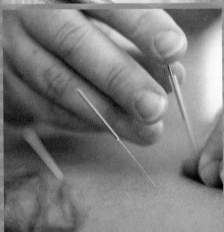

의학 중심 치유법

■
여기에서 말하는 의학 중심이란 서양식 의료 행위만을 의미하지 않는다.
이 가운데 많이 활용되는 것이 인도의 아유르베다 치유법과 한의학이다.

시 오일 처리 배관 시설이 따로 구비된 특별한 마사지룸이 있어야 한다. 마사지에 사용한 오일이 하수도로 그냥 흘러가면 큰 낭패이기 때문이다.

아유르베다 마사지로는 전신에 오일을 바르며 림프 순환을 돕는 아비얀가Abhyanga, 스트레스가 심한 사람들에게 그 효능이 널리 알려진 시로다라Shirodhara 마사지가 대표적이다. 시로다라의 경우 뇌의 균형을 위해 따뜻한 오일을 '제3의 눈'에 지속적으로 부어 흘러내리게 함으로써 우리 몸의 호르몬 시스템을 안정시키는데 불면증, 시차 적응, 우울증 등에 효과가 있다는 평을 받아 대중적으로 인기를 끌고 있다. 인도에서는 이마의 중간 부분을 내면의 눈으로 여기며 '제3의 눈'이라고 지칭한다. 마사지도 아닌 것이 무슨 효과가 있으랴 했는데, 막상 해보니 일정 시간 후에 스르르 잠이 드는 신기한 효과를 경험했다.

한의학 역시 의학 중심 치유법에서 활용되곤 한다. 다만 서양에서는 동양권에서처럼 적극적으로 활용한다기보다 침이나 부황 정도의 시술이 일반적이다. 한의학을 백안시하던 이들이 많았지만 미국을 중심으로 한의학의 인기는 갈수록 높아지고 있고 새로운 의학으로 주목을 받기 시작한 지 오래되었다. 따라서 이제는 서양의 어지간한 웰니스 리트리트에서도 침·부황·기공 등의 프로그램을 진행하고 있고, 심지어 뉴욕에서는 한의학이 불임 치료법으로 인기를 끌고 있다고도 한다.

이와는 반대로 서양에서 시작된 혈중 중금속 제거에 효과적인 킬레이션chelation 테라피를 비롯해 호르몬 테라피, 엔타이 에이징 테라피 등 여러 문화권의 치유법을 동양에서 활용하는 사례도 점점 늘고 있다.

자연 또는 영성 중심 치유법

힐링 모달리티에서 빼놓을 수 없는 것이 바로 자연 또는 영성 중심 치유법이다. 어쩌면 웰니스 프로그램에서 가장 익숙하지 않을까 싶다. 명상, 사운드 힐링, 차크라 치유, 걷기, 바디 무브먼트(댄스 테라피) 등 종류도 매우 다양하다.

명상만 해도 집중 명상, 통찰 명상, 초월 명상, 빼기 명상, 도구 명상, 도교적 명상 등 여러 종류가 있는데 리트리트마다 전문가의 성격에 따라 명상의 내용 및 종류가 다를 수 있다.

2018년 무렵부터 한국에도 점점 대중화되고 있는 사운드 힐링은 공명 치료의 일부분이면서 도구 명상에 속한다. 티베트의 금속으로 만든 싱잉볼과 크리스털을 이용해 만든 크리스털 싱잉볼을 활용하는 것이 일반적이다. 티베트 싱잉볼은 여러 금속을 녹여 만든 밥그릇처럼 생긴 볼이 소리를 낼 때 발생하는 파동을 활용한다. 우리의 몸은 주로 액체로 이루어져 있고, 몸 안의 여러 장기는 각각 다른 파동에 반응하는데 티베트 싱잉볼을 이루고 있는 여러 금속의 파동이 몸 안의 장기들을 각각 자극하여 쌓여 있는 스트레스를 해소한다. 그런 이유로 사운드 힐링을 받고 나면 마사지를 받은 것처럼 근육이 이완되는 효과가 있다. 대중화가 진행될수록 사운드 힐링의 도구도 크리스털 소재로 만든 기구부터 심장에 직접 댄 뒤 진동을 느끼게 하는 포크 비슷한 도구들까지 다양해지고 있다.

도구가 필요없는 치유법도 있다. 그 가운데 차크라 치유법이나 맨발로 땅

걷기Earthing 등이 도구 없이 자연스럽게 참여할 수 있어 인기를 끌고 있다.

마지막으로 살펴볼 것은 심리 중심 치유법이다. 디톡스 치유법은 단지 몸에만 해당하는 것은 아니다. 몸과 마음 모두 해당한다. 마음에도 당연히 불순물이 끼어 있다. 우리는 보통 과거의 경험을 통해 세계를 바라본다. 좋은 경험일수도 있지만 나쁜 경험일 수도 있다. 그것이 무엇이든 지금 내 눈앞의 세계를 있는 그대로 바라보기 위해서는 과거의 경험이라는 렌즈를 걷어내야 한다. 그래야만 세계는 물론 궁극적으로 나를 있는 그대로 바라볼 수 있다. 이를 위한 것이 바로 심리 중심 치유법이다.

심리 중심 치유법을 진행하는 심리 치료사는 카운슬링이나 아트 테라피, 연극 테라피 등 다양한 방법을 활용하는데, 사람의 마음을 다루는 것이기 때문에 일정 기간 전문적인 교육이나 훈련을 받은 뒤 자격증을 취득한 사람만이 이끌어갈 수 있는 경우가 많다.

국내에서는 비교적 널리 알려지지 않았지만 하코미 심리 치료법도 눈여겨볼 필요가 있다. 상하 리트리트 개발 당시 접한 하코미 심리 치료법은 기존의 심리 치료법과는 다소 차이가 있었다. 이를테면 기존의 심리 치료법은 대개 상담자의 내담자 관찰을 통해 이루어졌다면, 이 치유법은 내담자가 명상 상태 즉 마인드풀니스한 상태에 이르러 스스로를 탐구해 가며 지난 상처를 치유해

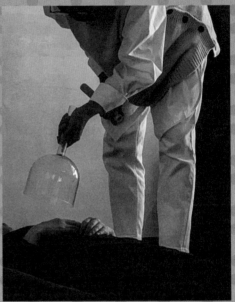

영성 중심 치유법

■
힐링 모달리티에서 빼놓을 수 없는 것이 바로 자연 또는 영성 중심 치유법이다. 어쩌면 웰니스 프로그램에서 가장 익숙하지 않을까 싶다. 명상, 사운드 힐링, 차크라 치유, 걷기, 바디 무브먼트(댄스 테라피) 등 종류도 매우 다양하다. 사진은 이 가운데 사운드 힐링 관련 장면이다.

심리 중심 치유법
∎

심리 중심 치유법을 진행하는 심리 치료사는 카운슬링이나 아트 테라피, 연극 테라피 등
다양한 방법을 활용하는데, 사람의 마음을 다루는 것이기 때문에 일정 기간 전문적인 교육이나
훈련을 받은 뒤 자격증을 취득한 사람만이 이끌어갈 수 있는 경우가 많다.

나간다. 여기에서 상담자의 역할은 내담자가 명상적 상태에 이르도록, 그리고 자기 탐구의 여정을 잘 해나갈 수 있도록 질문을 던지는 데 도움을 주는 것이다. 그렉 조한슨과 론 커츠가 함께 쓴 『하코미 심리치료와 노자 도덕경』에서는 '하코미 상담자가 하는 일은 내담자 안에 있는 치유의 힘을 불러 일으키는 이며, 상담자는 치유자가 아닌, 단지 치유가 일어날 수 있는 환경일 뿐'이라고 설명하고 있다.

오늘날 국내 미디어에서 흔히 볼 수 있는, 내담자에 대한 상담자의 온갖 진단이 남발하는 심리 치료법과는 사뭇 다른 접근법이다. 어느 방법이 맞느냐는 것은 각자의 선택에 달려 있다.

2015년 상하이에서 몇 번의 하코미 심리 치유를 받아본 기억으로는 낯선 심리 치료사가 몇 시간 동안 들은 내 이야기를 바탕으로 진단하는 것보다 이 방식이 더 좋았다. 상당히 동양적 사상에 근거한다는데 이처럼 심리 치유 방식도 주로 서양 의학에 기반을 두던 것에서 영적 경계를 넘나드는 방향으로 확장하는 추세다. 국내에서는 원광대학교 한의대에서 시작했다고 한다.

>>>>>> ◆ <<<<<<
합법과 불법의 경계, 식물기반의학
>>>>>> ◆ <<<<<<

다양한 힐링 모달리티를 살펴보았다. 힐링 모달리티를 둘러싼 최근 가장 뜨거운 화두는 식물에서 추출한 성분으로 만든 의약품을 활용한 식물기반의학 Plant Based Medicine 또는 Psychedelic Medicine이다. 고대 지혜와 과학이 합작하여 만든 치유법이라 할 수 있다. 대표적인 것이 앞에서도 잠시 언급한, 오래전부터 아마존 밀림 선주민들이 사용해온 아야와스카다.

아야와스카의 비밀은 아직도 여전히 베일에 싸인 부분이 많지만 이 식물의 추출물을 복용한 뒤 트라우마, 자살 충동, PTSD, 당뇨병 등을 극복했다는 사례들이 앞다퉈 보고되고 있다. 2010년 MBC에서도 창사 48주년 기념 5부작 다큐멘터리 「아마존의 눈물」에서 아야와스카를 다룬 적이 있다. 아마존 밀림의 선주민들이 주로 사용하던 것으로 의학적 효능과 부작용 등에 대한 우려를 둘러싸고 일부 서구 사회에서 사회적으로 이슈가 되기도 했지만 이미 여러 의학계와 과학계 연구진들이 그 효능을 인정, 의료진 감독 아래 환자들에게 처방하고 있다. 이전에 없던 새로운 장르의 의약품이 나타난 셈이다.

물론 합법으로 인정한 나라는 아직까지 코스타리카, 멕시코, 페루, 네덜란드 등 일부에 불과하지만 미국의 애리조나 주를 비롯한 몇몇 주에서는 합법화 논의가 강력하게 이루어지고 있다. 콜로라도에 살고 있는 헤더 리Heather Lee 역시 그 선두에 서 있는 이들 중 하나다. 오래전부터 알고 지내온 그녀는 나에게 자신이 유방암에 걸린 뒤 이를 치료하면서 겪었던 불안감을 극복하는 데 식물기반의학의 도움을 받으면서 실제로 그 효능을 확인했다고 말하기도 했다.

마약과 다르게 중독성도 없다고 하고 확실한 효능을 경험한 이들이 분명히 존재하지만 여전히 많은 이들이 아야와스카 복용에 거부감을 느끼고 있는 것이 사실이다. 이런 찬반의 격렬함이 커지자 한쪽에선 이에 착안한 흥미로운 연구를 진행하기도 했다. 미국의 한 신경과학자가 오감을 자극함으로써 뇌로 하여금 마치 아야와스카를 복용한 듯한 착각을 일으키게 한 뒤 아야와스카와 똑같은 효과를 내는 센소리Sensory 프로그램을 만든 것이다. 아야와스카가 일부에서이긴 하지만 합법의 테두리 안에서 치료제로 사용되고 있다는 것도 격세지감을 느낄 일인데 오감의 자극을 통해 먹지 않고도 같은 효과를 만들어 내고 있다는 소식은 세상이 얼마나 숨가쁘게 변화하고 있는가를 보여주는 상징적인 장면 같다.

과거에는 금기시했으나 지금은 서서히 받아들이고 있는 사례는 더 있다. 미국 워싱턴 의대 앤서니 백Anthony Back 교수는 임상실험을 통해 신비의 버섯인 실로시빈psilocybin으로 코로나19로 인해 번아웃과 우울증으로 극심한 고통을 받는 의료진들을 도울 수 있었다고 한다. 이 버섯을 통해 이들로 하여금 내면의 세계에 집중하게 함으로써 현재에 집중할 수 있도록 생각의 체계를 바꿀 수 있게re-wire brain 유도함으로써 고통으로부터 벗어나게 하는 데 성과가 있었다는 것이다. 이처럼 곳곳에서 감춰진 비밀의 베일이 서서히 벗겨지고 있다는 점은 주목할 만하다. 물론 이런 임상실험은 매우 엄격한 의료진의 감독과 관리 책임 아래 이루어져야 하는 것은 물론이다.

웰니스 리트리트에서는 지금까지 언급한 힐링 모달리티를 응용, 조합하여 자신들만의 프로그램을 만들어 고객을 유치한다. 힐링 모달리티를 얼마나 잘 구성하느냐는 곧 건물의 기초작업을 얼마나 단단하게 하느냐와 같은 의미다. 2박 3일 디톡스 프로그램이라면 디톡스에 해당하는 힐링 모달리티로 프로그램을 구성하고 머무는 기간 동안 거기에 맞는 식단을 제공한다. 웰니스 리트리트 입장에서는 건물의 공간 구조와 프로그램은 유기적으로 연결되어 있기 때문에 프로그램을 구성할 때는 이 부분도 세심하게 고려해야 한다. 또한 고객 입장에서는 프로그램의 성격, 즉 힐링 모달리티의 조합이 지나치게 자주 바뀌는 곳이라면 전문성을 살펴볼 필요도 있다.

웰빙의 세계로 가는 길, 거기에 웰니스가 있다

"내 속에서 솟아 나오려는 것, 바로 그것을 나는 살아보려 했다. 왜 그것
이 그토록 어려웠을까?"

헤르만 헤세의 『데미안』에 나오는 문장이다. 처음 읽을 때만 해도 이 말이
가슴에 그렇게 다가오지 않았다. 코로나19를 겪으며 혼란한 시대를 이해하기
위해 여러 석학들의 책을 읽을수록, 온라인 강의를 들을수록 이 말이 가슴속
에 큰 울림으로 다가오기 시작했다. 웰니스라는 화두를 붙잡고 책을 쓰고 있
는 내게는 이렇게도 읽힌다.

"내 속에서 솟아 나오려는 것을 알아차리고, 그것을 이루기 위해 우리는
웰니스라는 도구를 이용하여 웰빙의 상태에 지속적으로 머물러야 한다.
그렇지 않으면 내 속에서 솟아 나오려고 하는 메시지를 놓치고 만다."

우주의 수많은 별들의 탄생과 죽음의 반복 과정 속에서 태어난 인간에게
희로애락을 느낄 수 있는 감정은 축복이면서 동시에 굴레이기도 하다. 오해,
분노, 슬픔, 좌절 등 온갖 부정적인 감정들은 개인의 삶에서 슬픈 역사의 장면

을 얼마나 많이 만들어왔는가. 부정적인 감정에 휩싸일 때마다 마인드 컨트롤이라는 말을 수도 없이 되뇌이면서 갈수록 복잡해지는 수많은 관계 속에서 중심을 잡기 위해 우리 모두는 그야말로 안간힘을 쓰며 살고 있다.

오늘날 수많은 사람들이 마인드풀니스, 명상, 요가, 마음 치료, 수 치료, 아유르베다 치료 등 지금까지 이야기한 수많은 테라피들을 찾아 떠나는 것 역시 끊임없이 이어지는 외부 자극으로부터 내면의 세계를 보호하고, 나아가 스스로의 진짜 모습을 찾기 위한 노력의 일환이라 할 수 있다. 외부의 어떤 것에도 끌려 다니지 않고, 본연의 나를 통해 스스로가 주도하는 삶을 살기 위해서라고 할 수 있다.

본연의 나로 산다는 것은 궁극적으로 나를 이루는 거대한 시스템의 흐름과 조화롭게 호흡하며 나에게 주어진 삶이라는 특권을 마음 가는 대로 누리는 것이다. 다시 말해 그 흐름과 함께 하나로 이어지는 삶을 통해 우리 자신으로 돌아오는 것이 웰빙 추구의 최종 종착점이다. 그 웰빙의 세계로 가는 길에 웰니스가 있다.

Bowl for Soup

호텔의 공식은 잊어라,
웰니스 리트리트 공간의 첫걸음

『호텔에 관한 거의 모든 것』에서는 호텔의 공간을 구성하는 기본 공식과 함께 각각의 공간이 어떤 기술적인 디테일들의 결과물인지에 대해 이야기했다.

예를 들어 이런 식이다. 약 33제곱미터 크기의 객실 200개 규모 호텔을 만들 때는 뷔페 식당은 적어도 80석의 좌석이 전제되어야 하는데, 이를 면적으로 환산하면 약 297제곱미터다. 카페와 베이커리는 뷔페 식당 옆에 배치하여 동선을 연결하고, 약 30석의 좌석, 60제곱미터의 공간을 확보해야 하며 이 정도 호텔 규모라면 연회장은 350제곱미터가 적정하다.

우리가 잘 아는 호텔은 대체로 기본적인 공식이 있고 그에 맞춰 공간을 기획하고 구성한다. 물론 공식대로만 이루어지는 건 아니다. 호텔이 어느 지역에 있는지, 어떤 콘셉트인지에 따라 면적과 좌석의 숫자는 늘어나거나 줄어든다. 프로젝트 성격에 맞는 최적의 결과물을 만들 때까지 수없는 변수에 대응하여 최대한 융통성을 발휘해야 한다.

그럼에도 출발은 이 공식에서 비롯한다. 일반 고객들은 몰라도 되지만 호텔 개발에 참여하는 건축가, 인테리어 디자이너, 부동산 디벨로퍼 등은 반드시 알아야 한다. 설계 영역에서 완성에 이를 때까지 거의 공통의 언어처럼 관계자들 모두 공유해야 한다. 타당성 검토 단계에서는 이런 공식에 의한 결과값을 기반으로 호텔 개발 비용을 추정하고, 고용해야 할 직원 수를 가늠할 뿐만 아니라 연간 운영비에서부터 수익 구조 산출까지 가능한다. 객관적인 예측에 무척 유용하다. 따라서 호텔 개발에 경험이 많은 이들의 머리에는 무수한 공식들이 쉬지 않고 작동하게 마련이다. 그래야만 누수를 줄일 수 있기 때문이다. 간혹 새로 문을 연 호텔에서 지나치게 크고 화려한 연회장을 볼 때면 이런 공식을 몰랐거나 지키지 않았다는 걸 직감할 수 있다. 그런 호텔들은 다른 곳에서도 여지없이 비효율을 드러낸다.

그렇다면 웰니스 리트리트에서는 어떨까. 결론부터 말하자면 그렇지 않다. 이미 알고 있던 공식은 극단적으로 모두 지워야 한다. 웰니스 리트리트는 기존 숙박업의 또다른 장르도 아니며 그 연장선상에 놓여 있지도 않다. 비즈니스 모델로 볼 때 완전히 다른 영역이다.

앞서 예로 든 호텔 공간의 산출법에 의하면 객실의 크기와 숫자가 호텔 규모를 결정한다. 따라서 호텔의 수익을 예측할 때도 객실 판매 수익이 호텔의 수익에서 매우 중요한 부분을 차지한다. 특히 조식만 제공하는 셀렉티브 서비스selective service 호텔의 경우 객실 수익이 호텔 수익의 근간이다. 다른 높은 등급의 호텔에서는 부수적으로 연회장이나 식음료장에서 창출되는 수익이 포함된다. 이런 수익 모델의 기본 전제는 공간이다. 공간을 통한 수익 창출이다.

웰니스 리트리트의 주 수익원은 공간이 아니다. 호텔과 리트리트의 가장 큰 차이는 여기에서 비롯한다. 그렇다면 어디에서 수익을 얻고 있을까. 공간과 프로그램, 식음료 같은 눈에 보이는 것을 포함하여 이곳에서 누리는 모든 경험 그 자체를 포함한 패키지에서 비롯한다. 공간과 경험이 따로 있지 않다. 모든 공간은 그 안에서 이루어지는 다양한 프로그램과 유기적으로 연결되어 있다. 따라서 리트리트의 공간들은 일반 호텔 공간과는 비교할 수 없을 정도로 매우 밀접하게 연관되어야 한다. 동시에 수익 창출의 근간이라는, 공간에 대한 기존 호텔에서의 정의를 완전히 바꿔야 한다.

이를테면 일정 규모 이상의 호텔에서는 반드시 갖춰야 할 300~500석 연회장이 이곳에서는 거의 필요 없다. 대규모의 인원이 동시에 모여 뭔가를 함께할 일이 별로 없기 때문이다. 대신 일반 호텔에서는 거의 수익을 창출하지 못해 울며겨자먹기로 운영하는 피트니스 센터, 요가 룸, 사우나 룸, 수영장 등에는 최대한 공을 들여야 한다. 객실보다 훨씬 더 중요한 곳이니 면적이며 배치 또한 훨씬 신경써야 한다. 이러한 노력은 최상의 서비스를 제공하기 위해서이기도 하지만 이런 공간에서 이루어지는 프로그램을 통해 수익을 낼 수 있기 때문이다. 나는 여기에서 수익이라는 단어를 사용했다.

어떤 건물이나 공간을 바라볼 때 대부분 건축물에 담긴 건축가의 의도나 철학, 구조의 아름다움, 공간의 브랜딩 등을 떠올린다. 그런 관점으로 대상을 바라보는 데 익숙하다. 하지만 거의 모든 건축 설계의 밑그림은 수익 구조의 극대화를 고려하여 그려진다. 상업 공간은 물론이고 박물관이나 기념관 같은 곳도 마찬가지다. 수익이나 영리 추구와는 거리가 멀어 보이는 박물관에서는 일정 공간에 과연 몇 점의 작품을 전시할 수 있느냐를 두고 계산기를 두드린다. 전시장을 채울 작품을 구매하거나 대여할 때 들어가는 비용을 염두에 두고 예산을 확보해야 하기 때문이다. 그렇지 않고, 무작정 크고 멋지게만 지었다가는 어느 순간 전시장 한쪽이 텅 빌 수도 있다.

2011년 아부다비 TDICTourism Development Investment Company에서 일할 때다. 내 옆 팀이 이미 개관한 루브르 아부다비 박물관과 2025년 개관 예정인 구겐하임 박물관 개발 프로젝트를 맡고 있었다. 현재 진행하고 있는 내용과 달리 초기 구겐하임 박물관은 스페인의 빌바오 구겐하임 박물관이 통째로 들어갈 정도의 규모를 염두에 두고 있었다. 엄청난 공간 기획이었다. 막상 설계에 들어간 뒤 구겐하임 박물관 쪽과 몇 차례 협의를 거친 결과는 예상과 달랐다. 이렇게 큰 공간을 채울 전시품 규모를 감당하기 어렵겠다고 판단, 전체 공간의 크기를 축소하여 재설계를 해야 했다. 그렇지 않으면 예술품 확보는 물론 이를 유지 운영하는 비용이 천문학적으로 들 거라는 계산을 끝낸 뒤에 내린 결정이었다. 그만큼 건축 설계에서 숫자는 절대적이다.

우리가 쉽게 접하는 무수히 많은 공간들은 그런 철저한 계산 끝에 완성된다. 겉으로는 고요하고 우아하고 아름답게, 또는 강렬하고 힙하고 트랜디하게 개성을 펼쳐 보이지만 그 밑에 흐르는 것은 결국 무수히 많은 숫자들이다. 얼마나 정교하고 치밀한 계산을 거쳤느냐에 따라 공간의 성패가 달려 있다고 해도 과언이 아니다.

웰니스 리트리트 공간 역시 다르지 않다. 여기에 더해 특성상 공간 기획은 일반 호텔 문법과는 완전히 다르다. 의료 행위까지 이루어진다면 병원 전문 디자이너나 관련 공간 경험자가 설계 과정에 반드시 참여해야 한다. 상하 리트리트를 기획할 때 클리닉 공간은 병원 설계 전문 건축회사에 의뢰, 동선부터 진료실 레이아웃에 이르기까지 별도로 자문을 반드시 거쳤고 이 과정이 이후 안정적인 서비스를 제공하는 데 큰 역할을 했음은 물론이다. 그러나 또 모든 것이 숫자로만 이루어지지 않는다는 것이 리트리트의 문법이다.

〉〉〉〉〉〉─◆─〈〈〈〈〈〈

실제로 만들어본 웰니스 리트리트, 허허벌판의 땅 위에, 머릿속 생각을 현실로 만들어낸다는 것

〉〉〉〉〉〉─◆─〈〈〈〈〈〈

마인드풀 리더십 인스티튜트Mindful Leadership Institute의 CEO이자 마인드풀 코칭의 대가로 유명한 오기노 준야 등은 자신들의 저서 『세계 최고 인재들의 집중력 훈련법』을 통해 집중이라는 단어를 자세히 설명하고 있다. 이를 요약하면 '우리는 너무 바쁘게 생활하면서 충분히 집중하고 있다고, 충분히 몰두하고 있다고 생각하지만 그것은 집중이 아니다. 단지 일에 압도되어 있을 뿐이다. 또한 우리는 일을 열심히 한다는 것에 대해서도 잘못된 생각을 하고 있다. 즉 일이 바쁘면 더 열심히 해서 어떻게든 해내야 한다고 여기는데, 바로 그런 압력 때문에 우리의 주의력은 한 군데 오래 머물지 못한다. 실제로 한 연구에서는 대상을 바꿔 주의를 옮긴 뒤 다시 원래 대상을 향해 주의를 집중하려면 약 20분이 걸린다고 한다. 매일 이것도 해야 하고, 저것도 해야 한다고 생각하지만 그러다 보면 결국 온종일 어떤 일에도 집중하지 못한다는 게 연구 결과다. 다시 말해 바쁘다고 느낄 뿐 집중력을 회복하지 못하는 것으로, 결과적으로 우리 인식은 여기저기 흩어져 있게 된다. 그로 인해 생산성도 떨어지고, 일에 대한 만족도 역시 떨어지게 되는데, 어떤 대상에 충분히 주의를 기울이지 못하는 것, 즉 주의력 빈곤은 사실 우리의 생산성뿐만 아니라 행복감에도 영향을 끼친다'는 것이다. 이를 보면 우리가 우리에 대해 안다고 하는 것이 과연 얼마나 정확한 것인지 자신할 수 없게 된다.

　어느덧 웰니스가 시대의 화두로 부상하고 있지만, 상하 리트리트 기획을

207

처음 시작할 때만 해도 웰니스 리트리트는 나에게 머나먼 세계였다. 우연히 이 프로젝트에 함께 하면서 내가 만난 세상은 이전과 완전히 달랐다. 그 경험은 물리적으로 허허벌판의 땅에 새로운 공간을 만들어내는 것이면서 동시에 거의 아는 사람이 없는 웰니스라는 개념을 대중들의 삶 속으로 불러들이는 일이기도 했다. 그렇게 상하 리트리트라는 거대한 프로젝트를 진행하면서 내가 보고 듣고 경험한 시간을 복기하는 것은 오늘날 전 세계에서 경쟁적으로 펼쳐지고 있는 웰니스 리트리트의 착안부터 완성에 이르기까지를 간접적으로 경험하게 해주는 일이기도 하다.

상하 리트리트의 핵심이자 본질은 마인드풀니스다. 아시아 거대 재벌 중 하나인 싸오Tsao 패밀리는 무려 4대째 부를 이어받고 있는 가문이다.

재벌들의 삶이란 TV드라마나 영화 등을 통해 엿볼 수 있듯이 상상을 초월하는 호화로운 생활을 하기도 하지만, 이들은 또한 보통 사람들은 상상할 수 없는 복잡하고 치열한 스트레스를 감당하면서 살아간다. 가족들 사이의 갈등, 회사 또는 그룹 안팎에서의 살벌한 경쟁, 후계 구도를 둘러싼 이전투구, 세계 경제 변화에 따른 변수, 끝없이 이어지는 사건 또는 사고의 진화 및 수습까지 하루 24시간이 부족할 지경이다. 이렇게 살다 보니 이들에게는 무엇보다 현재에 집중하고, 현재 일어나는 일을 알아차리고, 자신의 삶을 있는 그대로 마주하며 사는 것이 가장 중요하다. 그 중요성을 알면 알수록 더 절실하게 더 간절히 그렇게 살기 위해 노력한다.

싸오 패밀리 역시 그랬다. 가문의 후계자 양성에 각별히 공을 들이는 중화권 재벌들의 특징처럼 이들 역시 후손들을 위한 남다른 노력을 아끼지 않았다. 그들의 관심사는 비단 자신들의 후손에게만 향하지 않는다는 것이 차이라면 차이였다.

어느 날 저녁 식사 자리에서 이들은 자신들의 사회적 책임에 대해 이야기를 나누었다. 이야기는 진전되어 개인의 삶이면서 동시에 사회적으로 영향력이 클 수밖에 없는 재벌가 1, 2세대들부터 그 후손들에 관한 것으로까지 나아갔다. 그런 이야기 끝에 큰 기업을 이끌어가거나 장차 이끌어나갈 이들이 현재의 자신을 집중하여 바라본다면 개인의 삶이 개선되는 것뿐만 아니라 기업 안의 문화, 나아가 사회 전반의 긍정적인 변화를 이끌어낼 수도 있을 거라는 결론에 이르렀다. 대화는 몇 년에 걸쳐 이어졌고, 구체적인 구상의 단계로 나아간 끝에 중국 상하이에 이를 구현할 라이프 스타일 프로퍼티 회사 옥타브Octave를 설립하기에 이르렀다. 비전은 다음과 같았다.

"사람들로 하여금 마인드풀한 라이프 스타일을 추구하게 하고, 건강하고 조화로운 삶을 유지하는 데 도움이 되는 동양의 철학과 서양의 과학을 바탕으로 한 웰빙 플랫폼 개발."
Octave is a curated Wellbeing Platform that blends Eastern philosophies with Western science, to help you realize a mindful, healthy and harmonious way of life.

이런 취지가 무척 허무맹랑하다고 여기는 이들도 많을 것이다. 여전히 마인드풀니스니, 마음챙김이니, 알아차림 같은 이야기를 하면 뜬구름 잡는 소리로 여기는 이들이 많은데 10여 년 전에는 어땠을까? 서구 문명이 가장 먼저 들어온다는 상하이에서도 마치 외계인이 하는 말처럼 여기는 이들이 대부분이었다.

그러나 이미 서구에서는 이런 가치가 확산되고 있었고, 이 프로젝트에 합류한 나는 더 많은 이들이 필요로 하는 세상이 온다는 확신을 바탕으로 어떻게 하면 이를 제대로 현실화할 것인가에 고민을 집중했다. 그런 지향을 담아 지은 첫번째 프로젝트의 이름이 산스크리트어로 커뮤니티라는 뜻을 지닌 상하Sangha였다.

당시 중국은 세대와 가족은 물론 사회적 관계 속에서의 갈등으로 스트레스를 받는 이들이 급증하고 있었다. 많은 이들이 이럴 때 찾는 것이 바로 종교다. 교회나 성당, 절 등을 찾아 마음의 위로를 얻는다. 하지만 종교 활동이 제한된 중국에서는 이런 기회를 갖기가 어려웠다. 이런 이들에게 동양적인 개념과 서구의 논리를 바탕으로 삼은 마인드풀니스 치유법은 설득력을 갖기에 충분해 보였다.

추상적인 개념을 현실화시키는 일은 하루아침에 이루어지지 않는다. 개념에 동의하고 따르는 팬덤의 형성, 그들을 기반으로 한 개념의 구체화, 그로 인한 효과의 입증을 거쳐야만 시장이 움직인다는 것을 누구보다 잘 파악하고 있던 설립자는 이를 위해 옥타브라는 큰 회사 아래 각각의 영역을 전문화한 세 개의 회사를 만들어 웰빙 플랫폼 구축에 나섰다. 막강한 자본력 없이는 불가능한 시도였다.

- 옥타브 프로퍼티즈Octave Properties : 하드웨어 담당. 프로퍼티 개발. 부동산 디벨로퍼.
- 옥타브 리빙Octave Living : 소프트웨어와 운영 담당.
- 아이티아 인스티튜트Aitia Institute : 소프트웨어 원천 소스 연구, 프로그램

개발.

옥타브 프로퍼티즈의 주요 목적은 마인드풀에 최적화한 공간 개발이었다. 단순히 건축물을 세울 부지를 선정하고 매입하는 것이 아니었다. 우리나라에서는 부동산 디벨로퍼에 대해 매우 부정적인 이미지가 형성되어 있다. 해외에서도 역사가 짧은 직업이고, 국내에서는 더더욱 그러니 대개는 잘못된 정보에서 비롯한 이미지다. 우리말로는 시행사라고도 하는데, 단순히 특정 목적을 위해 부지를 선정하고 이를 위해 자금을 조달하러 다니는 일로 한정해서 보는 경향도 있고, 사기성 농후한 직군으로 색안경을 끼고 보기도 한다. 결론부터 말하자면 이는 완전히 왜곡된 인식이다.

부동산 디벨로퍼는 오케스트라로 보면 지휘자다. 연주의 주제를 정한 지휘자가 그에 맞게 곡을 선정하고 악기의 특성을 감안하여 이끌어낸 연주가 관객에게 감동을 주는 것처럼 부동산 디벨로퍼는 무형의 비전을 공간이라는 언어로 구현하는 동시에 그 공간이 최대 수익을 낼 수 있도록 모든 일을 관장한다. 프로젝트 성사 가능성의 타당성 검토부터 마침표를 찍기까지 모든 걸 관장하기 때문에 다양한 분야 설계자, 엔지니어, 브랜딩 전문가, 홍보 및 분양 관련 재무 전문가, 인허가 전문가 등 수없이 많은 전문가들을 아우르며 계획한 일정 안에 원하는 것을 만들어내는 것이 그들의 역할이다. 이런 일을 해야 하니 그들은 남이 미처 보지 못하는 것까지 볼 수 있어야 하고, 시대가 요구하는 앞으로의 시장까지 내다보거나, 시장이 보이지 않으면 만들어내기라도 해야 하는 예리함·창의력·추진력·대범함을 갖춰야 한다.

상하 리트리트를 만들면서 고갈된 지구의 자원을 의식해 새로 채석된 석재

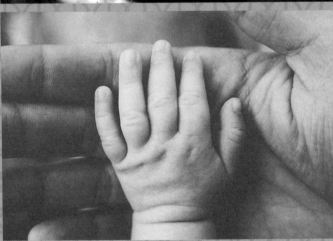

추상적인 개념을 공간으로 만든다는 것

■

자연으로부터 출발한 인간 본성을 회복하게 하고 어린 시절 경험한 극도의 편안함을 공간으로 만드는 것,
즉 추상적인 느낌을 현실로 이루어내는 것이야말로 이 프로젝트의 목표였다.

상하 리트리트를 세우기 위한 전초전
■

어느덧 웰니스가 시대의 화두로 부상하고 있지만, 상하 리트리트 기획을 처음 시작할 때만 해도 웰니스 리트리트는
나에게 머나먼 세계였다. 우연히 이 프로젝트에 함께 하면서 내가 만난 세상은 이전과 완전히 달랐다.
내가 하는 일은 거의 아는 사람이 없는 웰니스라는 개념을 대중들의 삶 속으로 불러들이는 것이기도 했다.

대신 재생 석재를 적극적으로 사용한다거나 불필요하게 화려한 장식, 포장 등을 지양했다. 적용 가능한 프로젝트 전반에서 아무리 고가의 주택이라고 해도 담을 높이기보다 담을 가급적 없앤 단지를 지향하고, 정원 등의 공용 공간을 최대한 확보하여 삶의 가치가 비슷한 사람들이 서로 소통하며 어울려 살 수 있는 생활 환경을 만들어낸다는 목표를 공유했다. 공간을 만드는 사람도, 이용하는 사람도 일정한 가치를 공유하는 것은 마찬가지였다. 이런 공간 전반의 지향점을 만들고 구현하는 것 역시 옥타브 프로퍼티즈, 즉 부동산 디벨로퍼의 일이었다.

그런가 하면 옥타브 리빙은 공간을 운영하는 모든 소프트웨어를 책임지는 주체였다. 고객들에게 이 공간의 비전을 전달하고, 그에 맞는 몸과 마음, 영성의 조화를 돕는 웰빙 프로그램을 개발하고 나아가 효율적인 운영을 가능하게 하는 것이 목적이었다. 여기에는 고객들의 마음까지 배려한 서비스 제공, 커뮤니티 안에 있는 다양한 공간의 운영까지 포함되어 있었다.

이를 위해 끝도 없는 고민과 논의가 이어졌다. 기존에 볼 수 없던 새로운 장르인 만큼 웰니스 리트리트는 서비스부터 운영 방법들까지 완전히 달라야 했다. 가장 큰 차이는 매뉴얼 적용의 범위였다. 기존 호텔에서는 하나부터 열까지 얼마나 세심한 매뉴얼이 작동하느냐가 무엇보다 중요하다. 그러나 웰니스 리트리트에서는 프로그램에 참여한 고객들의 상태가 모두 다를 수 있기 때문에 일관된 매뉴얼로 대응하기가 불가능한 지점이 있다. 예를 들어 집중도 높은 디톡스 프로그램을 마치고 온 고객을 향해 정해진 시간에 객실 청소를 해야 한다고 알리는 일은 있을 수 없는 일이다. 아무리 친절한 대응이라고 해도 그것은 공간의 본질에 맞지 않는다. 이를 위해 기본적인 하우스키핑 매뉴얼을 갖추기는 하되 고객 스케줄을 실시간으로 공유하여 정해진 시간이 아닌, 고객의 상황에 맞는 대응법을 마련했다. 고객을 향한 모든 서비스에 마인드풀니스 개념을 바탕으로 삼았다. 이런 모든 것의 고안과 세팅, 현실가능하게 만드는 작업의 전반이 옥타브 리빙의 일이었다.

마지막으로 아이티아 인스티튜트는 전 세계 내로라하는 연구 기관이나 학자들과의 교류를 통해 관련 분야의 최첨단 연구 성과를 파악하고 이를 프로그램에 어떻게 접목할 것인지를 연구하는 곳이었다. 그들이 발견한 좋은 학자나 힐러들의 프로그램이 실제로 어떤 효과가 있는지 회사 차원에서 테스팅을 하곤 했다. 정식 론칭을 하기 전에 꼭 거쳐야 하는 과정이기도 했고, 무엇보다 새로운 프로그램이나 이론에 대한 궁금증을 직접 확인해야 할 필요도 있었다. 당시에 수많은 프로그램과 이론들을 논의하고 테스팅을 했는데, 그 가운데 퀀텀 리더십이 있었다. 앞서 새로운 패러다임으로 설명한 퀀텀 패러다임 시대에 맞는 새로운 리더십이었다. 요약하자면 이런 내용이다. 뉴튼의 이론에 영향을 받은, 기존의 위에서 내려오는 명령하달구조에 익숙한, 기계처럼 작동해온 조직 운영 방식은 마치 거대한 혼돈처럼 동시다발적으로 수많은 변화가 일어나는 현재 상황에 대응하기 어렵다. 이렇듯 새로운 시대에 조직을 이끌어가는 리더십은 기존과 달라야 한다. 즉 리더들이 생각의 구조를 바꿈으로써re-wire their brain 스스로 먼저 창의적인 문제 해결 태도를 가져야 한다. 그것이 바로 퀀텀 리더십이다. 실제로 퀀텀 리더십을 깊이 들여다보면서 나 역시 새로운 시대에 걸맞는 의식 구조에 대해 전면적으로 다시 생각해보는 계기를 갖게 되었다.

본론으로 다시 돌아와 아이티아 인스티튜트는 개인 단위에서부터 조직의 단위까지 아우르며 시대의 요구에 맞는 힐링 방법과 자기 개발 프로그램을 연구하는 한편으로 웰니스 프로그램을 위한 아이디어나 영감을 제공하면서 해마다 열리는 웰니스 콘퍼런스를 기획했다. 기존에 존재하지 않던 영역을 개척해 나가는 것이 이들의 일이었다. 때문에 수많은 실패와 시행착오를 거쳤지만 그럼에도 불구하고 계속해 나감으로써 꾸준한 성과를 만들어냈다. 이런 꾸준한 연구를 바탕으로 더 새롭고 더 효과적인 프로그램을 만들어 상하 리트리트 고객들에게 서비스할 수 있도록 하는 것이 아이티아 인스티튜트의 일이었다.

마인드풀니스를 공간으로 어떻게 구현할 것인가

세상에 없는 새로운 장르의 공간을 만든다. 생각만 해도 가슴이 뛰는 일이었다. 하버드 건축 대학원 대선배이자 상하 웰니스 리트리트 프로젝트를 앞에서 이끄는 캘빈 싸오Calvin Tsao의 추진력과 재벌가 장남으로서 동원 가능한 막강한 자본력이 뒷받침되어 가능한 일이었다. 돈이 많다고 누구나 할 수 있는 일이 아니었다.

마인드풀니스라는 추상적인 개념을 실재하는 공간으로 표현하는 일은 결코 쉽지 않았다. 이를 위해 이 프로젝트에 참여한 우리 모두는 마치 하버드 건축

대학원 단기 과정을 밟는 것에 준하는 자세로 공간에 대한 접근법 자체를 달리해서 바라보는 것으로 작업에 임했다.

새로운 공간을 염두에 둘 때 만드는 행위에 집중하는 경우가 대부분이다. 건축가 또는 디자이너들이 원하는 대로 공간을 설계한 뒤 그 공간에 맞는 행동 양식을 이용자들에게 요구하거나 심지어 강요한다. 공간의 새로운 해석과 경험을 강조하기 위해 고객들로 하여금 여행가방을 끌고 한참을 빙글빙글 돌아 올라가게 만든 리조트가 있기도 하고, 로비 프론트를 공간 구석으로 배치해서 고객들이 한참을 찾아 헤매게 하는 호텔도 있다. 냉정하게 말해서 겉으로 보기에 눈길을 끌 수는 있으나 호텔이나 리조트의 가장 기본 유전자가 환대라는 걸 잊은 사례다.

우리는 철저하게 고객들이 자기 치유라는 고도의 행위에 집중하고 몰두할 수 있게 하는 걸 최우선으로 여겼다. 공간은 결국 목적 달성을 돕는 도구이자 그릇이라는 것을 수시로 공유했다.

이를 위해서는 가장 먼저 함께 하는 동료들로 하여금 프로젝트 비전에 동의하게 만들어야 한다. 그래야만 프로젝트 구석구석 비전과 지향점이 반영되고 스며들 수 있다. 새로운 프로젝트 시작에 앞서 거의 대부분의 인원을 새로 뽑아야 했다. 출신 대학이나 출신 회사보다 얼마나 강한 성장 욕구를 가졌는가를 채용의 우선 순위로 삼았다. 결과는 매우 훌륭했다. 업무의 양도 만만치 않은 데다 새로 만드는 공간이라는 특성상 분야마다 수많은 스터디를 병행해야 했으나 이들은 대체로 이 과정을 스스로의 성장 과정으로 받아들였다. 약 6년여의 기간 동안 거의 대부분의 팀원들이 이탈없이 자리를 지켰고 맡은 바 업무를 훌륭히 소화했다. 함께 일을 해나가는 내내 내가 이들에게 강조한 것은 크게 보면 하나였다.

"공간이란 살아 있는 생물이다. 구성 요소 하나하나를 소홀히 해서는 안
되고, 나아가 귀하게 여겨야 한다."

　오랜 시간이 지난 지금도 이 생각에는 변함이 없다. 굳이 양자 역학을 거론
하지 않더라도, 인간을 포함한 세상의 모든 것들이 원자와 전자로 이루어져
있다는 말은 어느덧 우리에게 익숙하다. 이 원리에 따르면 원자와 전자는 항
상 진동 상태다. 우리 눈에는 가만히 멈춰 있는 종이 한 장도 따지고 보면 진
동 상태다. 다만 너무 미세하여 그 움직임이 우리 눈에 보이지 않을 뿐.
　물리학자 김상욱 박사도 비슷한 이야기를 하고 있다. 그의 저서 『울림과 떨
림』을 요약하자면 '인간은 울림이다. 우리는 주변에 존재하는 수많은 떨림에
울림으로 반응한다. 우리는 다른 이의 떨림에 울림으로 답하는 사람이 되고
자 한다. 나의 울림이 또 다른 떨림이 되어 새로운 울림으로 보답받기를 바란
다. 이렇게 인간은 울림이고 떨림이다'라고 할 수 있다.
　인간과 인간 사이의 울림과 떨림에만 해당하는 말일까. 아니다. 세상의 모
든 물건들이 진동 상태라면 그것들은 일정하고 고유한 파동을 내보내고 있다
는 말이 된다. 건물의 마감재에도 이 말은 적용된다. 건물의 마감재는 물성이
가진 고유한 떨림을 통해 공간 안에 머무는 사람들에게 파동을 통해 울림을
전한다. 목조 건물과 콘크리트 건물이 다른 건 눈에 보이는 마감재의 차이 때
문만이 아니다. 나무와 시멘트의 파동 차이는 사람에게 분명히 다른 느낌으
로 전해진다. 같은 파동이라 해도 어떤 이에게는 좋은 울림으로 또 누군가에

게는 맞지 않는 울림으로 사람에 따라 다르게 전해지는 부분도 있을 것이다. 단지 기능과 미감만이 아니라 직접적으로 사람에게 영향을 미친다. 이런 점을 생각한다면 공간을 만드는 사람은 하나부터 열까지 어느 것 하나 허술하게 넘겨서는 안 된다. 몸이나 마음, 영성의 치유를 염두에 둔 리트리트라면, 더 깊은 파동의 교감이 이루어지는 공간인 만큼 더 그래야 한다. 공간이 살아 있다고 힘주어 팀원들에게 강조한 이유가 여기에 있다. 얼핏 이해가 가지 않는다면 사찰이나 성당 등에 갔을 때를 떠올려 보자. 그곳에 들어섰을 때 종교나 신앙과 관계없이 그 공간이 주는 남다른 느낌이 있었을 것이다. 그런 느낌은 어디에서부터 비롯한 걸까.

하지만 공간이 살아 있다는 것, 구성 요소 하나하나가 중요하다는 것, 나아가 이 모든 것을 귀하게 여겨야 한다는 비전과 지향점에 동의한다고 해서 일이 저절로 되는 건 아니다. 만들고 싶은 공간, 사람에게 좋은 공간, 나아가 좋아하는 공간이란 상당히 포괄적이고 애매모호할 수밖에 없다. 공간이라는 말은 종교적 공간, 상업 공간, 주거 공간 등 다양한 단어와의 조합이 가능하다. 그런 만큼 부여되는 성격도 여러 가지다. 그에 따라 각각의 목적을 향한 행위들이 그 안에서 이루어진다. 다용도의 공간이 아닌 이상 하나의 공간에는 대체로 고유성이 부여된다. 그래야만 정체성이라는 것이 만들어진다. 우리는 우리가 만들어갈 공간의 고유성, 그 안에서 만들어져야 하는 정체성에 대해 토론했다. 오랜 시간을 통해 모두가 함께 다다른 것은 바로 이것이었다.

'명상적 공간, 즉 meditative space.'

상하 리트리트의 목적은 고객들이 치유를 통해 힐링을 경험하게 하는 것이었다. 대단히 단순하지만 동시에 대단히 어려운 이 목적을 위해 우리가 만들어내야 하는 공간은 다름아닌 우리의 비전인 마인드풀니스 개념을 녹여낸 명상적 공간이어야 했다. 명상적 공간이란 이전에도 없었고, 누군가 답을 가지고 있는 것도 아니었다. 하지만 이미 비전에 대해 깊이 공유하고, 우리가 만들려는 공간의 목적을 공유한 상태에서 그 답을 만들어가는 여정에 우리는 즐거운 마음으로 첫걸음을 시작했다.

명상적 공간이라는 목표를 향한 여섯 가지 방법론

그렇다면 명상적 공간이라는 목표를 우리는 어떻게 구현했을까. 크게 여섯 가지 방법론을 말해볼 수 있겠다.

가장 먼저는 불필요한 요소를 걷어내는 것부터 시작했다. 공간을 최대한 정리해서 깔끔하고 담백한 분위기를 지향했다. 이를 통해 고객들이 스스로의 내면에 집중하게 도왔다. 그게 무슨 효과가 있을까, 궁금하다면 지금 주위를 한 번 둘러보자. 크거나 작거나에 관계없이 대체로 사방은 온갖 가구, 냉난방기기, 조명 기구, 자질구레한 살림살이 등으로 빼곡하다. 이 모든 것들이 무질서하게 엉켜 뒤죽박죽된 곳들도 있을 것이다. 보기만 해도 정신이 사납다. 방이 좁아서일 수도 있지만 꼭 그런 것만은 아닐 것이다. 정리만 잘 되어 있어도 마음이 한결 편안해진다. 공간의 힘이란 그런 것이다.

명상적 공간을 위해 불필요한 요소를 걷어내기
■
공간을 최대한 정리해서 깔끔하고 담백한 분위기를 지향했다. 조금만 신경쓰면 의외로 많은 것들이 가능해진다.

공간에서 마음의 편안함을 가장 우선순위로 놓는다면 대부분의 어수선함은 디자인 과정에서 거의 다 해결 가능하다. 조명 기구 등은 디자인에 따라 최대한 보이지 않게 감춰둘 수 있다. 소방 엔지니어가 조금만 신경을 쓴다면 스프링쿨러나 감지기 등도 거슬리지 않게 배치할 수 있다. 꼭 있어야 하는 스피커나 냉난방기 등도 모두 분야별 전문가가 의지를 가지면 노출을 최소화할 수 있다.

전제는 무엇을 중요하게 여기느냐, 그것을 함께 하는 모두와 어디까지 어떻게 공유하느냐이다. 이 전제가 성립되지 않고, 무턱대고 공사를 진행한 결과에 우리 모두는 이미 익숙하다. 큰맘 먹고 찾은 요가나 명상 센터에서 천장을 바라보고 누웠을 때 눈앞에 펼쳐지는 천장 곳곳에 덕지덕지 붙은 온갖 시설물, 고개를 옆으로 돌리면 벽면에 어지럽게 붙어 있는 살림살이들 속에서 마음의 평화를 과연 어떻게 찾을 수 있을까.

두 번째는 디테일에 주목했다. 명상적 공간에서 중요한 가치는 디테일에 있다. 눈을 크게 떠야 보이는 것들이다. 공간을 구성하는 다양한 요소들은 우리가 인식하지 못할 뿐, 모두 나름의 정체성을 지닌다. 그런데 우리 주위의 공간을 보면 심지어 수직과 수평의 정체가 모호한 사례가 많다. 실리콘 같은 정체 모호한 것을 너무 남용해서, 결과적으로 이도저도 아닌 뒤범벅이 되어버린 경우를 볼 때마다 아찔할 정도다. 디테일은커녕 공간에 대한 기본적인 예의도 사라져 버린 듯하다.

디테일하게 공간을 고려한 예를 들어보기로 하자. 모름지기 공간은 천장, 벽, 바닥이라는 요소들의 결합이다. 벽에는 바깥과 안쪽을 매개하는 문이 있다. 이쪽에서 저쪽으로 통하게 하고, 단절된 공간을 연결한다. 하지만 우리는 문의 의미에 대해 거의 생각하지 않는다. 하지만 상하 리트리트를 함께 한 동료들에게 문은 대단히 중요한 이슈였다. 공간의 구성에서 문이 하고 있는 역할의 중요성을 떠올린 우리는 그 존재를 부각시켜보기로 했다. 문과 벽 사이에 2밀리미터 남짓의 공간을 확보하고, 여기에 문 주변을 따라 그림자 선이 드러나게 했다. 벽에 묻혀 보이지 않던 문의 존재감이 살아났다. 대신 문에는 당연히 있어야 한다고 여겨지던 문틀도, 경첩도 사라졌다. 한층 정갈하고 단순한 공간의 분위기가 만들어졌다. 굳이 말로 설명하지 않아도 이런 공간에 들어서는 순간 사람들은 한눈에 그 차이를 알아차리게 된다. 몇 년 뒤 한국에 와보니 이를 두고 마이너스 몰딩 도어라고 부르고 있었다. 최고급 주거 공간에 적용하는 방식이라고 했다.

　명상적 공간의 구현을 위해 우리가 주의를 기울인 것 가운데 공간마다의 마감재 선택도 빼놓을 수 없다. 한국에 돌아와보니 최고급 공간이라고 하는 곳이 뜻밖의 마감재로 가득 차 있는 모습에 놀란 적이 한두 번이 아니다. 저가 나무 무늬목 필름지, 벽돌 모양으로 만든 벽돌 무늬 벽지, 코팅을 너무 입혀 이질적인 광택을 뿜어내는 나무 바닥재 등 진짜처럼 보이고 싶으나 결국은 가짜인 것들이 판을 친다. 비용 절감이라는 자본의 논리와 진짜처럼 보이고 싶은 욕망이 만들어낸 결과다. 무조건 나쁘다는 게 아니다. 다만 무분별하게 사용하면서 익숙해지고 무감각해진 것 같아 우려스럽다. 진짜처럼 보이는 가짜로 가득하다. 시멘트 덩어리로 나무 모양을 한 벤치를 만들 바에야 차라리 시멘트를 드러내는 편이 낫지 않을까.

명상적 공간을 위해 디테일에 집착하기 ■

모든 공간은 우리가 인식하지 못할 뿐 나름의 정
체성을 지니는 요소들로 가득하다. 눈을 크게 떠야
보이는 것들일수록 공간의 분위기를 좌우한다.
여기에는 공간마다의 마감재도 포함된다.

명상적 공간은 곧 내면의 진정성을 찾는 행위가 일어나는 곳이다. 어떤 것 하나도 가짜가 진짜처럼 자리를 잡으면 안 된다. 이를 위해 마감재 물성의 본질을 최대한 존중하는 것을 기본 전제로 삼았다. 솔직한 공간을 만들면서도 실용성과 손쉬운 관리까지도 염두에 두어 고민을 거듭했다. 예를 들어 공간 안에서 맨발이 닿는 곳은 원목 마루로 깔았다. 나무의 결이 그대로 노출되어 숨을 쉬도록 왁스 칠도 최소화했다. 한정된 예산 안에서 한계도 없지 않았다. 하지만 어떻게 해서든 답을 찾기 위해 포기하지 않고 끝까지 노력해야 한다는 것이 우리 모두가 일을 대하는 기본 태도였다.

이런 기본 태도를 고집한 것은 결과물에도 영향을 미쳤지만, 일을 하는 과정에도 반영하고 싶었기 때문이었다. 진정한 알아차림을 위한 지속적인 노력, 마인드풀니스를 지향하는 상하 웰니스 리트리트의 취지를 우리 모두가 함께 일하는 과정에도 담고 싶었다. 공간을 만들고, 그 공간을 바라보는 우리의 진정한 마음의 파동이 훗날 이 공간을 이용하는 고객들에게 떨림이나 울림으로 전해지기를 바라는 마음을 담고 싶었다.

네 번째로 염두에 둔 것은 오감의 체험이 곧 공간에서의 경험을 확장시킨다는 전제였다. 촉감을 예로 들면 문의 손잡이가 떠오른다. 무언가 손에 닿는 즉시 그것은 우리 뇌로 향해 곧장 이미지를 형성한다. 추운 겨울, 차가운 문 손잡이를 잡았을 때를 떠올려 보자. 그로 인해 공간에 대한 기억, 그 안에서의 경험 전반에 대한 일종의 이미지가 만들어진다면 과연 긍정적인 것일까. 상하 리트리트 문 손잡이는 대부분 나무로 만들거나 밧줄 같은 것으로 감아두었다. 고객들의 마음을 따뜻하게 열어주고 싶다는 배려에서 비롯했다.

후각 역시 소홀히 할 수 없었다. 이곳에서 경험한 특별한 향을 통해 공간을 기억하게 하고 이곳에서 누린 시간을 각별하게 여길 수 있게 하고 싶었다. 이를 위해 여덟 개의 오일을 조합, 시그니처 향을 만든 뒤 객실의 욕실이나 스파에서 사용하는 오일·보디 클렌저·샴푸·컨디셔너·비누 등의 베이스로 사용했다. 상하 리트리트를 다녀간 많은 고객들이 이 향을 특별하게 기억하고 있다는 평을 많이 받았다. 나 역시도 이 향을 맡고 있으면 그곳에서 보낸 시간들이 선명하게 떠오른다. 이렇게 세심하게 의도해둔 오감의 체험을 통해 명상적 공간에서 누린 경험은 시공간을 초월해 감동으로 이어진다.

명상적 공간에서 자연과의 소통은 굉장히 중요하다. 최근 유행하고 있는 바이오필릭Biophilic 디자인과도 비슷한 맥락이다. 20세기를 대표하는 생물학자 에드워드 오스본 윌슨의 저서 『바이오필리아』Biophilia에서 확산된 개념인 바이오필릭은 한마디로 '생명체bio를 좋아하고 사랑하는 것, 즉 생명체에 대한 사랑'을 의미한다. 여기에서 생명체란 곧 자연이며, 바이오필릭 디자인은 실내 공간에 자연의 요소를 배치함으로써 실제 자연환경으로 나가지 않더라도 그 공간에서 일정한 힐링 효과를 느낄 수 있게 하는 것을 뜻한다.

눈에 보이거나 실제로 만질 수 있도록 자연적 요소와 실내 공간의 경계를 자유롭게 만드는 것이 매우 효과적이기 때문에 건축 설계 단계부터 세심하게 이를 고려하여 구성했다. 최근 흔히 볼 수 있는 식물로 가득 채운 실내 벽면이라거나 통창, 천창을 통한 자연 채광의 극대화 등도 어떻게든 자연을 공간 안으로 끌어들이기 위한 노력의 일환으로 볼 수 있겠다. 이는 일상생활의 힐링은 물론 명상적 공간을 위해서도 매우 중요한 부분이다.

**명상적 공간을 위해 자연과 소통하고 지구 자원의
한계를 생각하기**
■

실제 자연 속에 있지 않아도 공간에서 자연과의 교감은
매우 중요하다. 나아가 한정된 지구 자원에 관한
문제의식 역시 공간 구현에서 지나칠 수 없는 부분이다.

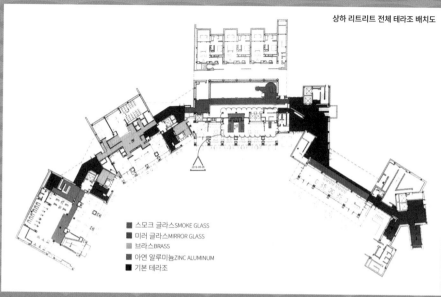

상하 리트리트 전체 테라조 배치도

- 스모크 글라스SMOKE GLASS
- 미러 글라스MIRROR GLASS
- 브라스BRASS
- 아연 알루미늄ZINC ALUMINUM
- 기본 테라조

마지막으로 명상적 공간 구성에서 빼놓지 않았던 부분은 지구의 제한된 자원에 대한 문제 의식이었다. 새로 짓는 모든 건물에 재생 건축 자재를 쓸 수는 없는 일이었다. 하지만 처음부터 배제하는 것과 어떻게든 반영하려고 노력하는 것의 결과는 다를 수밖에 없었다. 이를 위해 건축 자재를 선택할 때면 재생 자재를 먼저 알아보고 가능성을 탐색하는 과정을 반복했다. 가능하면 친환경 건축 자재를 쓰려고 노력한 것도 그 일환이었다. 바닥에 석재를 깔 때는 새 대리석이 아닌 재생 석재 마감재 종류의 하나인 테라조Terrazzo를 사용하거나 객실 복도에 오래전 철도에 깔았던 목재 판자를 구해 설치하는 식이있다. 이런 재생 마감재 덕분에 독특한 분위기를 연출할 수 있어서 효과가 배가된 것도 좋은 기억으로 남았다.

다행스럽게도 이런 취지는 이제 꽤나 보편화되어 선택할 수 있는 옵션이 많아졌다. 예를 들어 목조 건축에 대한 관심도 높아지고, 친환경 페인트나 벽지, 접착제, 코르크나 황토를 이용한 마감재 등도 다양해지는 추세다. 아직까지 비용면에서 차이가 꽤 나긴 하지만 수요가 늘어날수록 시장에서의 가격 조정도 기대해볼 만하다.

명상적 공간을 기본 방향으로 삼고 이를 구현하기 위해 상하 리트리트를 함께 만든 동료들이 고민한 것은 지금까지 살펴보았듯 크게 공간의 솔직담백함, 공간 구성 요소의 디테일, 마감재 선택의 기준, 오감의 경험에 대한 세심한 고려, 자연과의 교감, 재생 소재의 적극적 활용 등으로 요약해볼 수 있다. 우리는 우리가 만들어가는 공간의 고객들이 내면의 치유를 위해 집중하는 데 이런 요소가 필요하다고 여겼고, 이를 구현하기 위해 첫 단추부터 마지막까지 노력했다. 만들어가는 동안 예산의 장벽, 원하는 자재의 수급 문제 등 넘어야 할 산이 많았다.

돌이켜보면 마인드풀니스라는 추상적인 개념을 현실화시키기 위해 엄청난 자본과 인력, 함께 한 이들의 노력을 쏟아부었다. 세상에 없는 것을 만들겠다는 의지가 우리 모두를 끌고가는 동력이었다. 그리고 마침내 2010년부터 그 기획을 시작해온 이 거대한 프로젝트는 2016년 중국 쑤저우 양청阳澄 호숫가에 그 모습을 드러냈다. 중국 최초의 자연 속 홀리스틱 웰니스 리트리트인 상하 리트리트다. 문을 연 뒤 이곳을 찾은 고객들로부터 공간을 통해 느끼는 감동의 아우라는 어디에서도 느껴보지 못했다거나, 공간에 머무는 동안 몰입도가 최상이었다는 평을 많이 받았다. 이런 피드백을 보내온 이들의 재방문 빈도는 매우 높았고, 이는 상하 리트리트의 수익율 전반에 매우 긍정적인 영향을 주었다.

우리는 우리의 나아갈 바의 기준을 이렇게 선택했고, 그 방향을 향해 일관되게 걸었다. 그렇다면 이후 만들어진 다른 곳들은 무엇을 기준으로 내세우고 어떤 방향을 선택하여 걸어나가 어떤 결과물을 눈앞에 보여줄 것인가. 그리고 그런 일들은 누가 과연 어떻게 하고 있는가.

>>>>>>—◆—<<<<<<
공간의 창조자이자
실행자
>>>>>>—◆—<<<<<<

공간을 만든다는 행위를 떠올려 보자. 어떤 사람들이 떠오르는가. 건축가 또는 인테리어 디자이너 등이 앞순위에 오를 것이다. 질문을 바꿔서 웰니스 리트리트를 만드는 사람들은 누구일까. 물론 건축가나 디자이너도 필요하다. 하지만 그들 말고도 앞순위에 올릴 분야별 전문가는 한둘이 아니다. 그 전문가는 고정값이 아닌, 프로젝트 성격에 따라 다양하게 변주된다.

웰니스 리트리트는 공간 안에서 일어나는 행위를 잘 담아야 한다고 앞에서도 이야기했다. 그러자면 공간을 만드는 사람들이 이루어질 행위와 그 의미에 대해 잘 이해하고 있어야 한다. 인도 아유르베다의 각종 마사지는 천연 허브 오일을 따뜻하게 데워 진신 또는 머리에 바르거나 부으며 신행한다. 이를 위해 일반적인 마사지 룸과는 달리 많은 양의 오일을 사용하는 특성을 고려하여 공간을 구성해야 한다. 고객과 테라피스트의 동선, 오일 컨테이너·트리트먼트 베드 위치, 샤워 시설의 필요 여부, 프로그램 1회 진행시 필요한 오일의 양까지 머리에 들어 있어야 한다. 그래야만 설계할 때 배수 시설부터 심지어 전기 소켓이나 개수대 위치 등을 효율적으로 배치할 수 있다.

만약 새로운 웰니스 리트리트를 구상한다면 진행할 프로그램을 사전에 염두에 두는 것이 반드시 필요한 이유다. 예를 들어 아유르베다 마사지를 프로그램에 포함한다면 건축 설계 초기 단계에서부터 아유르베다 전문가와의 협업을 거쳐야 한다. 프로그램의 원활한 진행을 위해 어떤 설비와 장치가 필요한지에 대해 사전조사를 반드시 거쳐야 하기 때문이다. 이 과정을 건너뛴다면 반드시 문제가 생긴다. 공사를 처음부터 다시 해야 하거나, 원하는 프로그램을 아예 포함할 수 없는 일도 생긴다. 예를 든 아유르베다 마사지는 워낙 널리 알려진 프로그램이라 전문가를 찾는 일은 조금만 노력하면 그리 어렵지 않다. 전문가와의 협업을 중요하게 고려한다는 의지만 있으면 그 다음은 쉽다.

웰니스 리트리트를 설계할 때 정작 어려운 일은 따로 있다. 그동안 어디에서도 존재하지 않는 새로운 프로그램을 시도하려고 할 때다. 이럴 때 어떤 분야의 어떤 전문가를 섭외해야 하느냐는 마치 암흑 속에서 길을 찾는 일처럼 막막하다.

상하 리트리트에서는 자체적으로 새로운 프로그램을 다양하게 개발했다. 이를 위해 각종 힐링 모달리티를 만들고, 그것을 바탕으로 이전에 볼 수 없던 치유 프로그램을 서비스했다. 그 가운데 하나가 명상과 사운드를 결합하여 만든 힐링 테라피였다. 그 이전까지 전 세계 어디에서도 볼 수 없던 것으로, 오감을 자극해서 치유하는 실험적인 테라피 유형이었다. 여기에 맞는 최적의 공간을 만들어야 하는 미션이 주어졌다. 우리가 가장 먼저 한 일은 프로그램을 진행할 힐러에게 어떻게 진행되는지에 대한 상세한 설명을 듣는 것이었다. 가장 급선무는 사운드 힐링에 최적화된 명상 돔의 구현이었다. 효과적인 소리의 울림, 즉 공명이 가장 중요했다. 콘서트홀 음향 효과에 일가견이 있는 음향 엔지니어와 건축가의 콜라보를 시도했다.

소리의 울림을 제대로 구현하기 위해 신중하게 고려해야 하는 것이 바로 마감재다. 마감재가 소리를 과도하게 흡수하거나 반사하면 낭패였다. 수많은 회의와 실험을 통해 마감재를 선정했다. 하지만 막상 공사를 마치고 테스트를 하니 예상과 다른 결과가 나왔다. 한 번도 해보지 못한 공간을 만들려다 보니 어쩔 수 없는 시행착오였던 셈이다. 다른 방법은 없었다. 다 뜯어내고 처음부터 다시 고민을 거듭해 재공사를 해야 했다. 지금도 그때 생각을 하면 아찔하기만 하다.

공간 안으로 자연을 끌어들이기 위해 돔의 가장 높은 곳에 구멍을 뚫는 아

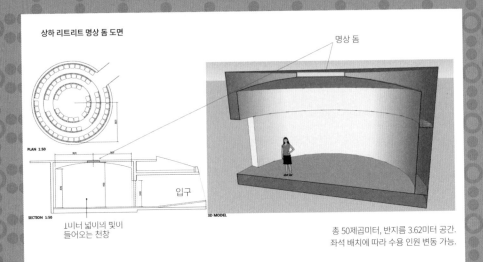

상하 리트리트 명상 돔 도면

명상 돔

PLAN 1:50

SECTION 1:50

입구

3D MODEL

1미터 넓이의 빛이
들어오는 천창

총 50제곱미터, 반지름 3.62미터 공간.
좌석 배치에 따라 수용 인원 변동 가능.

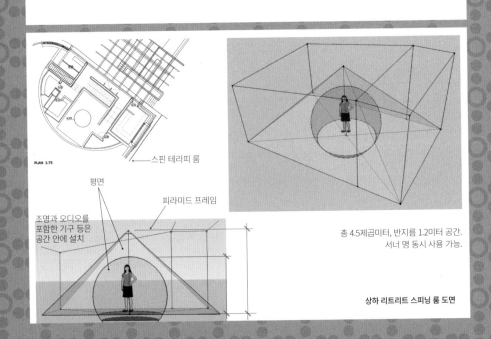

PLAN 1:75

스핀 테라피 룸

평면

피라미드 프레임

조명과 오디오를
포함한 기구 등은
공간 안에 설치

총 4.5제곱미터, 반지름 1.2미터 공간.
서너 명 동시 사용 가능.

상하 리트리트 스피닝 룸 도면

새로운 프로그램을 원한다면 공간 설계부터 시작할 것

∎

상하 리트리트는 공간만 새로 지은 것이 아니었다. 새로운 프로그램 역시 다양하게 개발했다. 명상과 사운드를 활용한 프로그램을 위해 만든 명상 돔과 스피닝 테라피 룸은 성공적인 결과물인 동시에 온갖 시행착오의 결과물이기도 했다.

이디어를 냈다. 그 구멍을 통해 들어오는 자연광이 마치 로마의 판테온처럼 시간에 따라 건물 안의 벽을 따라 움직이게 했다. 낮에는 그렇게 해결했지만 해가 진 뒤는 어떻게 해야 할까, 고민하다 무대 조명 효과를 응용하기로 했다. 이를 위해 무대 조명 전문가를 팀에 합류시켰다.

그걸로는 성에 차지 않았다. 몸과 마음의 힐링을 돕는 최적의 공간을 만들기 위해 새로운 아이디어를 시도했다. 바로 크리스털의 활용이었다. 이집트에서는 고대로부터 크리스털이 몸의 나쁜 에너지를 정화해주고, 마음의 안정을 도와주는 효과가 있다고 전해져왔다는 데시 칙안했다. 이를 위해 크리스털 원석을 확보한 뒤 공간의 가장자리에 배치했다. 이 공간에서 이루어지는 힐링 프로그램에 참여하는 이들이 치유 과정 중 몸에서 발산하는 나쁜 에너지가 크리스털을 통해 정화되는 걸 돕기 위해서였다. 오늘날 힐링 치유 프로그램에 크리스털을 활용한 기구들이 다양하게 활용되는 것도 대체로 비슷한 효과를 기대하기 때문이다.

명상 돔은 시작에 불과했다. 스피닝 테라피는 가만히 앉아서 하는 게 아니다. 프로그램을 이끄는 테라피스트의 안내에 따라 서서히 움직이는 원 안에서 움직임·향·소리·빛을 경험하며 자신의 내면을 향해 몰입하는 과정을 거친다. 최상의 효과를 거두기 위해서는 움직임·청각·시각·후각 등을 좋은 기운으로 자극해야 한다. 여기에 최적화된 공간을 만들기 위해 건축가, 인테리어 디자이너, 힐러, 엔지니어 등이 머리를 맞댔다. 움직이는 원의 바닥은 어떻게 만들 것인가, 속도는 어느 정도가 적당한가, 어떤 향을 선택할 것인가, 공간의 소리는 어떻게 조정할 것인가, 조명 효과는 어떻게 구현해야 하는가 등 넘어도 넘어도 끝도 없는 허들과 마주한 것 같았다. 수많은 우여곡절을 거쳐 마침

내 세상에 존재하지 않던 스피닝 테라피 룸을 만들어냈다. 이곳을 다녀간 고객들로부터 엄청난 호응이 이어졌다. 그것만으로도 커다란 보람을 느꼈다.

들인 노력이 아깝지 않다고 느낀 순간은 정작 따로 있었다. 상하 리트리트 완공 후 대규모 국제 행사를 준비할 때였다. 스트레스가 쌓여 극심한 두통에 시달리고 있었다. 마침 싱가폴에서 활동하던 힐러 에이미가 이런 나를 보더니 다짜고짜 명상 돔으로 끌고 가 돔의 정중앙에 나를 세워두더니 약 15분 남짓 허밍humming을 하는 것이 아닌가. 그녀의 허밍이 끝나자 거짓말같이 두통이 사라졌다. 파동 치료였다. 그녀는 한결 개운한 표정의 나를 보더니 이 공간에서의 치유 효과가 정말 훌륭하다고 극찬을 해줬다. 지난 몇 년 동안 함께 고생한 이들의 얼굴이 순식간에 스치고 지나갔다.

여러 분야 전문가와의 협업이 필수인 웰니스 리트리트를 만들 때 제외할 수 없는 분야가 또 있으니 바로 최신 기술이다. 최근 몇 년 동안 눈에 띄는 것으로는 미디어 아트를 들 수 있다. 화려한 활약상과 발맞춰 발전에 발전을 거듭하더니 이제는 3D로 디자인한 것까지 심심찮게 볼 수 있다. 얼마전에는 LED 화면에서 고래가 튀어나와 깜짝 놀라기도 했다.

상하 리트리트에서도 미디어 아트를 도입했다. 지금이야 흔한 일이지만 지금으로부터 8년여 전에는 첨단 기술 도입이었다. 공간 전체를 블랙박스로 구성한 뒤 LED 화면을 3면의 벽에 설치한 뒤 프로그램에 맞는 영상을 서비스했다. 사운드 힐링 세미나가 이루어질 때는 티베트 풍경을 영상으로 보여주면서 어울리는 음향을 들려주는 방식이었다. 새로운 기술의 도입을 통해 행위의 몰입도를 빠르고 깊게 이끌어준 경험이었다.

최신 기술 도입의 사례, 미디어 아트

상하 리트리트에서도 미디어 아트를 도입했다. 공간 전체를 블랙박스로 구성한 뒤 LED 화면을 3면의 벽에 설치한 뒤 프로그램에 맞는 영상을 서비스했다. 사운드 힐링 세미나가 이루어질 때는 티베트 풍경을 영상으로 보여주면서 어울리는 음향을 들려주는 방식이었다. 새로운 기술의 도입을 통해 행위의 몰입도를 빠르고 깊게 이끌어준 경험이었다.

웰니스 리트리트를 염두에 둔다면 이렇듯 다양한 전문가와 첨단의 기술까지를 아우르는 열린 마음이 전제되어야 한다. 10여 년 전까지만 해도 분야별로 전문가라고 하는 사람들이 잘 드러나지 않았다. 새로운 시도를 전제하는 상황에서 함께 일할 이들을 전통적인 직업군 안에서 찾는 일은 더더욱 쉽지 않았다. 그때그때 필요에 따라 발로 뛰고 수소문을 해서 전문가 그룹을 꾸려 작업을 진행해야 했다. 마치 어려운 퍼즐을 맞추는 기분이었다. 새로운 길을 만들어나가는 모든 이들의 숙명이다.

지금은 그때와 매우 다르다. 산업 규모가 커지면서 비즈니스 기회도 압도적으로 늘었다. 재능과 경험을 갖춘 이들이 계속해서 유입되고 있다. 2019년 4월 미국의 대표적인 건축 잡지인 『아키텍처 다이제스트』*Architecture Digest*에 「웰니스 산업이 디자이너와 건축가에게 중요한 비즈니스인 이유」Why the Wellness Industry Means Big Business for Designers and Architects라는 기사가 실렸다. 주요 내용은 환경에 대한 경각심이 고조되면서 건강한 라이프 스타일을 추구하는 이들이 늘어났고, 이에 따라 건강한 환경을 향한 열망도 강해졌다는 것, 여기에 발맞춰 세계적으로 유명한 부동산 디벨로퍼나 건축가 등이 웰니스 개념을 도입한 주거 상품을 앞다퉈 시장에 내놓고 있다는 것, 그러면서 기존의 조명, 조경뿐만 아니라 인프라 레드Infra Red 사우나 시설, 신체 내부 시계에 따른 조명 기술circadian light technology, 피트니스 컨시어지, 마인드풀 관련 상품 개발까지 웰니스 연관 산업이 엄청난 속도로 발전하고 있으며 이에 부응해 웰니스 전문 인테리어, 건축가들의 활약이 두드러진다는 것으로 요약할 수 있다. 현재 웰니스를 둘러싼 산업의 흐름을 객관적으로 설명해주는 유의미한 기사였다.

아직 우리나라로는 서서히 상륙하고 있는 단계이긴 하지만, 이미 미국을

공간을 만드는 사람들

■

지극히 당연한 말이겠지만 모든 공간은 눈에 보이지 않는 무수히 많은 이들의 협업으로 탄생한다. 이들이 자신들이 맡은 곳에만 충실한 것으로는 원하는 공간을 만들 수 없다. 이 공간이 지향하는 바를 작업에 참여한 모든 이들이 동일하게 공유할 때 비로소 그 일이 가능하다. 이를 위해서는 일하는 사람 모두를 한 팀으로 존중하는 것이 먼저여야 한다.

비롯한 서구에서는 대표적으로 활동하는 이들의 이름이 널리 거론된 지 오래다. 이런 속도와 추세는 예상보다 훨씬 더 빠르고 폭넓게 진행되고 있다. 이미 다양한 직업군들이 웰니스 생태계 안으로 대거 유입되고 있고 그들은 각자 맡은 프로젝트 안에서 그동안 상식처럼 여겨지던 공간의 유형, 나아가 유전자를 바꿔놓고 있다. 변화는 이미 오래전에 시작되었다.

>>>>>> ◆ <<<<<<

정문에서 로비 문앞까지의 미션, 감동을 극대화하라

>>>>>> ◆ <<<<<<

이 책의 독자들 가운데 실제로 웰니스 리트리트를 가본 이들은 얼마나 될까. 호텔이라면 몰라도 웰니스 리트리트는 그렇게 많지 않을 듯하다. 따라서 이 공간을 설명하는 건 아무래도 우리가 비교적 자주 경험한 호텔과 비교하는 편이 효과적일 듯하다.

웰니스 리트리트에서 처음 마주하는 곳은 대개 정문이다. 그러나 여느 호텔과는 분위기가 다르다. 웅장하고 화려한 느낌이 거의 없다. 화려함 대신 철저히 고객 중심 응대가 이루어진다. 그 차이는 이곳을 찾는 이들이 호텔을 찾는 이들과 다르다는 점에서 비롯한다.

호텔에 갈 때 많은 사람들의 마음가짐을 떠올려 보자. 옷차림부터 다르다. 화려한 호텔 구석구석에 대한 기대감으로 가슴이 부푼다. 로비는 어떨까, 객실은 어떨까, 뷔페는 어떨까, 카페나 레스토랑, 루프탑 등은 어떨까, 이밖에도 다른 부대 서비스 공간은 어떨까, 상상의 나래는 끝이 없다.

리트리트를 찾는 이들은 다르다. 일상생활에서 지친 자신을 돌보거나 번아 웃 상태를 치유하기 위해 이곳을 찾는다. 복장부터 최대한 편안함을 지향한 다. 남에게 어떻게 보일까는 중요하지 않다. 그보다는 절대 컴퓨터를 켜지 않 겠다, 스마트폰을 확인하지 않겠다, 밀린 잠을 자고 싶다, 스트레스를 해소하 겠다는 등의 의지를 마음속으로 다진다. 집에서 출발해 리트리트에 도착할 때까지 의식적으로 일상의 루틴에서 멀어지는 연습을 하곤 한다.

이런 상태로 도착하는 고객이라면 화려하고 찬란함과는 어울리지 않는다. 최대한 이질감 없이 자연스럽고 편안하게 공간 안으로 들어올 수 있게 돕는 환경을 마련해야 한다.

여기에서 환경은 공간뿐만 아니라 직원들의 태도도 포함한다. 숨도 크게 못 쉴 것처럼 꼭 맞는 제복 차림에 매뉴얼에 충실한 환영 인사는 오히려 불편 함을 증폭시킨다. 일상복에 가까운 편안한 옷차림, 그에 어울리는 따뜻한 미 소와 간결한 인사면 충분하다. 열 번의 화려한 인사보다 한 번의 진정성 있는 미소가 훨씬 의미 있다.

상하 리트리트 이야기를 아무래도 자주 하게 된다. 그만큼 거의 모든 것을 깊이 고민하며 만들었기 때문이다. 리트리트에 이제 막 도착한 고객을 어떻 게 하면 좀 더 편안하고 사려 깊게 대할 수 있을까에 대한 고민도 빠지지 않았 다. 눈에 보이는 것부터 해결했다. 리트리트 안으로 들어오는 첫 순간인 정문 게이트 하우스를 마치 집에 온 것처럼 느껴지도록 편안한 스타일로 디자인했 다. 보안요원들은 항상 미소를 띠고 신사다운 태도를 유지하도록 교육했다. 친절하고 편안해 보여야 했으나 절대 흐트러져서는 안 된다고 강조했다. 여 기에 더해 도착하는 고객의 정보를 미리 전달해, 정문에 들어서기 전부터 고객의 이름을 부르게 했다. 성함이 어떻게 되시느냐고 묻는 대신, 000 씨, 이곳에 오신 걸 환영한다고 인사를 건네는 것으로 시작하게 했다. 이들의 태도는 리트리트의 첫 인상이라고 해도 지나치지 않는다. 긴장하지 않고 그저 편히 쉬고 싶어서 찾은 곳인데 무뚝뚝한 표정과 말투로 인사를 건네면 이후 일어나는 모든 경험에 후한 감정을 갖기 어렵다. 보안요원으로 일하는 중국 남성들을 미소 짓게 하기 위해 얼마나 많은 공을 들여야 했는지 모른다. 한국 남성들은 과연 어떨까 궁금하다.

정문을 통과해서 로비에 이르기까지의 풍경 역시 세심한 연출이 필요하다. 상하 리트리트에서는 고객의 눈으로 바라보는 풍경을 위한 시나리오를 만들었다. 최대한 편안함을 느끼게 하는 것이 목적이었다. 자연 속으로 들어오는 느낌을 위해 눈높이에 맞춰 낮은 언덕을 만들고 그위에 다양한 종류의 나무를 심었다. 언덕 뒤의 건물 외관은 나무에 가려 보일 듯 말 듯해야 했다. 호기심을 불러일으키게 하기 위해서였다. 낯선 곳에서의 호기심 유발은 이용자들의 적극적인 공간 참여를 유도한다.

어떤 나무를 심느냐도 중요했다. 설계 초기부터 조경 디자이너와 여러 차례 논의를 거쳐 수종을 결정했다. 그걸로 끝이 아니었다. 약 2년 후, 다시 말해 거의 마지막 단계에서 이루어지는 조경 공사를 감안해서 설계가 끝난 뒤 곧장 주변 농장을 뒤져 원하는 수종을 고른 뒤 공사가 진행되는 동안 자라게 했다. 새로 지은 건물 주변으로 너무 어린 나무들만 채워놓고 싶지 않아서였다. 계획대로 건물 공사가 마무리되고 조경 공사를 시작할 때쯤에는 나무들이 꽤 자라 있었고, 비슷한 토양에서 자란 탓인지 옮겨 심은 후에도 몸살 없이 자리를 잘 잡아주었다. 새로 문을 연 리트리트임에도 불구하고 수령이 꽤 된

나무들 덕분에 마치 오래전부터 이 자리에 있었던 것 같은 느낌이 들었다.

편안한 느낌과 분위기를 만들기 위한 집착은 이어졌다. 정문에서 건물로 이어지는 길은 꽤 넓은 면적을 차지한다. 그렇다 보니 공간 전체의 분위기를 좌우한다. 하지만 대체로 시멘트나 아스팔트를 깐다. 비용 절감이나 유지 운영에 효과적이기 때문이다. 하지만 아무래도 전체 공간 분위기와 어울리지 않았다. 이를 위해 중국의 옛 벽돌을 재생해서 쓰기로 했다. 벽돌을 그냥 깐다고 해서 분위기가 저절로 만들어지는 건 아니다. 고객들의 산책로나 야외 활동 공간에서 중국의 오래된 도시의 골목길을 걷는 듯한 느낌을 주기 위해 벽돌을 하나하나 깨서 마치 모자이크 타일처럼 만들어 깔았다. 소방도로가 다녀야 하는 구간은 하중을 견딜 수 없어 쓸 수 없다고 했다. 그 부분만 시멘트를 깔 수는 없으니 분위기를 해치지 않도록 비슷한 재질의 벽돌을 따로 구해 까는 것으로 해결해 나갔다.

이런 노력은 리트리트의 분위기를 크게 좌우한다. 부탄의 아만코라Amankora와 코모 우마 파로COMO Uma Paro 리트리트에 갔을 때의 일이다. 정문에서 로비로 이어지는 외부 공간이 전체적으로 자연 소재의 자재를 써서 만든 것이 눈길을 끌었다. 이들 역시 손쉬운 길을 선택하기보다 고객들의 편안함을 위해 한 번 더 마음을 썼다는 걸 알 수 있었다. 그런 노력이 그곳에서 보낸 시간을 더 각별하게 만들어준 것은 물론이다.

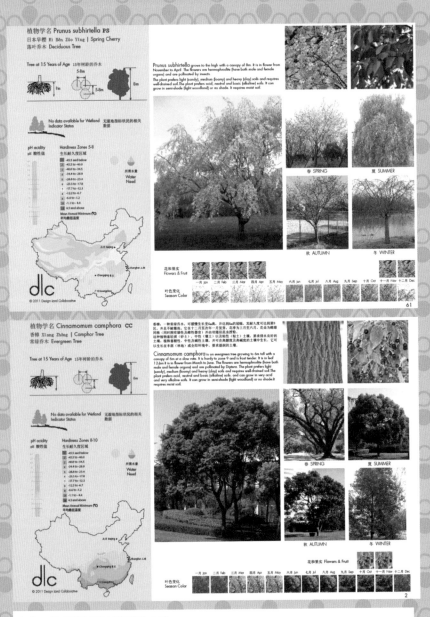

눈에 보이는 풍경을 위한 보이지 않는 노력

건물을 둘러싼 외부 공간을 위해 설계 단계에서부터 신경쓴 것이 있으니 바로 조경이다. 이를 위해 지역에 맞는
수종을 연구하고, 건물 공사가 끝날 때까지 미리 나무를 키워 어린 느낌을 최대한 줄였다. 나무 한 그루부터
바닥의 돌멩이 하나까지 편안한 느낌과 분위기를 위한 집착이 이어졌다.

로비에 다다른 순간,
하드웨어보다는 소프트웨어

이러한 분위기는 로비에서도 이어져야 한다. 리트리트 로비는 호텔 로비와는 대체로 분위기가 다르다. 눈에 보이는 럭셔리함을 기대했다면 실망할 수도 있다. 거듭 말하지만 하드웨어보다는 소프트웨어가 중요한 곳이다.

럭셔리란 뭘까. 일반적으로 명품 패션 브랜드, 고가 아파트나 자동차 등을 떠올린다. 그러나 이제 럭셔리는 한 단계 진화했다. 그동안 눈길을 끈 물질 중심의 럭셔리는 얼마나 더 많이 갖느냐가 관건이었다. 그러나 이제 세상은 점점 비우는 것을 더 미덕으로 삼고 있다. 점점 눈에 보이는 것은 비워내고 내면을 채우는 것을 진정한 럭셔리로 더 여기고 있다. 훌륭한 웰니스 리트리트라면 적어도 이런 기조에 따라야 한다.

하드웨어보다는 소프트웨어가 중요하다는 의미는 눈에 보이는 공간보다 이 안에서의 경험이 더 중요하다는 의미다. 웰니스 리트리트에서 고객에게 훌륭한 경험을 제공하려면 기획의 세심함과 모든 기능의 순조로운 작동이 전제되어야 한다.

상하 리트리트에서도 이 점에 각별히 공을 들였다. 로비의 문을 연 순간 친구나 친척 집에 온 듯한 편안함을 전하고 싶었다. 낯선 공간에 대한 어색함을 최소화하기 위해 소박한 벨벳 커튼, 나무 바닥, 부분 카펫, 적절한 식물 배치 등 눈에 보이는 요소들은 보통의 가정에서 볼 수 있는 소재를 사용했다. 로비에 들어선 고객을 별도로 마련된 티 라운지로 안내한 뒤 따뜻한 타월과 홈

화려함이 아닌 편안함을 위한 선택

가까운 이의 집에 놀러온 듯한 편안함을 로비의 목표로 삼았다. 이를 위해 선택한 것이 바로 화려하고 튀는 느낌이 아닌 소박하고 친근한 느낌의 소재였다. 여기에 더해 '그곳'만의 특별한 환영 인사를 건넨다면 금상첨화가 아닐까.

메이드 음료를 내놓고, 잠시 쉬게 한 뒤 미리 신청한 프로그램에 대해 다시 한 번 설명을 한 뒤 객실로 이동하도록 순서를 만들었다. 고객의 짐은 이미 객실로 옮겨둔 상태이고, 원한다면 곧장 스파로 갈 수 있게도 해두었다.

이런 순서 역시 오랜 고민의 결과였다. 그동안 관찰해온 고객들의 도착 경험은 물론 내가 고객의 입장으로 경험한 것까지 소환되었다. 그렇다 보니 지금까지도 다른 호텔이나 리트리트에 갔을 때 그들이 어떻게 응대하는지를 유심히 보는 습관이 생겼다.

스페인 이비자의 식스 센스에 갔을 때의 일이다. 흰색 면티와 반바지 차림의 직원들이 요란스럽지 않은 미소로 이제 막 도착한 나를 객실로 가기 전 어디론가 안내했다. 작은 항아리가 놓여 있었다. 그들은 그 지역에서 나온 허브 말린 것에 불을 붙여 그 연기가 내 몸을 휘감게 했다. 그 지역만의 풍습으로, 손님을 환영하는 의미와 함께 몸에 있는 부정적인 기운을 없애주는 의식이라고 했다. 사소해 보이지만 식스 센스만의 특별한 응대로 기억에 오래 남았다.

그러면서 상하 리트리트에서 계획했지만 못한 일도 떠올랐다. 손님 응대법을 고민하면서 나눈 아이디어로는 고객의 생년월일에 맞는 옥을 활용하자는 것도 있었다. 다양한 옥 색깔을 활용하여, 체크인할 때 고객에게 어울리는 색깔의 옥을 건네 머무는 동안 객실에 두게 하자는 것이었다. 다른 사람도 쓰는 객실이지만 그 옥을 통해 자신만의 특별한 공간처럼 느끼게 하자는 생각이었다. 하지만 막상 문을 열고 다른 것에 신경을 쓰느라 이 아이디어는 실현되지 못했다. 식스 센스에서의 경험을 떠올리니 좋은 기획을 놓친 것 같아 문득 안타깝다.

리트리트의 밤은
낮만큼 중요하다

공간에서의 경험을 풍부하게 만들기 위해서는 단순히 고객이 참여하는 프로그램에만 신경써서는 안 된다. 일반적인 호텔에서는 해가 저물면 밤이 피어난다. 그에 맞춰 음악도, 조명도, 드라마틱하게 변신한다.

리트리트에서도 해가 저물면 밤이 피어난다. 다만 호텔에서는 사람들이 모이는 것에 중점을 두지만 리트리트에서는 혼자만의 시간이 더 깊어진다. 발코니에 앉아서 석양을 바라보거나, 산책을 하거나, 명상을 하거나, 요가를 하거나 각자의 방식은 다르지만 대체로 혼자만의 시간을 갖는다.

이때 중요한 것이 바로 조명이다. 값비싼 조명을 설치하기보다 조명 기구 배치와 조도에 세심하게 신경써야 한다. 어디에서든 특별한 경우를 제외하고 아래에서 위로 비추는 업라이팅은 금물이다. 가로등의 높이도 공간에 맞게 고려해야 하는데 대체로 리트리트 내부 도로 조명은 주위를 환하게 밝히기보다 발목 높이에서 안전을 위해 비추는 역할에 그치는 경우가 많다.

상하 리트리트에서는 해가 진 뒤의 풍경을 한편의 연극으로 설정했다. 이를 위해 스토리텔링에 강한 대만의 젊은 조명 디자이너에게 전체 작업을 의뢰했다. 상하 웰니스 리트리트 전체 면적은 크게 세 구역으로 나뉜다.

1. 바디 존 : 웰니스 리트리트 메디컬 클리닉, 메디 스파 등 럭셔리 레벨에 해당하는 서비스 포진.

이곳의 밤은 낮만큼 아름답다

■

해가 저물면 밤이 피어난다. 조명을 통해 공간은 한편의 연극으로 새롭게 문을 연다.
이를 통해 고객들은 더욱 풍부한 공간의 경험을 가질 수 있다.

2. 마인드 존 : 일반 호텔, 각종 연회장, 교육 시설 등을 포함한 대중적인
   공간.
3. 주거 존 : 웰니스 라이프 스타일로 살 수 있게 한 주거 공간.

조명 디자이너에게 이 세 구역의 특성을 존중하되 실용성 있는 조명 디자인을 요청했다. 그는 베토벤의 교향곡에서 영감을 얻어 구역별로 디자인을 했다고 했다.

1. 바디 존 : 하루 종일 웰니스 프로그램을 받은 고객들이 편히 쉴 수 있
   도록 차분한 레벨의 조도 설계.
2. 마인드 존 : 대중적인 프로그램을 많이 진행하는 특성상 가장 밝고 화
   려한 조명 디자인 적용. 아울러 나무, 내부 도로 파벽돌, 건물의 외관
   등 대상에 따라 높이와 조도의 차이를 두어 조합.
3. 주거 존 : 수면에 영향을 최소화하기 위해 가로등 대신 키 낮은 조명
   과 건물 조명으로 설계.

이렇게 전체적인 조명에 관한 큰 그림을 그린 뒤 그에 따른 구역별 특성을 반영한 결과 해가 진 뒤 산책을 할 때면 그 자체가 또 다른 차원의 경험을 선사해주는 듯해 저절로 감탄스러웠다. 마치 어른들의 디즈니랜드에라도 온 것 같았다. 생각해보면 우리는 너무 많은 형광등에 노출되어 산다. 다행스럽게도 최근 국내에서도 다양한 조명 기기들이 시도되고 있고, 조명 디자인도 개선이 되고 있다. 그로 인해 한결 다양한 실내외 조명 디자인을 경험할 기회도

점차 늘어나고 있다. 조금 더 바란다면 공간 디자인을 시작할 때부터 조명 디자인을 함께 고려하면 좋겠다. 그렇게 하면 공간 전체의 스토리텔링까지 조명 디자인에 담을 수 있을 것이고, 대중들은 더 풍부한 공간의 경험을 할 수 있을 테니 모두에게 좋은 일이 아닐까.

>>>>>> ◆ <<<<<<

야외 가구,
가구 그 이상의 역할

>>>>>> ◆ <<<<<<

웰니스 리트리트에서 무척 중요한 부분이 바로 야외 가구다. 고객들이 실내 못지 않게 야외에서 보내는 시간이 그만큼 많기 때문이다. 바닥에 가만히 앉아 명상을 하기도 하고, 산책을 하다가 다리를 쉬기도 해야 하며, 요가를 위해 눕기도 해야 한다. 일반적인 호텔과 비교했을 때 그 쓸모가 훨씬 많다.

그뿐만 아니다. 야외 가구는 공간의 분위기를 좌우한다. 어떤 가구를 어떻게 배치하느냐에 따라 야외 공간이 훨씬 더 풍성한 느낌을 품을 수 있다.

굳이 리트리트까지 가지 않더라도, 야외 가구의 중요성은 유럽의 도시를 떠올려봐도 짐작할 수 있다. 오래된 도시의 거리가 무심해 보이면서도 어쩐지 아름다워 보인다. 길거리를 구성하는 여러 가지 요소의 조화로운 모습 때문이다. 구체적으로 의식하지는 못하지만 건물 높이, 건물 사이 도로 폭, 찻길과 인도, 자전거 도로 구분, 가로수 높이와 밀도, 가로등 크기와 숫자, 야외 가구 스타일, 도로 바닥 마감재, 건물 눈높이, 간판, 어닝 등 수많은 요소들이 야외 공간의 분위기를 좌우한다.

그렇다면 오래 머물러 있는 시간이 많은 웰니스 리트리트의 외부 공간은 어때야 할까. 이런 모든 것들의 조화 위에 야외 가구가 그곳에 가장 어울리는 모습으로 그 자리에 있어야 하지 않을까.

야외 가구의 이런 중요성에도 불구하고 선택지는 매우 한정적이다. 대개 공장에서 찍어내는 것으로, 기본 구조는 그저 벤치 형태로 엇비슷하고 색깔이나 모양만 조금씩 다른 정도에 불과하다.

상하 리트리트를 만들 때도 상황은 크게 다르지 않았다. 최대한 자연스럽고 인체에 편한 형태를 원했다. 공장에서 만들어내는 철제 벤치나 싸구려 나무 가구 등은 들여놓고 싶지 않았다. 아예 질 좋은 통나무를 구입해 원래의 형태와 나이테를 최대한 활용해 원하는 모양을 만드는 게 낫겠다는 결론을 내렸다. 가구라기보다 나무에 앉거나 눕는다는 생각을 갖게 하는 게 좋겠다고 생각을 모았다. 나무 고유의 파동과 교감하는 효과도 얻을 수 있으니 일석이조라고 생각했다. 중국 안에서는 원하는 것을 찾을 수 없었다. 질 좋은 나무가 많은 태국 치앙마이로 눈길을 돌렸다. 회사 임원이 직접 치앙마이에서 나무를 골라 사온 뒤 내부에서 디자인을 해서 가구 제작회사에 맡기는 방법으로 진행했다. 그렇게 만들어진 야외 가구들을 야외 공간 곳곳에 두었다. 결과적으로 제몫을 톡톡히 해줬다. 우리가 상상한 대로 고객들은 그위에서 요가며 명상을 하기도 하고, 그저 가만히 앉거나 누워 있기도 했다. 어떻게 활용하라고 따로 안내하지 않아도 알아서 잘 사용하고 있었다.

웰니스 리트리트 야외 공간에서 중요한 역할을 하는 것이 더 있다. 텐트다. 임시 공간이긴 해도 야외에서 여럿이 함께 명상이나 요가를 하거나 때로는 작은 모임에서 진행하는 토론 등의 행사도 이 안에서 많이 이루어진다. 역시 야

공간의 분위기를 좌우하는 야외 가구
■

어떤 가구를 어떻게 배치하느냐에 따라 야외 공간이
훨씬 더 풍성한 느낌을 품을 수 있다. 고객들이 오래
머물러 있는 시간이 많은 웰니스 리트리트의
외부 공간은 어때야 할까. 모든 것들의 조화 위에
야외 가구가 그곳에 가장 어울리는 모습으로
그 자리에 있어야 하지 않을까.

외 공간 분위기를 해쳐서는 안 되니 디자인도 신경써야 하지만, 비·바람·햇빛을 막아주니 기능 역시 잘 따져야 한다. 매우 중요하다. 공장에서 대량 생산된 텐트를 펼쳐놓는 일은 가급적 지양해야 한다. 그럴 바에야 커다란 천을 나무 사이에 끈으로 묶어 고정시켜 쓰는 게 낫다.

상하 리트리트에서 텐트는 중요한 이슈였다. 여러 선택지 가운데 우리 눈에 들어온 것은 이탈리아 로마의 한 행사장에서 사용한 텐트였다. 자연 풍광에 잘 어울리는 분위기였다. 문제는 이 텐트가 아프리카에서 만든 것이라는 데 있었다. 텐트 수입을 위해 중국의 까나로운 절차를 거쳐야 했다. 그뿐만 아니라 설치 방법을 제대로 배우기 위해 제조사에서 전문가를 초빙하여 직원 교육을 실시하기도 했다. 비록 사소해 보일 수 있지만, 작은 것 하나까지 소홀히 하지 않는 것이 이 공간을 만드는 그때 우리 모두의 마음이었다. 지금까지도 그 텐트가 고객들의 많은 사랑을 받고 있는 것은 그런 마음이 통했기 때문이 아닐까.

리트리트의 야외 공간은 구석구석 언제 누가 찾을지 모르는 곳이다. 아무도 가지 않을 것 같은 곳도 누군가에게는 명상하기에 가장 좋은 장소가 될 수 있고, 계단 하나도 휴식 장소로 쓰일 수 있다. 리트리트를 찾는 누구에게나 열린 공간으로 활용될 수 있다는 가능성을 생각하면 아무리 사소해 보이는 곳이라도 소홀히 해서는 안 된다는 당연한 결론에 저절로 이르게 된다.

객실, 트렌디함보다는 편안함, 디테일을 향한 끝없는 집착

『호텔에 관한 거의 모든 것』을 읽은 독자들로부터 객실 부분을 흥미롭게 읽었다는 이야기를 많이 들었다. 나는 일반적인 호텔 객실 크기인 33제곱미터에서 이루어지는 도전, 그리고 그 안에서 펼쳐지는 마법을 사랑한다. 그동안 수많은 호텔을 만들었지만 단 한 번도 같은 객실을 만들지 않았다. 결코 크다고 할 수 없는 33제곱미터 남짓한 곳이지만, 그 공간을 기획한다는 것은 곧 그 안에 머무는 인간에 대한 이해를 전제로 한다. 무수한 디테일을 결정하고 선택하는 과정 속에 가장 놓치지 말아야 할 것은 바로 그것이다.

그렇다면 리트리트의 객실은 어떨까. 가장 개인적인 공간이라는 점은 비슷하다. 하지만 리트리트 객실은 한걸음 더 들어간다. 잠을 자거나 기본적인 휴식을 위한 공간이라는 데서 나아가 치유를 전제로 하는 공간이기 때문이다. 공간의 톤과 매너를 놓고 보자면 지금까지 경험한 수많은 웰니스 리트리트 객실들은 매우 흥미로운 공통점이 있다. 객실 문을 열고 들어가는 순간의 느낌은 대체로 평범하다. 특별하거나 튀거나 화려한 요소를 거의 찾아보기 어렵다. 그렇다고 해서 초라하거나 허술해 보이지 않는다. 누군가 단단히 관리하고 치밀하게 만들어낸 아우라가 느껴진다. 그것이 철저하게 고객 입장에서 이루어졌다는 건 굳이 설명하지 않아도 전해진다.

디톡스, 체중 감량, 스트레스 해소, 내면의 자아와의 화해 등 어떤 치유를 위해서든 객실의 중요성은 아무리 강조해도 지나치지 않다. 특히 마음을 들여다보는 프로그램에 참여한 뒤, 깊이 내재된 트라우마가 밖으로 표출이 될 수 있다. 이럴 때 많은 사람들은 극심한 혼란 상태에 빠지기도 한다. 그럴 때 객실은 세상에서 가장 안전한, 나만의 동굴이어야 한다.

호텔 객실과 근본적인 차이도 있다. 보통 하루나 이틀 남짓 머무는 호텔과 달리 리트리트에서는 짧게는 5일, 길게는 2~3주 남짓 머무는 게 일반적이다. 호텔로 보면 장기 숙박이다. 그렇다 보니 효율적이고 경제적으로 공간을 구성하는 호텔보다 일상적인 분위기가 강조된다.

기능도 여러 가지다. 고객에 따라 다양한 요구가 있을 수 있으니 그때그때 상황에 맞게 공간을 활용할 수 있도록 해야 한다. 예를 들어 객실에서 마사지 서비스를 받겠다는 고객에게 방을 바꾸자고 할 수는 없는 일이다. 그렇다면 이런 객실은 어떻게 구성해야 할까.

디자인의 기본 문법은 『호텔에 관한 거의 모든 것』에서 살펴본 것에서 크게 달라지지 않는다. 다만 고객의 머무는 목적이 다르니 그에 맞는 세심한 조정은 필수다.

우선 크기다. 5일 이상 머물러야 하는데 객실이 좁으면 여러모로 불편하다. 일반적으로 럭셔리 호텔 정도에서 제공하는, 여유 있는 크기로 객실을 구성한다. 상하 리트리트의 기본 객실은 50제곱미터였다.

호텔의 객실은 크게 전실, 욕실, 침실로 나뉜다. 최근에는 전실과 욕실 공간을 합하는 추세도 등장했다. 공간 효율화를 위해서다. 웰니스 리트리트에서는 고려조차 할 수 없다. 흔히 떠올리는, 자본 논리에 의한 효율성을 이곳에서 적용하려 들면 곤란하다. 오히려 가능한 범위 안에서 공간을 더욱 확실하게 구분해야 한다.

상하 리트리트의 객실 도면을 예로 들어보자. 객실 입구의 문은 전실 공간으로 연결된다. 그러나 문을 연다고 해서 객실 전체가 한눈에 들어오지 않는다. 침실에서 누군가 쉬고 있다는 걸 고려한 구조다. 휴식을 방해하지 않는 것이 기본 중의 기본이다. 문을 열고 들어가면 화장실이다. 그런데 욕실이 없다. 화장실에 없는 욕실은 창가 좋은 자리에 배치했다. 물을 사용하는 공간을 함께 두는 것이 경제적이라는 건 누구나 알고 있다. 이렇게 배치하려면 배관을 객실 깊숙한 곳까지 끌고 들어와야 한다. 당연히 비용이 상승한다. 그럼에도 불구하고 강행했다. 단지 보기 좋은 인테리어 때문이 아니었다. 그렇게 순진하게 비즈니스를 할 수는 없다. 객실에서도 스파 서비스를 가능하게 하기 위해서였다. 시공비가 상승하긴 하겠지만 궁극적으로 이런 서비스를 통해 기대할 수 있는 매출 상승폭이 더 크다는 계산을 거쳤다. 부수적으로는 부부나 친구와 함께 이용할 경우 화장실과 욕실이 함께 있을 때의 불편함을 해소한 효과도 있었다.

욕실을 객실 안쪽으로 배치한 뒤 욕조는 창가 바로 옆에 두었다. 공간의 디자인은 최대한 단순하게 접근, 유리 박스가 객실 안에 있는 것처럼 만들었다. 욕조 형태도 일반 욕조에 비해 훨씬 더 깊고 큰 것으로 선택했다. 탕 속에서 수 치료를 받을 수 있게 하기 위해서다. 욕실이 객실 안쪽에 있다 보니 전체적으로 객실이 어두워 보일 수 있다는 우려가 있었다. 욕실 전체를 유리 박스로 만드는 것으로 해결했다. 욕실을 사용하지 않은 때는 투명 유리를 통해 자연 채광이 객실로 들어오는데, 처음 본 사람들은 욕실 안이 훤히 비치는 것을 보고 깜짝 놀라곤 한다. 그러다 욕실 안으로 들어가 문을 닫으면 유리 전체가 불투명하게 변하는 걸 보며 두 번 놀란다. 프라이버시를 위해 매직 유리를 사용

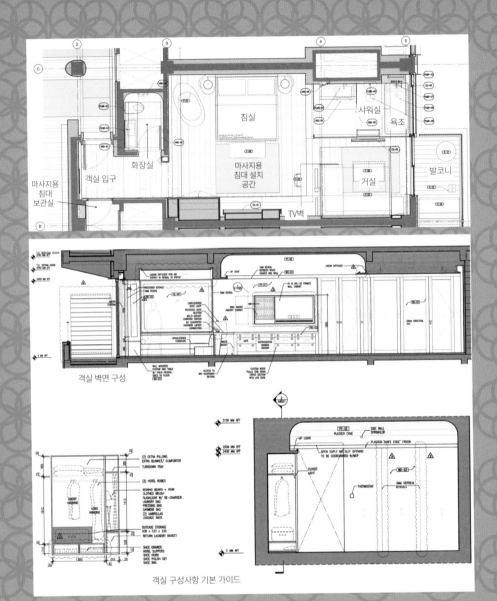

침실

샤워실

욕조

화장실

객실 입구

마사지용
침대 설치
공간

거실

발코니

마사지용
침대
보관실

TV벽

객실 벽면 구성

(2) EXTRA PILLOWS
EXTRA BLANKET/ COMFORTER
TURNDOWN TRAY

(2) HOTEL ROBES

IRONING BOARD + IRON
CLOTHES BRUSH
FLASHLIGHT W/ RE-CHARGER
LAUNDRY BAG
PRESSING BAG
GARMENT BAG
(2) UMBRELLAS
LUGGAGE RACK

SUITCASE STORAGE
838 x 533 x 330
RETURN LAUNDRY BASKET

SHOE DRAWER:
HOTEL SLIPPERS
SHOE HORN
SHOE POLISH SET
SHOE BAG

객실 구성사항 기본 가이드

상하 리트리트 객실 도면과 구석구석 구성사항 기본 가이드

■

어느 것 하나 그냥 되는 건 없다. 이렇게 도면으로 그려진 객실 구석구석을 다음에 이어지는 사진과 비교해보면 가보지 않은 이 공간을 훨씬 더 실감나게 살필 수 있다. 세상의 많은 공간에는 이토록이나 많은 고민과 노력이 배어 있다.

했기 때문이다. 스페인 이비자의 식스 센스의 경우 객실 스파 서비스가 불가능한 구조였다. 다만 화장실과 욕실은 양쪽으로 구분, 사용자의 편의를 고려한 것은 비슷했다.

객실 구조의 변화는 조금 더 적극적으로 고려해볼 만하다. 일반 호텔에서는 시도할 수 없으나 리트리트라면 객실 구조의 응용은 충분히 가능하다. 물론 사전에 철저하게 검토하고 논의를 거쳐야 하는 일이지만 발상에 따라서는 수익 구조에 기여할 만한 여지가 꽤 크다.

앞서 예를 든 것처럼 욕조를 밖으로 빼면 거의 모든 스파 서비스를 객실에서 받을 수 있으니, 별도의 옵션을 제시할 수 있다.

이렇게 배관 등의 복잡한 공사가 뒤따르지 않더라도 가능성은 다양하다. 개인 명상이나 요가 등을 서비스 받을 수 있는 공간을 만든다거나 혼자서도 가능한 분위기로 조명이나 향 또는 사운드 세팅이 가능하도록 구성하는 것도 아이디어가 될 수 있다.

기존의 비슷비슷한 객실 타입에서 벗어나 기능을 부여하는 방식으로 다양한 객실을 구비한다면 고객 입장에서는 특화된 서비스를 받을 수 있다는 장점으로, 운영자 입장에서는 또다른 이익을 창출하는 요소가 되지 않을까.

이런 점에 착안하여 상하 리트리트에서는 VVIP들을 위한 스파 스위트 객실을 따로 마련했다. 그 당시 기준으로 확보 가능한 최고의 조명, 사운드 시스템, 스팀 사우나, 샤워 시설 등을 갖춘 것은 물론이고 개인용 소규모 풀과 마사지 룸까지 구비해 놓았다. 한 번 이곳을 찾았던 고객들의 재방문율은 과연 얼마나 될까. 그저 상상에 맡길 따름이다.

상하 리트리트 객실 도면에서 눈여겨볼 곳은 침대와 TV벽 사이 간격이다.

일반적인 호텔에 비해 상당히 넓게 만들었다. 객실에서 마사지 서비스를 할 때 이동 마사지 침대를 설치하기 위해서 고려한 공간이다. 또한 고객의 서비스 요청이 있을 때 객실 밖에서 마사지 침대를 가져오는데, 이를 위해 객실과 객실 사이 공유 창고를 두어 손쉽게 이동할 수 있게 했다. 이는 비단 고객을 위해서만이 아닌, 서비스를 해야 하는 직원들의 편의를 고려한 배치이기도 했다.

호텔 객실을 만들 때마다 눈에 걸리는 부분이 있다. TV다. 고객들은 의식하지 못하지만 만드는 사람에게는 눈엣가시다. 객실 디자인과 어울리게 하려는 수많은 노력이 이어져 왔다. 징을 따로 짜서 넣어보기도 하고, 천장에 매달아보기도 했다. 그러나 마땅한 답을 찾지 못한 채, 갈수록 커져만 가는 TV는 언제나 벽면에 덩그러니 매달려 있다.

상하 리트리트에서도 여전히 TV는 어려웠다. 기껏 휴식을 취하러 왔는데 침대 정면에 TV를 드러내놓는 게 마땅치 않았다. 여기저기 공간을 찾아 묘수를 짜내다 찾아낸 방법이 바로 시각적으로 감추는 것이었다. 객실 어메니티를 위한 벽부장을 짜넣은 뒤 TV를 그 벽부장 안으로 넣었다. 이로써 마치 벽부장과 TV가 일체가 된 것 같은 시각 효과를 낼 수 있었다. 그나마 객실에 들어갔을 때 곧장 TV 앞에 앉으라고 권하는 모양새는 피할 수 있었다.

앞서 상하 웰니스 리트리트의 방향을 편안함으로 정했다고 이야기했다. 그런 방향은 객실에서도 자연스럽게 이어져야 했다. 객실에는 되도록 튀는 색을 지양하고 패브릭, 나무 마감재, 가구, 페인트까지 일반 가정집에서 주로 사용하는 디자인과 색감, 소재를 사용했다. 객실에 들어가는 모든 것 하나하나를 꼼꼼하게 챙겨 전체적인 분위기의 일관성을 이어가도록 했다.

기본적으로 웰니스 리트리트라면 이런 부분에 신경을 쓴다. 스페인의 식스 센스 객실 역시 집착에 가까울 정도로 디테일에 신경쓴 흔적이 역력했다. 일반적으로 호텔 객실에 들여놓는 가구들은 예상과 달리 비싼 제품이 아니다. 객실의 수가 많은 곳일수록 더 그렇다. 처음 구매할 때의 가격도 고려하지만 유지 및 관리 때문에라도 비싼 걸 쓸 수 없다. 스위트룸을 제외하면 대체로 엇비슷한 가격대의 가구들을 사용한다. 그렇다 보니 집에서 쓰는 것과는 어쩐지 다른, 상업 공간에 딱 어울릴 만한 가구들이 대부분이다. 그런데 식스 센스 객실의 가구들은 그렇지 않았다. 비싼 제품을 썼다는 의미가 아니다. 마치 뉴욕에 사는 누군가의 아파트에 들어선 것 같은 분위기였다. 객실의 가구로 이런 분위기를 만들어낼 수 있다니, 하고 잠시 놀란 뒤 이렇게까지 세심하게 신경을 쓴 운영자들의 센스를 읽을 수 있어 반가웠다.

객실에서 중요한 공간은 보통 전실, 욕실, 침실을 떠올리지만 쉽게 간과하는 곳이 있으니 바로 천장이다. 호텔이나 리트리트의 객실은 물론이고 누워서 이루어지는 많은 행위에서 천장은 매우 중요한 곳이다. 하다못해 우리가 자주 가는 동네 병원들의 물리치료실 천장이나 요가나 필라테스 공간의 천장을 떠올려 보면 이해가 쉽다. 대부분 어지러운 전선, 스프링쿨러, 센스 없는 조명 등등이 무신경하게 노출되어 있다. 먼지가 쌓여 있는 것이라도 눈에 띄면 어서 빨리 일어나 나가고 싶어지기도 한다.

호텔이나 리트리트 객실 천장이라면 달라야 한다. 시각적인 평화로움은 절대적으로 중요하다. 이를 위해 디자인에 각별한 신경을 써야 한다. 단순히 눈에 거슬리는 것을 치운다고 해결될 수 없다. 각국의 소방 법규나 안전 장치의 기능을 세심히 고려하여 방향을 정해야 한다.

상하 리트리트에서는 중국 소방 법규에서 허용한 범위 안에서 반드시 설치

상하 리트리트 객실 구석구석

해야 하는 기기들을 최대한 눈에 보이지 않게 가리는 데 집중했다. 또한 커브 형식의 우물 천장을 만들어 간접 조명을 설치, 은은한 분위기를 연출했다. 이런 디테일은 거듭 말하지만 모두 비용의 상승으로 즉각 연결된다. 그래서 그런지 어지간한 리트리트 객실에서도 이렇게까지 신경쓴 예를 아직까지 보지 못했다.

지금까지 말한 것은 객실을 만들 때마다 머리를 싸매며 고민하는 것들이다. 하지만 정작 중요한 것은 따로 있다. 『호텔에 관한 거의 모든 것』에서 이야기했듯 기본을 잘 지키는 것이다. 사고는 이런 곳에서 일어난다. 아무리 고민을 해서 편안한 객실 분위기를 만들었다고 해도 고객이 침대 옆 조명 기구 끄는 방법을 찾지 못하면 이런 수고는 수포로 돌아간다. 고객이 불편함을 견디지 못하고 프론트 데스크로 전화하는 순간 고객의 편안한 휴식을 위해 기울인 모든 노력은 물거품이 되어버린다. 사고를 막기 위한 방법은 딱 하나다. 놓친 부분은 없는지 살피고 또 살피는 것이다.

·ﾋ›>>>>>—◆—<<<<<ﾋ·
스파, 웰니스 리트리트의 꽃이자
서비스의 정점
·ﾋ›>>>>>—◆—<<<<<ﾋ·

웰니스 리트리트에서 가장 공을 들여야 하는 공간이라면 단연코 스파다. 호텔에서는 휴식을 위한 옵션에 불과하지만 리트리트에서는 이완과 치유를 위해 반드시 갖춰야 하는 공간이며, 극단적으로는 그 리트리트의 정체성을 한눈에 보여주는 곳이라고도 할 수 있다.

아무리 잘 갖춰진 곳이라고 해도 호텔의 스파는 탈의실에서 옷을 갈아입고 곧장 사우나 또는 마사지 룸으로 들어가게 되어 있지만 적어도 리트리트에서는 모든 동선마다 세심하게 기획된 순간의 경험을 따라가는 여정이 펼쳐진다. 이런 여정을 얼마나 어떻게 구성하느냐에 따라 고객의 만족도는 높아지고 나아가 치유의 효과가 배가된다.

따라서 제대로 된 기획이 이루어졌다면 입구부터 새로운 경험이 시작된다. 어떤 곳은 마치 물 위를 걸어 다른 세상으로 진입하는 느낌으로 출발한다. 어떤 곳에서는 환한 빛의 기둥을 타고 들어가는 느낌을 준다. 대체로 진입 이전과 이후를 분리하는, 즉 상징적 경계를 이미지화한다. 이를 통해 의식적, 무의식적으로 복잡한 세상과 일상을 벗어나 안전하고 고요한 세계에서 쉼을 얻을 것이라는 메시지를 은밀히 전달한다. 이후의 전개는 정적인 행위들의 연속으로 조용한 내면의 쉼을 강조한다.

최근 들어 부쩍 눈에 띈 것은 블루 웰니스라는 신조어다. 온천수의 성분을 이용한 치유 효과에 대한 관심이 폭발적으로 높아졌다. 그렇다 보니 젊은 층을 대상으로 스파 문화가 점점 확산되고 있고, 이에 따라 정적인 분위기에서 벗어나 동적인 퍼포먼스가 추가되는 사례도 늘고 있다. 혼자만의 시간을 갖기 위해 찾던 곳이 새로운 커뮤니티 공간처럼 변화하는 양상도 보인다. 종합 엔터테인먼트 사교장 역할을 했던 로마 시대 공중 목욕탕의 부활을 떠올린다면 비약일까.

그렇다면 실제 리트리트의 스파는 어떻게 구성이 되어 있을까. 역시 상하 리트리트의 예를 들 수밖에 없다. 시설이나 투자의 규모에서 세계 제일로 꼽히는 곳이다. 약 1만 3,200제곱미터(약 4천 평)가 넘는 면적에 메디 스파Medi

Spa 개념까지 장착했으니 이보다 더 나은 사례를 들기 어렵다.

일반적인 스파는 보통 마사지와 미용 관련 프로그램 중심이다. 메디 스파는 의학적인 근거를 바탕으로 인체의 디톡스를 위한 프로그램 중심이다. 상하 리트리트는 일반 스파와의 차별화를 위해 디톡스 전문 몰입형 스파를 지향했다. 그런 만큼 한 번 입장하면 하루 종일 밖으로 나가지 않아도 될 만큼 다양한 프로그램과 시설을 구비했다. 그렇다면 이곳은 고객에게 어떤 시설로 어떤 서비스를 제공하고 있을까. 입장할 때의 순서를 간단히 그려보면 다음과 같다.

1. 환영 공간
2. 상담 공간
3. 테라피 공간
4. 탈의실과 작은 스파 공간
5. 디톡스 공간
6. 피트니스 공간

이들 공간을 순서에 따라 하나씩 살펴보기로 하자.

1. 환영 공간

모든 여정의 시작점이다. 여기에 들어오려면 1층에서 계단으로 내려오거나 엘리베이터를 타고 내려와야 한다. 하얀 조각 같은 계단에는 햇빛이 쏟아지고, 엘리베이터는 특별 제작한 유리로 만들었다. 리트리트에서 가장 특별한 공간으로 들어오면서 거치는 통과 의례의 상징적인 장치다.

이곳에 들어서면 메디 스파라는 낯선 개념에 대한 위화감을 없애기 위해 갤러리, 웰니스 라이프 스타일 상품 편집 매장, 카페 등 익숙한 공간이 먼저 펼쳐진다.

편집 매장에서는 의류에서부터 명상 및 요가에 필요한 물품들, 목욕용품 등 엄선한 상품들을 소개하고 있는데, 전 세계 웰니스 리트리트마다 자체 개발한 상품들을 판매해 좋은 반응을 얻고 있다.

스페인의 샤 클리닉 리테일 스토어, 이비자 섬의 식스 센스 스파 리테일, 란센호프의 스킨케어, 영양제를 파는 건강 관련 리테일 등에서도 이런 예를 볼 수 있지만 가장 성공적인 사례로는 홍콩에서 시작한 퓨어 요가 센터를 들 수 있다. 처음 문을 열었을 때만 해도 기존에 있던 요가 또는 웰니스 관련 제품을 팔았지만 관련 상품에 대한 소비가 급증하고, 기대 이상의 매출이 이어지면서 자체적으로 브랜드를 출시하여 공격적인 판매 전략을 펼치고 있다.

2. 상담 공간

본격적인 여정이 시작된다. 예약 고객만이 입장할 수 있다. 크게 상담실과 대기실로 이루어졌다. 지하라는 느낌을 최소화하기 위해 식물 벽과 함께 천창을 통한 자연 채광이 가능하게 했다. 공간 마감재는 대부분 나무나 마 같은 자연 소재를 이용했다.

대기실은 혼자 오거나 일행이 있는 경우 등을 고려하여 좌석 구성을 다양하게 설계하고 직원들의 동선이 고객들에게 방해가 되지 않도록 프론트 데스크 위치는 벽 쪽으로 배치했다. 전반적인 분위기는 일반 가정의 편안한 거실을 염두에 두었다.

STUD WALL CONSTRUCTION

STAIR #5 & ADJ. CORRIDOR
DESIGN AND LAYOUT WAS CHANGED AND FINAL DETAILS
AND LAYOUT IS IN PROGRESS. FIRE DOOR & FIRE WALL AS
WELL AS ADJ. AFFECTED MEN'S SHOWER AREA WALLS
HAVE SHIFTED, PENDING TH REVIEW AND APPROVAL

MENS VITALITY POOL AREA
THIS AREA ,INCLUDING POOL LOCATION, SIZE AND DETAILS
WAS REVISED. WET AREA DETAILS ARE PENDING REVISIONS
BASED ON REVIEW AND INPUT FROM P&A TO FINALIZE
SLAB PENETRATIONS

탈의실과 작은 스파 공간

KNEIPP WALK
T&M CURRENTLY REVISING KNEIPP
WALK LAYOUT; REVISION PENDING
INPUT FROM P.A

HAMMAM
T&M CURRENTLY REVISING HAMMAM
LAYOUT; REVISIONS PENDING INPUT FROM
OCTAVE ON PROGRAM/OPERATIONS & P&A
ON TECHNICAL REQUIREMENTS

RHASSOUL
T&M CURRENTLY REVISING RHASSOUL

디톡스 공간

ELEC RM SIZE AND PROPORTION
REVISED; PENDING APPROVAL
FROM TIANHUA

HERBAL STEAM, SALT CAVE & SAUNA
HERBAL STEAM & SALT CAVE LOCATIONS SWAPPED; FIRE
PARTITION BETW. THESE SPACES RELOC; REVISION PENDING
APPROVAL FROM TIANHUA; T&M CURRENTLY REVISING
THESE AREAS; REVISION OF LAYOUT OF HERBAL STEAM,
SALT CAVE & SAUNA PENDING INPUT FROM OCTAVE/P&A

KIDS POOL
T&M IS CURRENTLY REVISING KIDS POOL. LAYOUT PENDING
REVISION BASED ON INPUT FROM OCTAVE, P&A &
WATERPARK CONSULTANT; CONSULTANT TO ADVISE ON
WATER PLAY FEATURES & SAFETY REQUIREMENTS AGAINST
PROPOSED DESIGN

상하 리트리트 스파 도면

■
피트니스 공간은 위층인 1층에 있어 도면에는 보이지 않는다.

테라피 공간

상담 공간

환영 공간

TREARTMENT ROOMS
TH TO COORDINATE & REMOVE STEP. PROVIDE RAMP @
BACK OF HOUSE

CONFIRMATION REQUESTED FOR
REVISED STAIR LAYOUT

NAIL SALON
NEW PROGRAM OF NAIL SALON
ADDED HERE. LAYOUT IN PROGRESS.
PROGRAM CONFIRMATION
REQUIRED

WOMENS VITALITY POOL AREA

THIS AREA ,INCLUDING POOL LOCATION, SIZE AND DETAILS
WAS REVISED. WET AREA DETAILS ARE PENDING REVISIONS
BASED ON REVIEW AND INPUT FROM P&A TO FINALIZE
SLAB PENETRATIONS

MEN & WOMEN RELAX ROOMS ELIMINATED
PROGRAM WAS REMOVED FROM THIS AREA. WOMEN'S
AND MEN'S VITALITY POOL AREAS WERE OPENED UP AND
ENLARGED IN THIS AREA. PROGRAM CONFIRMATION
REQUIRED FOR ADDITION OF STEAM ROOM TO WOMENS
SPA

STAIR #3
STAIR IS CURRENTLY BEING REDESIGNED. STAIR EXACT
PLACEMENT AND WIDTH ARE BEING DETERMINED;
PENDING REVIEW AND APPROVAL OF FIREWALL FROM TH.
FIRE DOOR SPECIFICATIONS AND DIMENSIONS ARE
REQUIRED.

SPA ATTENDANT AREA
T&M IS CURRENTLY REVISING ATTENDANT AREA. LAYOUT

상담실에서 예약된 라이프 코치와 상담을 거쳐 다음 공간으로 이동한다. 이동하는 동선에서 특별한 경험을 하게 된다. 먼저 천창에서 쏟아지는 자연 채광을 받으며 푹신한 슬리퍼로 갈아신게 되는데, 그저 신발을 갈아신는다는 행위라기보다 자신에게 집중하는 과정의 서막이라는 의미를 부여한다. 그런 뒤 유리 터널을 지나게 되는데, 여기에서는 음악·아로마 향·영상·분무되는 듯한 조명 등을 통해 감각을 자극하면서 마치 다른 세계로 들어가는 관문의 통과 경험을 갖게 된다.

이런 식의 경험 유도는 리트리트마다 공을 들여 특색 있게 기획한다. 뷔브 키에 리치몬드 누아 리조트에서는 마치 동굴 안으로 들어가는 느낌을, 스페인 이비자 식스 센스에서는 땅 속 비밀 공간 안으로 들어가는 느낌을, 부탄 아만 리조트에서는 불교 사원에 들어가는 듯한 느낌을 연출했다.

3. 테라피 공간

유리 터널을 지나면 타이 마사지, 중국 마사지, 아유르베다 마사지 등 다양한 마사지 테라피 룸들이 나온다. 각각의 마사지 룸은 다시 전실과 마사지 룸으로 이루어져 있다.

전실에서 인체에 맞게 디자인된 의자에 앉아 히말라야 소금이나 특별한 오일을 풀어넣은 물로 간단히 발 마사지를 받은 뒤 마사지 룸으로 들어간다. 벽부형 옷걸이와 슬리퍼를 놓는 선반에 옷을 걸고 슬리퍼를 벗은 뒤 마사지 베드에 눕는다. 옷걸이는 천연 나무 소재로 만들고, 슬리퍼 선반은 허리를 숙이지 않고 벗고 신을 수 있도록 적절한 높이에 경사를 두었다.

마사지 룸에서 가장 오래 접촉하는 건 마사지 침대이며, 가장 오랜 시간 시선이 향하는 곳은 바닥 또는 천장이다. 눈을 감지 않고서는 아래를 향해 누웠을 때는 바닥을, 위를 향해 누웠을 때는 천장을 보지 않을 방법이 없다. 침대에 누웠을 때의 편안함, 시트의 감촉, 바닥 재질, 천장 정리에 소홀함이 있어서는 안 되는 이유다. 설계부터 청결 유지까지 늘 신경을 곤두세워야 한다.

리트리트들마다 마사지 룸을 계획할 때 모두들 머리를 싸맨다. 과연 몇 개의 룸을 만들어야 하는가. 매출과 직결되는 부분이니 계산을 잘해야 한다. 하루에 서비스 가능한 마사지 횟수를 따지고, 마사지 종류에 따른 예상 이익을 산출한 뒤 전체 목표 매출액과 비교하여 최종적으로 마사지 룸의 숫자를 정하는데 기획 과정에서 어디에 방점을 찍느냐에 따라 마사지 룸 숫자는 고무줄처럼 늘었다 줄었다를 거듭한다. 만들고 싶다고 무조건 만들 수 있는 것도 아니다. 건축 도면에서의 타당성 검토 과정을 거쳐 결정을 하게 되는데, 상하 리트리트의 경우 우선 23개의 마사지 룸을 만든 뒤 확장 가능성을 고려해 추가할 수 있는 공간을 남겨두기로 했다.

4. 탈의실과 작은 스파 공간

마사지를 받고 나면 탈의실 공간으로 향하게 된다. 우리가 떠올리는, 옷을 갈아입는 탈의실과는 사뭇 다르다. 오히려 또 하나의 작은 스파 쪽에 가깝다. 라운지 공간부터 샤워 시설, 욕조, 사우나 등의 시설로 이루어져 있다.

고객의 휴식을 위한 공간인 셈인데, 마사지 룸에서 테라피를 받고 난 뒤 피로한 몸을 쉬도록 설계되었다. 디톡스 프로그램 전이나 스파 외의 다른 프로그램에 들어가기 전 객실에 바로 올라가는 대신 잠시 쉬고 싶은 이들을 위한 공간이기도 하다. 남녀의 공간은 분리되어 있다.

환영 공간

환영 공간

상담 공간

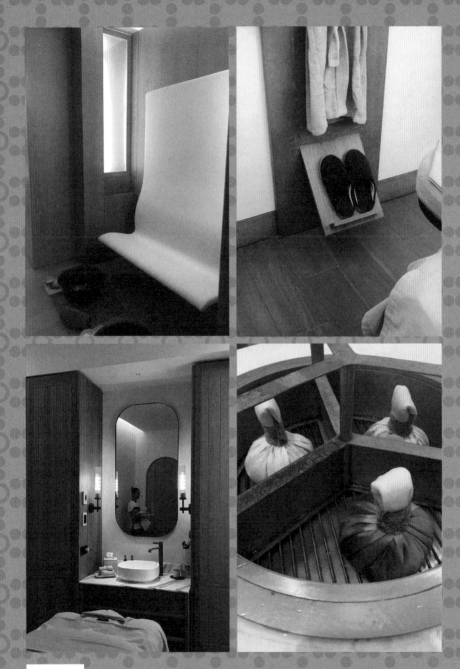

테라피 공간

탈의실과 작은 스파 공간

디톡스 공간

5. 디톡스 공간

본격적인 디톡스 공간이다. 수영장, 수 치료실, 각종 사우나, 디톡스 룸 등 메디 스파의 핵심 공간으로 많은 프로그램이 이루어지는 곳이다. 성별 구분은 따로 하지 않고, 공간은 프로그램에 따라 각각 전문적으로 구성했다.

이 안에서는 수영장이 가장 중요한 시설이다. 수영장에는 제트 마사지를 받을 수 있는 개인 공간부터 와추 워터 테라피를 받을 수 있는 공간, 물 커튼을 통해 수영장과 분리시켜 사적인 공간으로 활용할 수 있는 공간 등을 두었다.

디톡스 공간으로는 튀르키예식 하맘실, 모로코 미네랄 스킨 테라피를 위한 라솔 체임버, 히말라야 소금으로 만든 소금방, 냉온수를 번갈아가며 걷는 크나이프 워크, 각종 스팀 룸 등이 있다.

공간 사이사이마다 인체공학적으로 디자인된 의자에서 빛과 음악을 음미하며 쉴 수 있는 개인 공간도 두었다.

스페인의 샤 웰니스 클리닉에서도 이런 배려를 경험했다. 테라피 중간에 잠시 쉬러 들어간 라운지에 산소 테라피 시설을 두었는데, 코에 산소를 주입하면 몸 안의 산소 농도를 높여줌으로써 활발한 신진대사를 돕는다고 했다. 설명에 따라 직접 해보니 몸이 개운해지는 느낌이 들었다. 잠깐 쉬는 공간에도 고객 편의를 위해 신경을 썼다는 게 남달라 보였다.

상하 리트리트에서는 매우 다양한 디톡스 프로그램을 운영했다. 그러나 이런 투자는 누구나 쉽게 엄두를 낼 수 있는 일이 아니다. 디톡스 프로그램은 나날이 업그레이드되고 있다. 이를 따라가기 위해 다양한 프로그램을 진행하기에는 규모나 시설 투자 비용이 엄청나다. 종류를 다양하게 늘리기보다 하나라도 제대로, 정성껏, 지속가능하게 유지하는 것에 집중할 필요가 있다.

6. 피트니스 공간

고급 사교 클럽 역할을 한다. 한 층 위인 1층에 있는데 체크인 공간이 따로 마련되어 있고, 간단한 바도 갖췄다. 운동 중 물이나 건강음료를 이곳에서 마실 수 있다. 필라테스·댄스·요가·유산소 운동·웨이트 트레이닝 등이 가능하고, PT를 받을 수 있는 독립 공간도 있다. 운동 기구들은 기본적으로 업계 최고의 브랜드로 갖춰놓았다.

공간에 대해 이야기하면서 이 장의 영문 제목을 'Bowl for Soup'이라고 했다. 웰니스 리트리트에서 공간이란 그 안에서 일어나는 다양한 행위에 대한 알아차림은 물론 그 행위에 대한 존중을 전제로 해야 하며, 따라서 웰니스 리트리트는 그에 맞는 공간의 형성에 중점을 두어야 한다. 그런 의미를 담아 비유적인 표현을 사용했다.

소리 없는, 조용한 혁명을 일으키고 있는 웰니스 리트리트는 공간에서도 새로운 패러다임의 물결과 맞닿은 변화를 보여주고 있다. 그런 변화의 맥락은 자연스러운 현상이다. 공간 따로, 그 공간의 사용자 따로라는 이분법적 시각은 웰니스 리트리트에 맞지 않는다. 공간을 만든 뒤 사용자로 하여금 일방적으로 그 공간에 맞추도록 강요하는 방식이 아닌, 사용자를 공간 안에 담으려는 시도가 필요하다. 나아가 공간을 이루는 건축적인 재료나 마감재 등의 선택 기준이 단순히 미감이나 장식, 또는 비용이나 시공의 편의성에 머물지 않고, 소재 자체가 갖는 떨림과 울림의 차원, 나아가 자연과의 조화까지 고려하는 것이 새로운 패러다임에 걸맞는 공간 구성법이며, 웰니스 리트리트가 추구해야 하는 방향이다.

빈터에서 시작해 눈앞에 등장시킨 웰니스라는 꿈

■

상하 리트리트는 겉으로는 하드웨어를 만들어낸 프로젝트로 보이겠으나 그보다 더 중요한 것은 이 안에 배어 있는 웰니스라는 개념의 구현이다. 여기에는 호텔의 미래에서부터 고용 창출, 나아가 지역 경제 활성화라는 몇 마리의 토끼를 함께 잡겠다는 의도와 의지가 저 밑바닥에 강물처럼 흐르고 있다.

그런데 생각해보면 이런 이야기는 굳이 호텔이나 웰니스 리트리트 공간에만 적용되는 건 아니다. 우리가 지금 살고 있는 집을 한 번 돌아보자. 아파트를 비롯한 콘크리트 건물 안에 살고 있는 이들이 많을 것이다. 어쩔 수 없다. 대한민국 주거 환경의 현실이다. 이런 현실에서 새로운 패러다임에 맞는 공간을 새롭게 구성하는 건 개인의 노력으로 어려운 일처럼 보인다. 그렇다고 포기해야 할까. 작지만 변화를 만드는 노력을 조금만 해보는 건 어떨까. 집이 어렵다면 내 방이라도, 불필요한 요소를 제거하고 가급적 친환경 소재로 공간을 구성해보는 건 어떨까. 그것노 어렵다면? 인테리어 사장님이나 집주인이 골라서 바른 벽지만이라도 바꿔보는 것, 변화는 거기에서부터도 시작이 가능하다.

Intangible
Presence

보이지는 않지만 챙겨야 하는
그 무엇은?

웰니스 리트리트에서는 보이는 공간만이 아니라 보이지 않는 부분도 중요하다. 어떤 면에서는 보이지 않는 부분이 더 중요할 수도 있다. 호텔에서도 그렇지만 웰니스 리트리트는 더더욱 그렇다. 보이지 않는 부분이 더 오래 기억될 수 있기 때문이다. 오래전 다녀온 여행에서, 특정한 장소에 대한 기억은 나지 않지만 유난히 감동스러운 경험은 잊혀지지 않는 경우가 있다. 이런 감동은 기능이나 기술의 작동에서 느낀 것일 수도 있고, 사람에게 받은 것일 수도 있다. 비록 눈에 보이지는 않지만 그 기억은 오래 남게 마련이다. 다시 말해 눈에 보이지 않아 쉽게 간과하거나 지나치기 쉬운 것들로부터의 기억이 고객들을 다시 오게 할 수도, 오지 않게 할 수도 있다.

그렇다면 어떻게 해야 감동을 일으킬까. 모든 것이 최고일 때도 가능하지만 그보다는 모든 것이 조화를 잘 이룰 때 감동은 더 극대화된다. 이를테면 최고급 친환경 건축 자재로 만든 공간에서 세계 최고의 전문가가 최신식 테라피를 진행한다. 그런데 정작 그 전문가가 친절은커녕 눈도 제대로 마주치지 않는다면? 쾌적한 객실 침대에 누워 잠이 들 무렵 위층 화장실에서 물 내리는 소리가 들린다면? 모처럼 높은 비용을 치르고 찾은 곳에 대한 신뢰가 무너지는 건 순식간이다.

일반적인 호텔이라면 불만에 그치고 말 일이 웰니스 리트리트에서는 신뢰는 물론 치유 효과에도 악영향을 미치는 결과로 이어질 수 있다. 그렇다면 가장 대표적으로 관리해야 하는 건 뭘까. 생각하기에 따라 매우 많아질 수도 있지만, 나는 무엇보다 공기와 물을 들겠다.

>>>>>> ◆ <<<<<<
깨끗함을 넘어 건강을 지키는
파수꾼, 공기
>>>>>> ◆ <<<<<<

불과 십수 년 전까지만 해도 대기 오염은 중국이나 개발도상국들민의 문제로 여겼다. 2010년대 초반 상하이에 살 때 그곳의 공기는 최악이었다. 100미터 앞도 보이지 않는 날이 허다했다. 세상에서 성능 좋다는 공기청정기는 모두 중국으로 수입되는 것 같았다. 나 역시 가족의 건강을 위해 방마다 공기청정기를 들여놓았다. 외출할 때 마스크는 필수였다. 그래도 늘 목이 아팠다. 일부러 공기청정기 있는 곳을 찾아 잠시라도 마스크를 벗고 한참 숨을 쉬다 다시 거리로 나가곤 했다. 한국에 올 때마다 깨끗한 공기가 무척 고맙고 반가웠다. 이제는 한국도 예전 같지 않다. 집집마다 공기청정기를 자연스럽게 들여놓는다. 한국이나 중국 사정만 그런 게 아니다. 심각한 환경오염은 전 세계적으로 확산되고 있다. 깨끗한 공기는 특별한 곳에 사는 사람들이 누리는 혜택이 되어간다. 깨끗한 공기를 위해 비용을 지불하는 시대가 되었다.

코로나19를 겪으며 공기를 둘러싼 경각심은 더욱 높아졌다. 초기에는 거의 괴담에 가까운 소문이 진짜처럼 돌아다녔다. 심지어 옆집에서 누군가 재채기를 하면 바이러스가 배관을 타고 우리 집으로 흘러들어온다는 말도 있었다. 소문으로만 그치지 않았다. 실제로 대규모 아파트 단지는 물론이고 호텔 등에서 중앙배관시스템 점검으로 초비상이 걸리기도 했다.

글로벌 호텔들 역시 민감하고 빠르게 대응했다. 조금이라도 대응이 늦으면 영업에 직격탄을 맞기 때문이다. 사활을 걸고 객실 내 유입되는 공기를 관리했다.

가장 발빠른 대응책으로는 역시 공기청정기를 빼놓을 수 없었다. 객실마다 공기청정기를 들여놓았다.

거기에서 그치지 않고, 그룹의 역량을 총동원해 TF팀을 꾸려 공기의 질을 깨끗하게 관리할 방안을 찾기 시작했다. 호텔 냉난방 토출구를 통과하는 공기를 레이저로 살균하는 장치가 해결사로 등장했다. 이렇게 되자 새로 짓는 호텔마다 깨끗한 공기 질 관리는 옵션이 아닌 필수가 되었다. 공기 정화 기능 시스템을 아예 빌트인으로 집어넣는 곳들도 있었다. 일반 호텔도 이럴 정도이니 웰니스 리트리트에서 깨끗한 공기는 절대적으로 필요한, 필수 사항이 되었다.

그렇지 않아도 오염의 수준이 심각했던 10여 년 전 중국 상하이에서 도시형 웰니스 센터의 문을 열어야 했던 나로서는 이미 깨끗한 공기 문제로 몸살을 앓은 경험이 있다. 코로나19 한참 전이었으나 코앞도 잘 보이지 않을 정도의 심각한 대기 오염을 일상적으로 겪어야 했던 상황에서 이 문제는 반드시 해결을 해야 했다.

주거 공간이라면 성능 좋은 공기청정기로 어느 정도 해결을 해볼 수도 있다. 하지만 상업용 건물은 완전히 다르다. 유동 인구가 워낙 많은 데다 건물의 출입구도 한두 개가 아니다. 출입구의 이 많은 문들이 수시로 열리고 닫히는 상황을 떠올려 보면 다른 차원의 해결책이 나와야 했다. 단순히 공기청정기가 아니라 건물 자체의 냉난방 시스템 차원에서 방안을 마련해야 한다는 결론이 나왔다.

내가 해결해야 하는 대상은 약 1,320제곱미터 규모의 공간이었다. 상하이 한복판에 위치한 도시형 웰니스 센터 'The Living Room by Octave'를 찾는 고객들에게 어떻게든 다른 곳에서 경험하기 어려운 깨끗한 공기를 서비스하고 싶었다. 수많은 제품을 테스트한 끝에 선택한 것이 바로 미국 퓨어 에어 Pure Air 시스템 사의 제품이었다. 세계보건기구 WHO 기준에 따른 초미세먼지(PM 2.5) 수치를 넘지 않는 깨끗한 공기를 보장하고, 외기에서 유입된 불쾌한 냄새를 잡아주는 공기 정화 시스템 기능까지 가능한 특별한 필터 패널을 냉난방 덕트에 설치하여 사용하는 형식이다. 이미 미군 부대나 병원, 대학 등에서 사용되고 있을 만큼 성능은 검증이 끝난 상태여서 나는 이 제품을 나의 첫 번째 프로젝트에 적용했다.

그런데 점검할 부분은 또 있다. 대규모 건물에서 어떤 시스템을 도입할 때는 그 성능만을 살펴서는 안 된다. 성능은 기본이고, 여기에 더해 유지 및 관리법까지 잘 살펴서 결정해야 한다. 아무리 성능이 좋아도 유지 및 관리가 어렵거나 불편하면 원하는 결과를 꾸준히 얻기가 어렵다. 이 제품의 경우 한 번 설치한 뒤에는 정기적으로 필터만 교체하는 방식으로, 비교적 쉽게 유지 보수가 가능했다.

여기에 더해 건물 내부의 공기질 단계를 실시간으로 표시하는 스크린을 함께 설치함으로써 고객들이 현재의 공기 질을 직접 확인할 수 있도록 한 것도 효과적이었다. 실내 공기 질을 실시간으로 정확하고 정직하게 공개함으로써 고객들로부터 신뢰를 얻을 수 있었기 때문이다.

시스템 설치 후 약 한 달 정도 시험 가동을 거쳤다. 공기 오염의 정도가 매우 좋지 않을 때에도 건물 내부의 공기 질은 확연히 다르다는 것이 결과로 드러났다. 온종일 건물 안에서 머물러도 피곤함의 정도가 덜 느껴진다는 평도 많았다.

이후 이 시스템은 상하 리트리트 전체 건물 안에 도입되었다. 웰니스 테라피, 의료 프로그램 등이 진행되는 공간일수록 공기의 질 관리는 필수 요소다. 깨끗한 공기는 수면의 질을 개선하고 면역력을 향상시켜 프로그램 효과를 극대화한다. 이를 위해 지불해야 하는 비용은 만만치 않았다. 그러나 다른 무엇보다 우선순위에 두어야 한다고 결정한 뒤 투자를 집행했다. 단순히 고객만이 아닌, 건물 안에서 매일매일 일해야 하는 직원들의 건강을 위해서도 반드시 필요한 일이라고 판단했다.

깨끗한 공기는 보이지 않지만 적어도 웰니스 리트리트라면 꼭 갖춰야 하는 필수 요건으로 이미 확인되었다. 이를 위해 과감한 투자는 반드시 고려해야 할 부분이다.

깨끗한 공기를 향한 집착의 정도는 웰니스 리트리트마다 제각각이다. 어떤 곳에서는 산소 콘센트레이터concentrator나 산소 바bar를 테라피 라운지 같은 장소에 구비해놓고 고객들이 무료로 사용할 수 있게 한다. 깨끗한 산소를 관을 통해 코로 흡입시키는 방식인데 에너지 레벨을 높여주고, 스트레스 줄여주며 숙면에도 도움을 주는 효과가 있다고 한다. 간단한 장비지만 직접 사용해보니 상쾌한 기분이 들면서 컨디션 회복에 도움이 되었다. 이처럼 공기, 나아가 산소처럼 눈에 보이지 않는 것들이 웰니스 리트리트에서는 매우 중요하게 작동한다는 것을 잊지 않아야 한다.

어떤 물을 제공할 것인가,
어디에 담아 마시게 할 것인가

공기와 함께 빼놓을 수 없는 게 바로 물이다. 깨끗한 물의 공급은 아무리 강조해도 지나치지 않는다. 그런데 여기에서 강조하는 건 물의 수질만이 아니다. 깨끗한 물을 마신다고 하면 어떤 물을 떠올릴까. 대부분 플라스틱 생수병을 떠올릴 것이다. 그런데 우리 몸의 치유를 위해 머무는 웰니스 리트리트에서 플라스틱 생수병은 과연 어울리는 요소일까.

10년 전만 해도 극히 일부에서만 플라스틱 사용에 대해 경각심을 가지고 있었다. 하지만 최근에는 너도 나도 이 문제의 심각성을 느끼고 있다. 그런 차원에서 돌아보면 호텔을 비롯한 웰니스 리트리트 곳곳에 등장하는 플라스틱 생수병은 대단히 문제적 요소다. 특히 진행하는 프로그램 특성상 웰니스 리트리트 고객들이 마시는 물의 양은 일반 호텔보다 훨씬 더 많다. 그 많은 물을 플라스틱 생수병에 담는다고 생각하면 아찔하기까지 하다.

그런 문제인식의 확장으로 인해 고객들에게 물을 제공하는 방식을 전면적으로 바꾸는 곳들이 점차 늘어나고 있다. 웰니스 리트리트는 물론이고 호텔에서도 이런 경향은 두드러진다. 이를 위해 플라스틱 생수병을 대량 구매하는 대신 자체적으로 정수 필터를 설치한 뒤 정수 과정을 거쳐 생수를 제공한다.

하지만 이 과정은 결코 간단하지 않다. 일은 두 배가 아니라 몇 배로 늘어난다. 벌써 오래전 일이긴 하지만 상하 리트리트에서는 매일매일 물을 정수해서 객실과 식음료장, 연회장에 제공했다. 그 당시 플라스틱 병에 담긴 중국산 생수에 대한 불신이 워낙 컸기 때문이다. 경제적으로 조금이라도 여유가 있다면 너도나도 수입 생수를 사마시던 때였다.

그 당시 상하 리트리트에서 도입한 정수 시스템은 리버스 오스모시스 Reverse Osmosis라는 순수 정수 필터 수처리 장비였다. 이를 통해 매일 직접 물을 정수해서 호텔, 식음료장, 연회장 등에 제공했다. 특히 객실에 공급하는 생수는 유리병에 담은 뒤 언제

플라스틱 병이 아닌 유리병에 담아 제공한 생수.

필터를 거쳤는지 손으로 날짜를 써붙여 제공했다.

물의 질은 물론 유리병까지도 관리해야 하니 보통 일은 아니었다. 하지만 뜻밖의 효과를 얻었다. 깨끗한 물을 제공한다는 것, 플라스틱 줄이기에 앞장선다는 것 외에 맞춤형 생수를 공급하는 행위를 통해 고객들에게 정성이 깃든 마음을 전할 수 있었으며, 작은 것 하나에도 소홀하지 않는다는 깊은 인상을 남길 수 있었다. 이에 대한 고객들의 감동은 다양한 방식의 피드백을 통해 확인할 수 있었다.

오늘날에는 생수 공급 옵션이 매우 다양해졌다. 텀블러를 들고 다니도록 유도한 뒤 곳곳에 배치한 정수 시스템을 통해 직접 물을 받아서 사용할 수 있게 한 곳들도 많고, 식음료 업장 안에 아예 필터 시스템을 노출시켜 관리 상태를 드러내는 경우도 있다.

시스템 역시 업그레이드가 이어져 냉온수는 물론 탄산수까지 마실 수 있게 함으로써 다양한 선택을 할 수 있게 하는 흥미로운 요소들이 앞다퉈 개발되고 있기도 하다.

최근 문을 연 마카오의 한 호텔에서는 연회장 한쪽 벽에 다양한 종류의 물을 선택할 수 있도록 하는 독특한 시스템을 갖춰놓아 고객들의 관심을 끌기도 했다.

상하 리트리트에서는 리버스 오스모시스를 썼지만, 지금은 시중에 여러 가시 기능을 장착한 다양한 필터 시스템이 나와 있이 고객들에게 다양한 물맛을 맛볼 수 있는 기회를 제공할 수 있게 되었다. 지속적인 기술의 발전으로 플라스틱 사용량도 줄이고 또 다양한 생수도 공급되는 선순환은 보는 것만으로도 뿌듯하다.

>>>>>> ◆ <<<<<<
최상의 수면 환경을 향한
소프트웨어와 하드웨어의 콜라보
>>>>>> ◆ <<<<<<

호텔도 그렇지만 웰니스 리트리트에서 가장 신경쓰는 것으로는 수면의 질도 빠질 수 없다. 잠이 보약이라는 말이 있을 정도로 일상에서 질 좋은 수면은 삶의 질을 좌우한다. 그런데 다양한 이유로 충분한 휴식을 취하지 못하는 이들이 점점 늘고 있고, 수면 시간 부족으로 인한 고통을 호소하는 이들도 부쩍 늘고 있다. 대표적인 원인으로 스트레스와 수면 환경을 꼽곤 하는데, 그런 사회적 현상을 반영이라도 하듯 실제로 수면 집중 프로그램을 운영하는 웰니스 리트리트의 증가세는 심상치가 않다.

비단 수면 집중 프로그램을 운영하지 않더라도 대부분의 웰니스 리트리트에서는 테라피 프로그램에 스트레스 해소가 빠지지 않고 등장하는 것만큼이나 객실의 수면 환경에 각별히 공을 들인다.

수면 환경이라고 하면 대부분 객실의 소음을 방지하거나 조명의 조도를 조정하거나 또는 교감신경 활성을 줄이고 부교감신경을 활성화하는 데 도움을 주는 명상이나 스트레칭을 권유하고 멜라토닌 성분의 스낵이나 음료를 제공하는 정도를 떠올리게 마련이다. 그러나 이 정도는 이미 특별하다고 볼 수 없을 정도로 마켓은 변하고 있다.

최근 웰니스 리트리트 운영자들은 그런 단계를 훨씬 뛰어넘어 특별한 투자를 하고 있다. 그 가운데 눈에 띄는 것은 매트리스나 베개, 침대 시트 등 몸에 직접 닿는 침구의 소재 개발이다. 예를 들어 몸의 온도에 따라 영향을 받는 매트리스 대신 유기농 코코넛 농장에서 공수한 코코넛 껍질을 이용한 소재나 방목해서 키운 양털로 매트리스를 만들기도 하고, 베드버그 방지를 비롯해 습기를 조절하고, 알레르기를 최소화하는 침대 커버를 개발하기도 한다. 수면 중 베개가 납작해지는 것을 방지하기 위해 세 겹 레이어로 속을 채운 베개나 최고급 면으로 만든 침대 시트 등은 이미 기본으로 인식된 지 오래다.

더 적극적인 곳에서는 잠자리에 들기 전에 직원이 직접 고객의 호흡을 통해 수면 패턴을 파악하는 기기를 설치한 뒤 일정 기간 동안 수면 패턴을 관찰하여 그 결과를 통해 수면 개선 방안을 제시함으로써 수면의 질을 향상시켜주기도 한다. 다른 나라나 지역에서 온 고객들이 시차로 인해 잠을 설치는 것을 돕기 위해 여행을 오기 전부터 시차 적응 애플리케이션을 제공하고 사용할 것을 권하기도 한다.

고객의 숙면을 위한 노력은 여기에서 그치지 않는다. 본격적으로 의료 장비를 동원하는 곳도 있다. 미국의 유명한 메이요 클리닉Mayo Clinic에서는 불면증 해결을 위해 고압 산소 치료 방법을 사용한다. 산소 체임버chamber 안에 높은 기압의 산소를 채워 몸 안으로 제공하면 폐를 통해 많은 산소를 뇌에 공급하게 되는데 이로 인해 스트레스 완화는 물론 수면 방해 요인을 줄여 숙면에 도움을 주는 효과를 기대할 수 있다고 한다.

불면증은 오늘날 심각한 사회적 현상으로까지 대두되고 있다. 때문에 수면의 질을 높이기 위한 웰니스 리트리트들의 노력은 더욱 전방위적으로 펼쳐지고 있는 양상을 보인다.

편의성의 극대화, 효율적인 소통을 향한 기술의 접목

웰니스 리트리트에서 보이지는 않지만 주목해야 하는 부분이라면 애플리케이션을 통한 편의성 보장이다. 스마트폰과 함께 자란 세대는 같은 공간에 나란히 앉아서도 말로 소통하기보다 온라인 메신저로 이야기를 나누는 게 더 익숙하다. 이를 두고 비판적인 시선도 없지 않지만, 역설적으로 웰니스 리트리트에서 앱 커뮤니케이션은 대단히 효율적이다.

그도 그럴 것이, 대개 웰니스 리트리트에 오는 고객들은 다른 사람들과의 소통보다는 자기 자신의 내면에 집중하는 것을 목표로 한다. 그럴 때는 가급적 사람들과의 접촉을 최소화하는 게 훨씬 효과적이다. 그럴 때 효율적인 것이 리트리트 전용 애플리케이션이다.

혼자만의 시간을 갖고 싶지만, 요구는 불가피하다. 침구가 더 필요할 수도 있고, 프로그램 조정이 필요한 경우도 있다. 정해둔 일정을 다시 확인하고 싶기도 하다. 객실의 온도나 조도를 미리 맞춰놓고 싶을 때도 있다. 그럴 때마다 직원을 찾아 프론트 데스크로 연락을 하는 건 매우 번거롭다.

그럴 때 애플리케이션을 쓰면 군이 누군가에게 연락을 취하지 않아도 원하는 바를 언제 어느 때나 해결할 수 있다.

실제로 이런 경험이 있다. 식스 센스 리트리트에 예약을 하고 나니 곧바로 전용 앱을 설치하라는 안내를 받았다. 처음에는 군이 필요할까 싶었지만 아니었다. 도착부터 그곳에서 이루어지는 모든 일정을 한눈에 볼 수 있으니 동선이 꼬이지 않았다. 그뿐만이 아니었다. 새로운 프로그램 예약, 시간 변경, 식당 예약 등은 물론이고 심지어 출발 전 여행 가방을 로비로 옮겨달라는 요청도 앱을 통해 해결했다. 24시간 비서 서비스를 받고 있는 기분이 들 정도였다. 심지어 여행을 마치고 돌아온 뒤에도 그곳에서 보낸 시간은 어땠는지부터 최신 뉴스까지 거슬리지 않을 정도로, 세심하게 업데이트를 해준다. 고객으로서는 편리함을 넘어 사소한 곳까지 신경쓸 일 없게 하는 배려에 감탄이 절로 나왔다.

그런데 이런 프로그램은 비단 고객 편의에만 도움이 되는 게 아니다. 실제 운영에도 실질적인 도움이 된다. 사소하지만 누군가 스파 마사지를 취소하면 즉각 앱을 통해 서비스를 원하는 고객을 확보해 운영의 효율을 이룰 수도 있다. 나아가 호텔이나 리트리트 전반 운영 시스템과 연동하면 더욱 빛을 발한다. 고객이 앱을 통해 요청하는 데이터를 기반으로 해당 고객 개인의 취향을 파악하면 재방문할 때 개인 맞춤형 서비스 제공이 가능하다. 나아가 고객들의 다양한 요구가 쌓이면 이를 기반으로 리트리트 전반의 운영 방식을 조정할 수 있다. 궁극적으로는 고객에 관한 다양한 정보를 축적하여 더 나은 서비스를 제공하기 위한 시도로 보는 것이 정확하다.

이를 위한 기술은 이미 충분히 개발되어 있다. 과연 어디까지 고객을 배려할 것인가, 고객의 편의를 위해 어떤 부분을 고려할 것인가에 대해서 더 깊이, 세심하게 살펴야 할 때다. 그렇게 함으로써 공간의 목적에 맞는 서비스를 최적화하는 것이 웰니스 리트리트가 지향해야 하는 새로운 소통의 기술이다. 물론 고객의 개인정보 보호 및 관리에는 각별한 주의가 필요하다.

리트리트 서비스의 완성자, 일하는 사람들

보이지 않지만 웰니스 리트리트를 구성하는 중요한 존재가 있으니 사람이다. 깨끗한 공기와 물, 훌륭하게 세팅된 수면 환경이나 자체 프로그램도 중요하지만 무엇보다 중요한 건 사람이다. 바로 리트리트에서 일하는 직원들이다. 이들이 없으면 리트리트는 멈춘다. 이들이 제대로 서비스하지 않으면 리트리트는 순식간에 아수라장이 되고 만다.

다른 서비스 업계에서도 직원의 존재는 중요하지만, 리트리트에서 직원은 고객의 동반자에 가깝다. 다른 곳에서 만나는 직원들은 고객의 요구에 맞춰 움직이지만 이곳의 직원들은 처음부터 끝까지 고객의 여정에 함께 하기 때문이다.

웰니스 리트리트에서 일하는 직원들은 일반적인 호텔에서 일하는 이들과는 다른 결을 가진다. 서비스하는 고객들의 성향이 다르기 때문이다. 리트리트에 오는 고객들 가운데 상당수는 심신이 지쳐 있거나 어딘가 치유할 필요가 있는 이들이다. 병원은 아니지만, 단순히 놀러 오거나 쉬러 오는 고객들과는 다른 경우가 많다. 때문에 이들을 대하는 직원들의 태도는 친절함에서 더 나아가 도움을 주려는 태도를 보인다. 지금까지 경험해본 대부분의 리트리트에서 공통적으로 느낀 부분으로, 문화적인 차이는 있을 수 있으나 기본적인 태도는 거의 비슷했다. 도움이 필요한 이들에게 손을 건네는 듯한 직원들의 태도는 리트리트 전반의 분위기를 좌우한다. 이런 분위기 속에서 치유의 효과 역시 극대화되는 느낌을 갖는다.

고객의 입장에서 이런 경험을 한 나로서는 상하 리트리트의 직원을 뽑을 때 무척 고민했다. 이곳을 찾는 고객들에게도 내가 느낀 것을 전하고 싶었다. 그럴 때 필요한 것은 화려한 이력이 아니었다. 오히려 빛나는 이력을 갖고 있는 이들 가운데 몇몇에게는 자신만의 방식을 고집하려는 경향이 두드러져 보이곤 했다. 웰니스 리트리트의 직원이 갖춰야 할 태도란 어떤 것이어야 할까를 우선순위에 놓고 거기에 맞는 직원을 뽑기 위해 노력했던 것은 물론이다.

리트리트에서는 일반적인 호텔에서는 좀처럼 볼 수 없는 다른 배경의 구성원들이 존재한다. 앞서 직원들을 동반자로 표현했는데, 이들이야말로 진정한 동반자다. 바로 고객의 치유를 위해 각 분야를 책임지는 전문가들이다. 명상이나 요가, 마사지 테라피스트 등의 프로그램 전문가부터 심리 상담사나 한의

사 같은 의료 분야 전문가는 물론이고 대체의학 전문가나 아티스트, 피트니스 전문가에 이어 힐러나 요리사까지 리트리트의 규모나 성격에 따라 매우 다양한 이들이 포진하게 마련이다.

전반적으로 이들 가운데는 우뇌가 좀 더 발달한 사람들이 많고 아티스트 성향을 보이는 이들도 많다. 이런 특징은 고객들과의 일대일 소통, 나아가 깊이가 상당한 정서적 교류에 매우 중요하다. 리트리트에 머무는 고객 입장에서는 프로그램에 참여하는 동안 이들과의 시너지를 통해 치유 효과를 크게 내는 게 좋기 때문에 자연스럽게 전적으로 이들에게 의지하게 된다. 때문에 고객의 입장에서는 자신에게 잘 맞는 동반자를 잘 만나는 것이 무엇보다 중요하다. 만남의 중요성으로 놓고 보면 운영자 입장 역시 마찬가지다. 이런 각 분야 전문가를 어떻게 섭외해서 함께 일할 수 있을까. 표면적으로는 이력서를 통해 경력을 파악하고 면접을 통해 판단한 뒤 고용을 하는 과정이 다를 게 없지만, 판단의 근거와 기준을 어떻게 세워야 좋을지도 애매할 때가 많다.

그렇게 신중하게 결정한 뒤에도 어려움은 이어진다. 실제로 상하 리트리트에서 일한 이들 가운데는 이른바 보통의 직장인들에게 요구되는 출퇴근 시간 준수, 출장 경비 처리 같은 일상적인 사항을 힘겨워하는 경우가 종종 있었다. 그런데 그런 그들이 막상 프로그램을 이끌고 난 뒤 고객들로부터 최고의 시간이었노라는 평을 받기도 한다.

앞서 나는 리트리트에서 가져야 하는 특성으로 유연함을 언급했다. 정해진 규칙대로 운영하는 것이 거의 불가능하며, 고객에 따라 융통성 있게 대처해야 한다고 강조했다. 이는 리트리트의 운영 또는 고객을 위한 서비스에만 해당하는 말이 아니다. 함께 일하는 직원들에게도 규칙의 준수, 획일적인 업무 태도를 강조하기보다 직군에 맞는 다양성을 존중하고 유연하게 대처할 필요가 있다.

리트리트 운영 시스템과 여러 직군의 직원들을 유연하게 이끌어가기 위해서는 어떻게 해야 할까. 답은 총지배인에게 있다. 극단적으로 다른 성향의 직원들을 관리하고 교육해 나가는 동시에 리트리트 전반의 서비스가 물 흐르듯이 원활하게 이루어지도록 이끌어가는 노하우가 절대적으로 필요하다. 여기에 더해 단순히 수동적으로 고객들의 요구에 부응하는 것에서 한걸음 더 나아가 동반자처럼 능동적으로 고객과 함께 여정에 동참하려는 태도를 갖도록 훈련시키는 것 역시 놓쳐서는 안 된다. 나는 이걸 총지배인의 마법이라고 부른다.

문제는 이런 총지배인을 어떻게 알아보고, 어떻게 채용하느냐에 있다. 상하 리트리트에서 총지배인을 구한다는 소식이 전해지자 훌륭한 경력을 갖춘 이들이 수없이 지원했다. 그 가운데는 대기업 글로벌 호텔에서 오랜 시간 일한 이들도 있었다. 결론부터 말하자면 웰니스 리트리트에 필요한 인력은 럭셔리 호텔에서의 빛나는 경력자가 아니었다. 뜻밖에도 호텔 운영에 대한 신념이 지나치게 확고해, 리트리트 특성상 유연함을 가져야 하는 부분에서도 원칙과 규칙을 강조하는 이들이 많았다. 몇 번의 시행착오를 통해 기업 특유의 매뉴얼 환경에 익숙한 사람 대신 대외적인 경력은 짧지만 창의력과 융통성을 적절히 발휘할 수 있는 사람을 선택했고, 시간이 흐를수록 그 선택이 옳았음을 확인할 수 있었다.

리트리트에서 일하는 이들은 고객과의 최접점에 서 있는 존재인 동시에 그들 역시 언제든 수많은 관계와 갈등 속에서 상처를 입을 수 있는 존재이기도 하다. 내면의 치유를 위해 리트리트에 오는 고객들과 같은 공간에 있는 동안 건강하게 여정을 함께 하기 위해서는 고객을 향해 그들 자신이 먼저 손을 내밀 자세가 되어 있어야 한다. 그런 자세는 저절로 주어지지 않는다. 이를 위해 리트리트 운영자들은 무엇을 고민해야 할까. 일을 통한 만족감을 극대화할 환경을 우선적으로 고민해야 한다. 직원들을 위한 것이기도 하지만 궁극적으로는 고객을 위하는 것이고, 더 나아가서는 리트리트의 성공적인 운영을 위해서이기도 하다. 직원이 행복해야 고객의 만족도가 올라간다.

Way
Forward

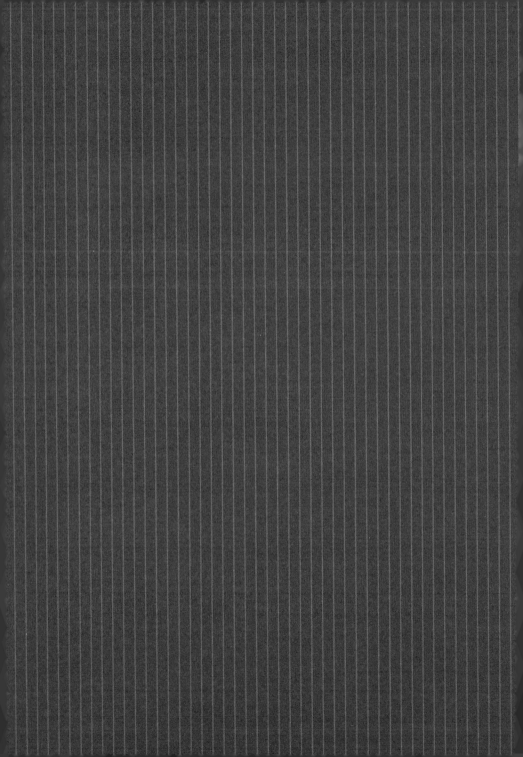

바로 이 순간,
우리가 주목해야 할 지점

나아갈 방향. 언제나 가슴 뛰게 만드는 말이다. 『데미안』에 나오는, 내 안에서 솟아나오려는 것을 살아보려는 욕구가 가장 강해지는 때이기도 하다. 이럴 때일수록 눈을 부릅뜨고 지금 세계가 어디로 향하는지, 우리가 가진 기회가 무엇인지 매의 눈으로 지켜봐야 한다.

코로나19 이전부터 이미 수면 밑에서 거세게 진행되던, 코로나19를 계기로 완전히 수면 위로 올라온 세계 패러다임의 변화에 관해 여러 차례 이야기했다. 그동안 우리를 지배하던 이분법적 세계관은 막을 내리고 있고, 퀀텀 패러다임 그리고 라이프 사이언스라는 낯선 이름의 등장과 함께 일원론적 세계관이 오늘 우리 앞에 펼쳐지는 다양한 현상을 설명해주고 있다. 이런 흐름 속에 그동안 흙 속에 묻혀 있던 한국의 관광 산업이 글로벌 무대로 도약할 기회를 엿보고 있다.

이 시점에서 우리가 주목해야 할 지점은 어디일까. 앞서 이야기한 바를 여기에서 한 번 다시 돌아봄으로써 그 지점을 다시 한 번 찾아보기로 한다.

방향을 읽는 첫번째 키워드,
외로움

21세기에 접어든 지도 어느덧 4분의 1이 지나가는 이 시대에 새로운 변화의 키워드가 외로움이라고 하면 어떤 생각이 들까. 인류 역사상 외롭지 않은 사람이 존재했을까, 라는 생각이 들 만큼 외로움은 우리 모두에게 매우 익숙하고 고질적인 단어다. 그런데 이 외로움이 새삼스럽게 회자되는 이유는 뭘까. 바로 코로나19 때문이다.

급속도로 발전하는 현대 사회에서 오랜 시간 외로움은 누구나 겪는 것이며, 사회적 관계의 회복이나 개인의 의지로 극복해야 하는, 또는 극복 가능한 감정으로 치부되었다. 그러나 지난 3년여 동안 전 인류가 코로나19와 사투를 벌이면서 외로움은 눈에 보이지 않는 전염병처럼 개개인의 삶 속에 깊고 단단하게 자리를 잡았다.

외로움으로 고통 받는 이들이 점차 늘어나면서 그 여파가 사회적·경제적 현상으로 이어지면서 어느덧 외로움이라는 키워드는 더이상 개인의 문제로만 치부할 수 없게 되었다. 전 세계 여러 기관과 학계에서 외로움에 대한 본격적인 연구에 착수했고, 그 결과는 매우 놀라웠다. 막연하게 짐작했던 것을 훨씬 뛰어넘었다. 구체적인 설명을 들으면 더 놀랍다. 외로움이 하루에 담배 15개비를 피우는 것만큼 해로울 뿐만 아니라 심지어 건강에 악영향을 끼치는 정도가 알코올 의존증과 비슷하다고 했다. 만성적인 외로움 상태라면 이는 질병으로 인식, 반드시 치료를 해야 한다고까지 했다. 2022년 2월 16일 『조선일보』 기사에 따르면 적절한 치료를 제때 하지 않으면 관상동맥 질환이나 뇌졸중, 치매에 걸릴 확률이 높아지고, 조기 사망 가능성이 30퍼센트나 높아진다고 했다. 고려대 구로병원 정신건강의학과 한창수 교수는 이렇게도 경고한다.

"만성 외로움은 우울증, 불안증을 초래해서 신경계에 만성 염증을 유발한다. 이 때문에 사이토카인 불균형 같은 면역 반응과 세로토닌, 도파민 호르몬 분비 변화가 발생하고 뇌 기능 저하로 이어지는 것으로 추정한다."

외로움이 우울증은 몰라도 우리 몸에 염증까지 일으킨다니 쉽게 믿어지지 않을 정도다.

코로나19가 기승을 부릴 때를 떠올려 보자. 거의 대부분의 인간 관계가 단절되었다. 직장이나 학교에 가지 못하고, 사적인 모임은 거의 불가능했다. 어쩌다 누군가를 만나게 되더라도 반드시 마스크를 착용해야 했다. 병원에 가는 것도 어려웠고, 심지어 요양원에 계시는 부모님과의 면회도 불가능했다.

외국은 더하면 더했지 덜하지 않았다. 더 강력한 격리 정책을 펼쳤고, 그로 인해 많은 사람들은 집 밖으로 나가지도 못했다. 그러는 동안 인류는 각자의 공간에서 혼자만의 시간을 견뎌야 했다. 외로움이라는 질병이 확산되기에 최적의 조건이 이루어진 셈이다.

외로움이 인간의 건강에 치명적이라는 결과를 받아든 뒤 다양한 분야에서 이에 대한 해결책이 등장했다. 미국 워싱턴대 세인트루이스 캠퍼스 심리·뇌과학 전문 패트릭 힐Patrick Hill 교수는 자신의 삶에서 목적의식을 가진 사람일

수록 외로움을 덜 느낀다고 했다. 이러한 목적의식은 사회적 관계 속에서 이루어지는 상호 작용을 통해 얻을 수 있음으로, 사람들과의 의미 있는 관계 형성이 외로움을 예방하거나 해결하는 데 매우 중요하다고 했다.

국가 차원에서도 이미 외로움을 예방하고 치유하기 위해 여러 정책을 내세우기 시작했다. 이유는 간단하다. 외로움이 유발하는 여러 부정적인 요인으로 인해 노동력이 감소하는 것을 막기 위해서다. 나아가 특정 질병을 해결하는 데 드는 비용보다 예방하는 비용이 훨씬 싸기 때문에 국가 차원에서 외로움의 위험에 선제적으로 방어하기 시작하고 나선 것이다. 영국에서는 외로움을 신종 전염병으로 인식, 2018년 '체육 및 시민사회' 장관을 '외로움 장관'Minister of Loneliness과 겸직 임명하여 시민들의 사회적 고립과 외로움의 정도에 대한 실태 조사와 정책 제안을 마련하고 이의 실천을 준비하기 시작했다. 일본에서도 급증하는 자살율을 낮추기 위해 2021년 외로움 장관을 임명, 다양한 정책을 만들어 나가고 있다. 그 외에도 다양한 연령대를 포함한 커뮤니티 형성 등 여러 가지 아이디어들을 모색하고 이를 재정적으로 뒷받침하려는 나라들이 늘고 있다. 나아가 WHO에서도 고위급 위원회를 만들어 글로벌 정책 차원의 대안 마련에 착수했다.

외로움은 새로운 문화를 탄생시키기도 했다. 코로나19의 긴 터널이 끝을 보이기 시작하자 여기저기에서 '우리 같이'를 다시 찾는 분위기가 만들어졌다. 그저 가까운 사람들끼리 만나는 것과는 다른 성향의 모임들이 등장했다. 이전에는 가까운 이들끼리 함께 만나서 먹고 마시고 즐기는 모임이 대부분이었다면 이제는 뜻 맞는 이들끼리 모여서 요가나 명상을 함께 하거나 좀 더 적극적으로는 다양한 테라피 등을 받곤 한다. 몸의 건강을 위해 운동을 함께 하는 것과는 조금 다른 목적을 지닌 이들이 이런 모임을 통해 네트워킹을 넓혀 나가는 경향이 뚜렷해진 것이다.

이런 현상은 전 세계 곳곳에서 광범위하게 일어났다. 글로벌 미디어에서는 이런 현상을 주목, 소셜 웰니스 클럽이라는 말을 공공연하게 기사에 등장시 켰고, 그 한 예로『뉴욕 타임즈』,『블룸버그』,『타임 매거진』,『비즈니스 인사이 더』,『콘디네스』등 명망 있는 글로벌 미디어에서는 소셜 웰니스 클럽이라는 핫한 트랜드와 함께 더 레미디 플레이스The Remedy Place라는 곳을 주목하기도 했다. 더 레미디 플레이스는 최초의 소셜 웰니스 클럽이라고 할 수 있는데 카 이로 프랙틱 메디슨Chiropractic Medicine을 공부한 리어리Leary 박사가 처음 시작 했다. 다양한 건강 관련 프로그램을 제공하는 이곳에는 퇴근 후 들러 냉수욕 이나 사우나를 하고 알코올이 없는 칵테일이나 차를 마시며 이야기를 나누는 MZ세대들부터 수액을 맞으며 직원들과 회의를 하는 기업의 대표까지 다양 한 이들이 드나든다. 심지어 직원들의 스트레스 해소를 위해 수액, 냉수욕, 한 냉용법, 사우나 등의 프로그램을 제공하는 회사도 있다. 이런 공간이 힙플레 이스로 점점 각광을 받자 대기업이나 월가의 투자은행 등에서도 이 공간을 세 일즈 미팅이나 고객사 미팅 장소로 활용하고 있다는 보도가 이어지고 있다.

몸과 마음의 건강에 대한 대중들의 관심이 점점 높아짐에 따라 도시에서 되도록 먼 곳, 산 좋고 물 좋은 곳에 자리를 잡는 것을 상식으로 여겼던 기존 웰니스 리트리트들도 도시로 진출하기 시작했다. 웰니스 리트리트 브랜드의 대표 주자인 식스 센스는 식스 센스 플레이스라는 이름의 도시형 웰니스 클럽 을 뉴욕·런던·방콕·상하이 등 세계 주요 도시에 론칭한다고 발표했고, 또다 른 럭셔리 웰니스 리트리트인 라 프레리 클리닉은 이미 태국 방콕에서 도시형 웰니스 클럽 운영을 시작했다.

기존의 웰니스 리트리트나 호텔이 아닌, 처음부터 도시형 웰니스 커뮤니티 센터를 지향하는 독자 브랜드도 등장했다. 대표적인 곳으로 꼽히는 곳은 뉴욕 맨해튼의 더웰The WELL이다. 마사지·명상·요가·사우나 같은 일반적인 프로그램부터 침·부항·수액 같은 의료 서비스까지 진행하고 있고, 이밖에도 웰니스 관련 리테일·건강식 카페까지 운영함으로써 한 곳에서 다양한 경험을 골고루 해볼 수 있게 한다. 수요는 폭발적으로 증가하고 있으나 공급이 미처 따르시 못하고 있는 상황을 반영하기라도 하듯 이른바 셀럽들의 성지로 급부상하고 있기도 하다. 2022년에 이곳을 찾았을 때는 마침 배우 제시카 알바가 공간 전체를 대여해 개인 행사를 하는 바람에 일반인들은 이용을 할 수 없기도 했다. 상황이 이렇다 보니 전 세계적으로 도시형 웰니스 커뮤니티를 지향하는 신규 비즈니스 모델이 많은 투자자들의 러브콜을 받고 있다는 소식도 여기저기에서 많이 들려온다.

여기에 더해 최근 눈에 자주 띄는 비즈니스 모델이라면 커뮤니티 형성을 들 수 있다. 이 또한 외로움을 극복하거나 해결하려는 기조의 연장선에서 이루어진 것으로 볼 수 있는데, 실제로 많은 스타트업들이 이 분야로 진입하고 있다. 주로 취미나 관심사가 맞는 이들이 함께 모여 독서모임이나 박물관 또는 도시 답사 등을 했던 이전과 달리 사람끼리의 관계를 중요하게 여기고 강화하려는 이들을 주요 대상으로 삼고 있는데, 대표적인 예가 미국의 소울사이클SoulCycle이다. 웰니스 콘셉트의 커뮤니티 형성 스타트업으로, 안전한 환경에서 사람들이 자유롭게 대화를 나누고 서로의 이야기를 경청하는 환경을 만들어주는 일을 한다.

2023년 글로벌 웰니스 연구소 리포트에 실린 웰니스 리트리트 사례

한편 중국에서는 다양한 연령대의 여러 세대가 함께 모여 사는 코리빙 커뮤니티 형태도 등장했다. 젊은 세대만이 아닌 노인들의 외로움을 해결하려는 시도 가운데 하나로 볼 수 있다.

〉〉〉〉〉〉 ◆ 〈〈〈〈〈

방향을 읽는 두 번째 키워드,
진정성

〉〉〉〉〉〉 ◆ 〈〈〈〈〈

『뉴욕 타임즈』 칼럼니스트 일레인 글루섹Elaine Glusac에 의하면 코로나19로 오랜 시간 격리를 경험한 사람들이 자신들의 삶에 대해 새삼스럽게 생각할 계기를 가지게 되었으며, 이를 계기로 자신들이 좋아하는 것에 좀 더 집중하기 시작했다. 그는 또한 그로 인해 예를 들어 케이팝을 좋아하는 사람은 한국을 찾아 여행을 하고, 노르딕Nordic 음식에 관심이 생긴 이들은 본고장의 맛을 보기 위해 원산지를 직접 찾는다고 덧붙였다. 예전에는 이미 유명한 곳, 대중적으로 널리 알려진 곳을 찾는 이들이 대부분이었다면 이제는 자신이 좋아하는 것을 직접 경험해보기 위해 멀거나 덜 유명한 곳들로 여행을 떠나는 이들이 늘었다는 말이다.

2021년 5월 잡지 『보그』에 실린 기사도 내게는 무척 이례적이었다. 중국계 미국 패션 디자이너 앤젤 챙Angel Chang에 관한 이야기다. 그녀는 중국 귀조 지역 소수 민족들이 전통적인 방법으로 재배한 면에 천연 재료로 염색한 뒤 역시 전통 수공예법으로 옷을 만든다. 이를 위해 해마다 이 지역을 찾는데, 면을 재배하고 염색하고 말리는 과정을 거쳐 셔츠 하나 만드는 데 약 5~6개월

이 걸린다. 그녀는 옷을 만들 때 철저하게 탄소 중립의 정신에 바탕을 두고 전기나 합성 섬유를 비롯한 일체의 화학 성분을 사용하지 않고, 식물성 재료를 쓰고 햇빛과 바람과 물로만 만든다. 기사에 의하면 일반적인 옷들의 경우 셔츠 한 벌 만드는 데 필요한 재료들은 약 7천 킬로미터 떨어진 곳에서 수급이 되고, 약 2킬로그램의 CO_2를 배출하는 반면, 그녀의 옷은 단추를 포함한 모든 재료들이 기껏해야 약 50킬로미터 안에서 수급이 되고 약 0.4킬로그램의 CO_2를 배출하는 데 그친다고 한다. 결과적으로 대단한 탄소 절감 효과를 보여주고 있는 셈이다. 대중적으로 널리 알려진 럭셔리 브랜드는 아니지만, 그런 그녀의 패션 철학에 동의한 많은 이들이 럭셔리 브랜드 옷값에 못지 않은 비용을 치르고 그녀의 옷을 구매하고 있다고도 한다. 이러한 패션은 하나의 장르를 이루어 고대 코튀르Ancient Couture라는 신조어를 만들어낼 정도로 관련 업계의 주목을 받고 있고, 카르티에 재단은 이런 그녀를 전 세계 다양한 산업 분야에서 활약하는 창의적인 여성 경영인들을 발굴·후원하는 카르티에 여성 창업 이니셔티브Cartier Women's Initiative 대상자로 선정하기도 했다. 나는 이 기사를 탄소 진정성과 중립이라는 최신의 화두가 상품화된 좋은 사례로 읽었다.

앞서 언급한 두 개의 기사를 통해 드러나는 새로운 현상은 관련 산업군으로 빠르게 확산되고 있다. 유명 관광지 중심의 여행이 아닌 자신만의 호기심을 따라 새로운 여행 일정을 계획하는 이들이 등장한 것은 오래전의 일이지만 그 대상지 선택 기준은 확연히 달라지고 있다.

예를 들어 기후변화가 전 지구적 관심사로 떠오르면서 인류의 조상들이 어떻게 자연과 조화를 이루며 공존해 왔는가를 알기 위해 아예 선주민들이 사는 지역으로 향하는 이들이 부쩍 늘고 있다. 이전과의 차이는 여기에서 그치지 않는다. 이렇듯 자신만의 관심사를 충족시키기 위해 여행을 떠나는 이들 가운데는 여행이라는 행위를 통해 더 나은 가치를 실현하려는 이들도 있다. 여행자로서 방문한 지역의 주민들에 대한 존중은 물론이고 최대한 쓰레기를 적게 배출하려고 노력한다거나 탄소 배출량이 적은 자전거 또는 도보로 이동하려는 이들도 점점 늘어나고 있다. 이런 움직임은 점차 확산되어 이제는 지역 주민과 지역의 문화·생활 환경을 존중하고 지키려는 노력으로 이어지고 있고, 지역 경제에 공헌할 수 있는 방법을 고민하는 데까지 나아가고 있다.

여행지를 선택하는 기준, 여행지에서의 행동 양식을 고민하는 데서 출발하여 이제 지역 주민과의 공존을 거쳐 공헌의 단계까지 나아가는 변화의 밑바탕에는 진정성이라는 키워드가 전제되어 있다. 대중들의 관심이 이렇게 향하는 것을 민감하게 포착한 글로벌 호텔들은 수요를 충족하기 위한 대열 합류에 적극적으로 나서기 시작했다. 그런데 그 방식이 매우 이례적이다. 몇 가지 예를 들어보면 이런 식이다.

베트남의 식스 센스 리조트인 콘 다오ConDao에서는 콘 다오 국립공원과 함께 멸종 위기에 처한 바다 거북이 보호 운동에 나섰다. 바닷가에 바다 거북이 알 부화 보호 구역을 만드는 데 발벗고 나선 것이다. 포르투갈의 식스 센스 리조트인 도우로 밸리 식스 센스에서는 리조트 안에 있는 오가닉 정원 타일에 희망하는 고객의 이름을 새긴 뒤 기부금을 받아 지역 아이들을 돕는 데 쓰고 있다.

호텔을 홍보하거나 객실 판매를 위한 노골적이고 직접적인 마케팅이 아닌 협력과 공존, 환경보호와 종 다양성 보존을 위한 노력한다는, 진정성이라는 키워드를 전달하는 데 힘쓰는 쪽으로 홍보의 방향을 달리하고 있는 셈이다.

새롭게 등장한 여행지 선택의 기준은?

■

더 유명하고 더 화려하고 더 값비싼 곳을 찾기보다 '그곳'에서만 만나고 느끼고 경험할 수 있는 곳을 찾는 이들이 점점 더 늘어나고 있다. 여행의 선택 기준이 확실히 달라지고 있는 것이다.

진정성이 오늘날 산업 트랜드 영역 안으로 유입되고 있고, 소비자들은 이를 위해 기꺼이 비용을 치를 준비가 되어 있다는 추세를 엿볼 수 있는 사례이기도 하다.

>>>>>> ● <<<<<<
방향을 읽는 세 번째 키워드, 고대로부터의 지혜
>>>>>> ● <<<<<<

멕시코 툴룸은 마야 문명의 거의 마지막 항구 도시로 알려져 있다. 이곳에는 이른바 상식의 테두리를 뛰어넘는 친환경적인 웰니스 리트리트가 있다. 앞에서도 언급한 바 있는 이곳은 전 세계 관련자들 사이에서 가장 뜨겁게 회자되고 있는 곳이기도 하다. 바로 아주릭 리트리트다. 전통 건축 방식으로 지어지기도 했지만, 지역의 기후·풍토·전통·자연과 가장 잘 어울리는 방식으로 지었다는 점에서는 일종의 버내큘러Vernacular 건축에 가깝다. 2023년 사우디아라비아에도 문을 연 것만 봐도 아주릭 리트리트가 얼마나 세상의 주목을 끌고 있는지를 알 수 있다. 그도 그럴 것이 공간이나 예산의 규모로 전 세계를 압도하는 사우디아라비아 부동산 개발 사업은 세계 최고가 아니면 쉽사리 눈길을 주지 않기 때문이다.

정글과 바다가 맞닿아 있는 곳에 위치하는데 정글의 나무들을 중심으로 공간을 구성, 단 하나도 같은 공간이 없다. 공간을 채우는 모든 소품은 그 지역 예술가들이 직접 만든 마야 문명 전통 공예품으로 사진을 보기만 해도 마치 마야 문명 속으로 들어가는 느낌이다. 이곳에서는 마야 전통 의식에 착안한 웰니스 프로그램을 경험할 수 있고, 트리 하우스 콘셉트 레스토랑에서는 마야인들의 요리법에 영감을 받아 만든 음식을 먹을 수 있으며, 마야인들의 예술·패션·문화를 접목한 다양한 상품을 구매할 수 있다. 여기에 더해 팝업스토어에서는 크리스찬 디오르나 불가리 같은 세계 최고의 브랜드가 마야 예술에서 영감을 받아 만든 디자인 제품을 독점 판매하는 전략을 취하기도 한다. 이런 다양한 프로그램과 공간의 활용, 장치를 통해 고대와 현재가 마치 시공간을 초월해 어우러진 듯한 분위기를 담아냄으로써 오늘날 전 세계 셀럽들이 찾는 핫플레이스 목록에서 내려올 줄 모르고 있다.

고대 지혜의 부활은 공간에서만 발견되는 것은 아니다. 기존 과학의 시점에서는 비과학적이라고 치부되던 것들에 대한 재해석이 이루어지며 이를 바라보는 새로운 시선들도 등장했다. 명상, 요가, 한의학, 아유르베다, 선주민들의 일부 민간요법 등이 의학과 과학의 영역으로 유입되고 있다.

실제로 미국 국립 보건원National Institute of Health 같은 권위 있는 기관에서도 고대 지혜에 관한 다양한 연구가 진행되고 있다. 앞에서 언급한 미국 워싱턴대학 앤서니 백 교수가 코로나19로 우울증 증세에 시달리는 의료진을 상대로 한 실로시빈 임상실험도 그 사례 중 하나다. 예전 같으면 미신이라며 어림도 없다고 여겨질 일들이 과학자들의 연구실로 소환되고 있는 것이다.

사우디아라비아에 들어선 아주릭 리조트

멕시코 투룸에 이어 사우디아라비아에 들어선 아주릭 리조트는 오늘날 가장 뜨겁게
회자되고 있는 곳으로, 특정 지역의 고유한 건축 방식을 구현한 대표적 사례이기도 하다.

지역의 고유성을 새롭게 해석한다면?

■

한국의 한옥, 중국의 고대 건축을 모티프 삼은 레스토랑, 중국 재래시장과 프라다의 콜라보, 예술 작품이 된 전통
누에고치, 제인 진 카인진의 제주 풍속의 예술화 등 이미 다양한 방식으로 지역의 고유성은 새롭게 해석되고 있다.

한국은 지금 어디에 있는가,
어디로 나아가야 하는가

나는 지금까지 외로움, 진정성, 고대 지혜라는 세 가지 키워드로 새로운 시대의 변화를 간단히 설명했다. 이 책을 쓰기 시작할 때부터 나의 관심사는 하나로 향해 있었다. 전 세계 패러다임이 급변하고 있는 이때 21세기 한국의 호텔 산업, 나아가 한국의 관광 산업은 지금 어디에 서 있을까, 앞으로 우리는 어떤 기회를 잡을 수 있을까, 잡아야 하는가, 잡기 위해서는 어떻게 해야 하는가, 하는 것이다.

이 질문의 답을 구하기에 앞서 오늘날 한국의 호텔 산업에 대해서는 한마디로 말할 수 있다. 한국의 호텔 산업은 매우 뒤처져 있다. 그 근거는 몇 개라도 꼽을 수 있다.

첫번째, 지역 도시 호텔 현황을 떠올리면 단번에 알 수 있다. 극심한 양극화 상태다. 서울, 부산, 제주를 벗어난 다른 지역의 도시에는 호텔이 거의 없다. 잘 곳이 없어 여행하기 불편할 정도다. 간혹 좋은 숙소가 있다고 해도 한국인 평균 소득에 비해 1박 숙박비가 너무 비싸다. 큰맘 먹고 어쩌다 한 번 갈 수는 있지만 편하게 자주 들를 엄두를 내기 어렵다.

두 번째, 양극화와는 다른 양상으로, 진정한 럭셔리 호텔이 존재하지 않는다. 세계적인 럭셔리 브랜드가 없지는 않지만, 안타깝게도 한국으로 오면 전체적인 수준이 하향 조정되고 만다.

세 번째, 그 호텔만의 특징을 가진 곳이 거의 없다. 럭셔리를 지향하지만 가 닿지 못하고, 멋진 디자인을 원하지만 대개가 엇비슷하다. 호텔을 다녀와도 특별히 기억에 남는 경험으로 이어지지 못한다. 가까운 나라 일본의 호시노 야 또는 트렁크 호텔에 열광하는 한국 관광객들의 반응을 떠올려 보면 우리에 게 그런 곳이 없어 미안할 지경이다.

네 번째, 호텔 비즈니스에 대한 금융권의 투자가 원활하지 않다. 위험부담 이 크다는 인식 때문인지 자금을 모으기가 쉽지 않은 구조다. 통임대가 전제 되어 있지 않으면 눈길도 주지 않는 분위기가 역력하다. 해외의 경우 예를 들 어 모건 스탠리나 블랙 스톤 같은 곳에서 호텔에 집중 투자를 하는 것과는 사 뭇 다른 분위기다. 수익을 조기에 회수할 수 있는 분양형 부동산 개발 쪽을 선 호하는 게 확실하다.

다섯 번째, 호텔을 금융 상품으로 거래하지 않는다. 정확히는 거래가 되지 않는다. 호텔 산업이 더 발전하려면 이런 거래가 원활하게 이루어져야 한다. 물론 이를 위해서는 전제 조건이 갖춰져야 한다. 호텔의 가치평가를 제대로 할 수 있는 전문가 그룹이 형성되어 있어야 하고, 투명한 가치평가 시스템을 통해 잘 지어진 호텔이 높은 가격에 거래 되는 사례가 나와야 한다. 실거래 객 실 가격 등 호텔에 관련된 객관적이고 투명한 정보가 있어야 한다.

이렇게 당장 떠오르는 것만으로도 우리나라 호텔 산업이 뒤처져 있다는 나 의 결론에 누구라도 쉽사리 이의를 제기할 수 없을 것이다. 이런 결과는 호텔 업계 사람들에게만 영향을 미치는 게 아니다. 당연히 소비자들, 고객들에게 도 부정적인 영향을 줄 수밖에 없다.

호텔 산업이 발전하지 않고 이대로 간다면 우리는 국내에서 제대로 된 호텔 문화를 경험하기 어렵다. 숙박료는 들쑥날쑥할 것이고, 괜찮다 싶은 곳들은 갈수록 예약도 힘들어질 것이다. 해외로 여행을 가면 합리적인 가격에 쾌적하게 머물 수 있는 호텔의 종류가 무척 많은 걸 알 수 있다. 그런데 국내로 눈을 돌리면 아주 비싸거나 아주 허름한 선택지만 주어질 뿐이다. 언제까지 우리는 이런 상황에 푸념만 나열하고 있어야 할까.

그렇다고 부정적인 이야기만 하자는 건 아니다. 우리의 오늘은 분명히 뒤처져 있지만, 이는 시선을 조금 달리 하면 살 길이 널나는 이야기나. 갈 길이 멀다는 건 기회가 그만큼 많다는 의미이기도 하다.

그렇다면 우리에게는 어떤 기회가 주어져 있을까. 오늘날의 한국 호텔 산업은 다시 말하면 카오스 상태다. 카오스는 부정적 뉘앙스만 있는 게 아니다. 무질서 또는 혼란은 안정기를 향해 가는 여정에서 반드시 거쳐야 하는 과정이다. 이 카오스를 어떻게 통과하느냐에 따라 이후의 국면은 완전히 달라지게 마련이다. 나는 비교적 긍정적인 조짐을 최근 발견하고 있다.

하나는 통임대 방식이 차츰 줄어들고 있다는 것이다. 얼마전까지만 해도 호텔 운영사는 소유주에게 통임대를 한 뒤 임대료를 지불하고 호텔로 운영을 해야 했다. 양질의 서비스를 제공하는 글로벌 호텔 운영사들은 이런 방식을 선호하지 않는다. 만약 계속해서 통임대 방식을 고수하고 있다면 글로벌 호텔 운영사들이 한국 호텔 산업에 유입될 가능성이 낮았을 것이다.

또 하나는 글로벌 브랜드가 점차 늘어나고 있다는 것이다. 2018년 한국에 돌아온 뒤 문을 연 메리어트 호텔은 2023년 현재까지 약 16곳이 넘는다. 글로벌 호텔 브랜드 확장이 무조건 좋다는 말이 아니니 오해하지 말기 바란다.

다만 이들과 손을 잡고 호텔을 운영하면 글로벌 호텔 브랜드의 다양한 노하우가 한국 호텔 산업에 자연스럽게 유입된다. 이는 비단 서비스나 유지 운영에서만이 아니라 운영의 투명성 확산에도 기여한다. 여기에 국내 브랜드가 경쟁을 위해 글로벌 호텔 브랜드를 추격하면서 한국 호텔 산업 전반에 긍정적인 영향을 미치는 것도 장점 가운데 하나다. 실제로 국내 브랜드의 글로벌 호텔 브랜드 추격 양상은 우상향으로 현재진행형이다. 모 호텔 그룹에서 몇몇 글로벌 호텔 브랜드와 비슷한 브랜드를 만들기 위해 시도하고 있다. 앞서 나가는 브랜드를 발판삼아 더 훌륭한 브랜드를 만들어내기를 응원한다.

앞서 호텔 산업의 지체가 고객들에게 미치는 영향에 대해 간단히 말했지만, 영향의 정도는 단지 호텔의 선택권에 그치지 않는다. 2020년 10월 9일 『연합뉴스』는 세계 200여 개 국가의 관광 산업이 GDP에 기여하는 바를 수치로 기사화했다. 기사에 따르면 기여도의 전체 평균은 10.4퍼센트인데 한국의 경우 2.8퍼센트에 그쳤다. 참고로 일본은 7.5퍼센트, 필리핀은 24.6퍼센트 수치로 나왔다.

이 숫자는 고용과의 연관 데이터에도 영향을 미친다. 결과적으로 한국에서 관광 산업이 고용에 미치는 기여도는 3.1퍼센트로 최하위였다. 이에 비해 대만은 5.6퍼센트, 인도네시아는 10.5퍼센트, 홍콩은 19.4퍼센트를 나타냈다. 다른 나라와의 격차를 한눈에 알 수 있다.

오랜 시간 우리의 먹거리는 반도체를 비롯한 제조업에서 나왔다. 하지만 더이상 그것만 바라보고 살 수는 없다. 그동안 외면해온, 또는 뒷전에 팽개쳐둔 관광 산업을 통해 미래의 먹거리를 찾고, 나아가 고용의 기회를 만들어내야 한다.

그렇다면 남는 문제는 하나다. 어떻게 그것을 만들어내느냐. 누구나 알고 있듯 새로운 기회를 만들어내는 데 최고의 순간이 지금 우리 앞에 와 있다. 나라 안팎으로 호재가 맞물려 있다.

가장 눈에 띄는 것으로는 한류 열풍이다. 단 한 번도 경험한 적 없는 시대를 최초로 마주하고 있다. 지금껏 전 세계에서 이렇게 한국에 주목한 순간이 과연 있었을까. 지금은 마치 세계 지도의 한가운데 한국이 있는 것 같은 착각이 들 정도다. 단순히 매체의 보도나 숫자의 지표로 느껴지는 것을 넘어섰다. 인도의 지역 유적지에 가면 한국인들에게 막걸리 마시기에 좋다며 술잔을 파는 젊은이를 볼 수 있다. 런던 한복판에 한식당이 들어선 것도 신기한데 그 앞에 한 시간 넘게 줄을 서는 인파들은 이제 새로울 것 없는 풍경이다. 미 전역의 슈퍼마켓 체인에 공급되는 김밥 물량이 몇 개월째 동이 나서 구할 수가 없다는 푸념이 들린다. 우리 문화의 파급이 이렇게 빠르게 전 세계로 퍼져 나가고 있다. 그리고 그렇게 한국을 접한 전 세계 수많은 사람들이 기회만 있으면 가보고 싶은 나라로 한국을 꼽고 있다. 1989년 처음 미국 땅을 밟았던 때와는 완전히 다른 세상이 펼쳐졌다. 변방의 작은 나라 출신으로 겪어야 했던 시간들을 생각하면 오늘날의 이런 변화는 생각만 해도 뭉클할 수밖에 없다.

하지만 나의 가슴은 또다른 이유로 뜨거워진다. 세상이 이렇게 바뀌었다면 한국에도 새로운 가능성을 꿈꿔볼 수 있다는 희망 때문이다. 그동안 세계 수많은 잠재적 여행자들의 1순위에 올랐던 곳들은 우리도 모두 떠올리는 그런 유명 대도시 위주였다. 하지만 국적을 불문하고 개인들의 취향과 가치에 맞는 곳들을 선호한다면 우리도 더욱 더 전 세계 여행자들의 뜨거운 관심을 받을 수 있지 않을까. 그렇게만 된다면 우리도 세계적인 관광지로 급부상하여 새로운 산업의 중추를 만들어낼 수 있지 않을까. 한국이라는 나라가 어디쯤 있는지를 설명하기 바빴던 오래전 그때를 떠올리면 오늘날 이런 현상은 보고 있어도 보고 싶은 모습이 아닐 수 없다.

그런데 내가 말한 호재는 비단 이런 한국적 특수에만 있는 게 아니다. 이 책의 첫머리에서부터 일관되게 이야기해온, 새로운 세계관의 부상 역시 우리의 갈 길에 긍정적인 사인을 보내주고 있다. 이런 변화의 흐름을 타고 이전에 없던 다른 방향의 경험을 찾는 이들이, 원하는 경험만 제공한다면 기꺼이 자신들의 지갑을 열 만반의 준비를 마쳤다. 새로운 소비자와 소비 형태의 출현 앞에서 우리는 무엇을 준비해서 내놓을 수 있을까. 이런 변화를 우리는 어떻게 앞으로 나아갈 길의 디딤돌로 삼을 수 있을까.

이를 위해서는 지금까지와는 완전히 다른 새로운 차원의 전략을 짜야 한다. 단계별로 나아가기보다 전방위적으로 일사불란하게 동시에 변화를 추진해야 한다. 관광 산업 개선, 고용 창출, 지역 경제 활성화까지 한꺼번에 그 효과를 극대화하는 대범한 행보에 나서야 한다.

그러기 위해 가장 먼저 양질의 서비스를 제공하되 1박에 약 15~20 만 원 내외의 합리적인 가격의 호텔을 지역의 도시마다 충분히 공급하는 일을 해야 한다. 이를 통해 지역 간의 양극화 현상을 빠른 시간 내에 없애야 한다. 한국의 아름다운 자연을 즐길 수 있는 국내의 여러 지역에 많은 이들이 찾아가도록 해야 한다. 건강한 국내 관광 산업 활성화를 적극적으로 유도해야 한다. 적어도 숙소 때문에 무리해서 당일치기로 계획하거나 여행 자체를 꺼리는 일은 없어야 한다. 한국인 관광객만으로는 부족하다. 전 세계 여행자들이 한국 지역 곳곳을 찾을 수 있게 해야 한다.

이를 위해 가장 빠른 대안은 글로벌 호텔 체인과의 협업이다. 이들에게는 무엇보다 글로벌 객실 예약망이라는 강력한 무기가 있기 때문이다. 지구 반대편 여행자가 힐튼이나 메리어트, 하얏트 등의 예약 사이트에 한국을 검색했을 때 서울, 부산, 제주만이 아닌 부여나 정선의 호텔이 노출된다고 생각해보자. 그 자체로 효과적인 지역 마케팅 수단이다. 마치 전 세계에서 한국 곳곳으로 향하는 고속도로가 깔린 것과 같은 효과를 만들어낼 수 있다.

그리고 또 하나는 한국형 웰니스 리트리트를 만드는 것이다. 한류 열풍으로 세계의 시선이 집중되어 있는 이때, 웰니스라는 키워드가 전 세계 산업 전반을 강력하게 이끌고 있는 이때, 시대의 패러다임이 몸과 마음·영성의 조화를 추구하는 방향으로 대전환을 이루고 있는 이때, 한국형 웰니스 리트리트는 이 모든 것의 수요를 효과적으로 흡수해 드라마틱한 대안으로 부상할 수 있는 가능성이 무궁무진하다. 이는 단지 우리 문화를 세계적으로 알리기 위한 접근이라거나, 한국의 문화가 최고라는 인식에서 비롯한 제안이 아니다.

2018년 한국에 돌아온 뒤 기회가 있을 때마다 전국 방방곡곡을 돌아다녔다. 긍정적으로나 부정적으로 그동안 마치 흙 속에 묻혀 있던 진주 같은 가능성이 지역마다 빛나고 있음을 눈으로 확인했다. 한국 로컬 본연의 것을 수면 위로 올려놓으면, 전 세계 패러다임 변화의 기조 위에 제대로 세워놓기만 하면 터질 것처럼 팽배한 수요에 조응하는 대안이 될 수 있을 것이라는 기대가 갈수록 커졌다. 이는 곧 오랜 시간 답보 상태에 머물러 있는 한국 호텔 산업이 도약할 수 있는 전환점이자 전통적 수익 구조의 고질적인 한계에서 벗어날 수 있는 솔루션이 될 수 있을 것이라는 기대이기도 하다. 그렇다면 이런 기대를 품은 근거는 무엇일까.

가졌으나 알지 못하는 것,
우리 땅과 스토리텔링의 가능성

한국의 국토는 우리 모두 잘 알고 있는 약 70퍼센트가 산이다. 그런데 이 산들이 모두 예사롭지가 않다. 백두산으로부터 시작해 굽이굽이 전 국토를 휘감고 돌아 지리산으로 이어지는, 백두대간이라 일컬어지고 있는 우리 국토의 산들은 수많은 이야기와 함께 남다른 기운을 품고 있다고 알려져 왔다. 크게 보면 하나의 커다란 산줄기지만 강원도, 전라도, 경상도, 충청도를 따라 지역마다 산세며 기운은 사뭇 다르다.

나는 이런 우리 땅의 산들을 보며 늘 궁금했다. 외국에서 흔히 보는 이를테면 중국의 장가계나 미국 옐로마운틴 같은 엄청난 규모의 산들이 아닌데 우리 땅, 우리 산의 특징은 과연 무엇일까. 우연히 만난 동양학자 조용헌 선생은 나의 질문에 '한국의 자연은 풍수의 문법에 의해 이루어져 자연이 지닌 음양오행의 이치를 담고 있다'고 답했다. 설명은 계속 이어졌다.

'강원도의 산은 기운이 강한 산이라 양산이라 한다. 따라서 기를 충전하려면 강원도의 산으로 가야 한다. 지리산은 음의 기운이 강해 음산이라한다. 이곳은 엄마 품같이 부드럽고 품어주는 기운이 강하다.'

이야기를 듣고 있자니 백운동 원림 같은 한국적인 정원에서 느낀 자연스런 조화로움이 이해가 되었다. 그의 저서를 통해 더 많은 산 이야기를 접할 수 있었다. 산들은 각각 성질이 달라서 어떤 산에는 단백질이, 어떤 산에는 칼슘이, 또 어떤 산에는 마그네슘 성분이 많다고 했다. 그래서 자기 몸에 모자라는 성분에 따라 사람들은 자신에게 잘 맞는 산을 느끼는 경우가 있다고도 했다. 더 나아가 휴대전화기를 충전하듯 사람도 자기를 분출하는 바위에 앉아 기를 충전할 수 있다고도 했다.

얼핏 들으면 터무니없는 소리 같기도 할 것이다. 하지만 우리 몸에 흐르는 피에는 철분 성분이 있는데 바위를 이루는 광물질의 미네랄 성분 중 철분 성분을 통해 자연의 좋은 에너지(지기)가 몸으로 들어온다는 이론은 최근 유행하고 있는, 맨발로 흙을 밟는 어싱Earthing의 효과를 설명하는 이론과도 흡사하다.

이미 땅의 기운이 남다른 곳으로 유명한, 미국 애리조나 세도나·콜로라도 크레스톤·멕시코 투룸·인도네시아 발리·스페인 이비자 등 이른바 영지靈地라고 불리는 곳들은 전 세계적으로 각광을 받고 있고, 이곳만의 자연적인 힐링 효과를 이용한 웰니스 리트리트들은 진작부터 마치 성지처럼 여겨지고 있다.

그렇다면 우리라고 그러지 못할 이유가 없다. 게다가 우리에게는 산만 있는 게 아니다. 곳곳의 온천, 아름다운 풍광의 다도해, 부안과 신안의 염전, 고창의 고인돌은 물론 하동과 구례의 차밭, 진안의 마이산, 문경새재, 협곡과 폭포가 어우러지는 철원, 자생 약초 집산지 제천, 더 말할 것도 없는 제주도 등 지역마다 널리 알려진 곳 외에도 보물처럼 감춰진 독특한 기운과 이야깃거리가 종합선물 세트처럼 여기저기 흩어져 있다. 예전에 원효 대사는 이런 명당자리를 찾아 절을 세웠다고 하는데, 지금 이 시대에 이 찬란한 구슬 서 말을 꿸 자는 과연 누구일까.

자연적인 힐링 효과가 있는 곳에 스토리텔링이 겹쳐지면 어떨까. 하다못해 소박한 문화상품에도 스토리텔링을 어떻게 콜라보하느냐에 따라 고객들의 마음을 열기도 하고 닫기도 한다.

한국의 특이한 지형에는 헤아릴 수 없는 이야기들이 배어 있다. 우리는 너무 익숙해서 의식하지 못하고 있지만 한국은 신화의 나라다. 우리의 신화는 크게 문헌 신화와 구전 신화로 나뉜다. 문헌 신화의 대표적인 출처는 두말할 것도 없이 『삼국유사』와 『삼국사기』이며, 구전 신화는 보통 구전으로 전해오는 이야기로 다시 민간 신화와 무속 신화로 나누어 볼 수 있다. 여기에서 잠깐 짚어 보자면, 우리는 지금까지 구전 신화는 할머니가 들려주는 옛날 이야기일 뿐이고, 문헌으로 내려오는 것만이 진정한 의미의 신화라는 인식을 갖곤 했다. 하지만 이런 인식은 이제 바뀔 때가 되었다. 구전 신화에도 주의를 기울일 때가 된 것이다. 이미 미국 등 서구에서는 문헌과 구전을 함께 바라볼 때라야 그 대상을 총체적으로 이해할 수 있다고 했고, 실제로 뉴욕의 콜롬비아 대학 대학원 과정에는 구전 역사 전공 과정을 따로 두고 있다. 영어로는 'Oral History Master of Arts(OHMA)'라고 한다.

다시 본론으로 돌아가서 우리의 구전 신화는 신의 이야기이도 하지만 신과 인간이 서로의 영역을 넘나드는 특징을 갖기도 한다. 이런 이야기들은 누구나 친근하게 귀 기울일 수 있는 흥미로운 구성이 특징인데, 이를 브랜딩의 관점으로 본다면 어마어마한 가능성의 원천이라 할 수 있다.

신화만 있는 것도 아니다. 지명들의 뜻을 풀이해보면 그저 오묘하고, 이를 영어로 풀어 설명하면 신비롭기도 하다. 지리산은 그저 지리산일 뿐 그 뜻을 자세히 들여다본 경험이 나부터도 많지 않다. 지리산智異山의 뜻은 '다름을 아는 것'이며 나아가 '어리석은 사람이 머물면 지혜로운 사람이 된다'는 뜻

우리가 가졌으나 모르는 것, 또는 꿰지 못하고 있는 서 말의 구슬

■

사진 속 경남 통영, 강원도 평창, 충북 제천, 강원도 철원, 전북 고창은 물론이고 우리 산하 곳곳은
이미 꿰지 못한 서 말의 구슬로 가득하다. 이 구슬이 보배로 빛이 나는 순간은 과연 언제일까.
이 구슬을 묶어 보배로 빛나게 할 실끈으로 웰니스를 활용해보면 좋지 않을까.

이 있다고 한다. 한국에서 산신을 20년 넘게 연구하고 있는 데이비그 메이슨 교수는 이런 이유로 지리산의 영어 표기를 'jiri mountain'이 아닌 'The Exquisite-Wisdom Mountain'이라고 번역한다.

우리 지명의 영어 표기의 방법론을 말하는 게 아니다. 한국어와 영어의 경계를 넘는 이 시선을 통해 엄청나게 다른 이야기의 전개를 가져올 수 있다는 점은 시사하는 바가 크다. 메이슨 교수는 지리산뿐만 아니라 다른 산에도 자신만의 이름을 붙였다. 산의 의미를 부여해보니 계룡산은 'The Rooster-Dragon Mountain'이 되고 태백산은 'The Ultra Holy Grand White Mountain'이 된다. 산 이름의 본래 뜻을 알고 그 맥락에 맞는 이름을 알리려는 외국인 앞에서 무척이나 부끄러웠다.

그는 그렇게 이름 붙인 산들마다 그 산과 연관 있는 산신의 이야기로 연결한다. 한국의 산신은 샤머니즘·도교·불교 모두와 연관이 되어 있는데, 한국인의 의식 속에 알게 모르게 밀접하고 깊숙이 자리잡고 있다는 설명을 듣고 있으면 저절로 고개를 끄덕이게 된다. 그의 시선으로 볼 때 한국은 산-산신-한국인이라는 알고리즘으로 작동하는 곳이다. 그는 그렇게 한국을 오롯이 한국적인 고유한 시선으로 이해하려 한다. 하나의 대상을 익숙한 방식에서 벗어나 다른 방향으로 바라보는 그의 시선을 통해 우리의 것을 다시 바라보면 이야기는 무궁무진해진다. 이런 이야기는 다시 지리산으로 돌아가 지리산의 원천적인 의미인 '머물면 삶의 지혜를 얻을 수 있는 곳, Sanctuary for Your Life Wisdom'이라는 의미의 브랜딩으로 웰니스 리트리트를 시작해 보면 어떨까, 하는 생각으로까지 이어진다. 이렇게 땅의 스토리와 연관 지어 만든 웰니스 리트리트는 아직까지 유례가 없다. 누구든 한 번 나서봐주면 어떨까.

우리 땅과 산의 특별한 기운과 대대로 내려오는 이야기 외에도 특별히 주목할 부분이 있으니 바로 굿이다. 고려 시대 이전에는 종교와 정치가 하나여서 왕은 신관을 겸했고 무당의 위상은 꽤 높았다. 조선 시대에 와서 무당의 신분은 천민으로 하락했고 일제강점기에는 미신 타파 운동으로 더욱 더 멸시를 받았다. 그렇게 만들어진 무당에 대한 인식은 오늘날까지도 이어지고 있다.

　남산 국악당의 남산 초이스 공연 시리즈를 통해 진도 씻김굿과 단막극, 그리고 동해 별신굿을 재구성한 공연을 본 적이 있다. 지금까지 전 세계를 다니며 다양한 문화를 즐기고 이해하기 위해 수많은 장르의 공연을 찾아다녔다. 클래식 음악의 정수라 불리는 오스트리아 비엔나, 오페라 공연이라면 꼭 가야 할 이탈리아의 베로나, 중국 경극의 베이징, 태양의 서커스를 하는 라스베이거스, 뮤지컬의 원조라 할 수 있는 런던, 장예모 감독의 인상 쇼가 펼쳐진 시안과 항저우 등이 기억에 남는다. 하지만 남산 국악당의 공연은 지금까지 보던 것들과는 느낌이 달랐다. 한국인이어서 그런 걸까 싶기도 했지만 그것만으로는 다 설명이 안 되는 느낌이었다. 그동안 보아온 공연들은 그야말로 공연이었다. 일정한 스토리를 여러 형태의 예술 행위를 통해 관객과 소통하는 배우들의 퍼포먼스다. 하지만 남산 국악당에서 경험한, 우리의 굿을 배경으로 한 공연은 관객, 관객의 가족, 그리고 우리 모두를 위로하는 동시에 신에게 인간 세계의 안녕을 기원하는 의식 같았다. 공연장에 함께 있는 관객 모두를 끌어안는 확장된 다른 차원의 것이었다. 김상욱 교수의 『울림과 떨림』이라는 책의 언어를 빌리자면 공연하는 사람들의 떨림이 울림으로 전해져 보는 이들에게 힐링과 감동을 선사해주고 있었다. 공연이 끝나고 집으로 돌아오는 내내 굿이란 무엇인가에 대해 깊이 생각했다. 그동안 나조차도 미신으로 치

남산 국악당의 남산 초이스 공연 시리즈 중 강민수의 독경 공연 장면

부하거나, 기껏해야 전통문화의 하나로만 여기던 굿이 어쩌면 그보다 더 크고 깊은 무엇을 품고 있는 건 아닌가 하는 생각이 들기 시작했다.

기계론적 세계관이 통합적인 세계관으로 바뀌는, 제4차 혁명이라고도 불리는 패러다임의 전환점에 서 있다는 생각을 자주 하게 되면서 자꾸 굿에 대해 다른 시선으로 봐야 한다는 인식이 구체화되었다. 오랜 시간 생각을 거듭한 끝에 명상에서 종교적 색채를 거두고 치유 효과 측면을 극대화한 사례처럼 MZ세대들이 주도해 만들어내는 세련된 굿에 주목하고 이를 글로벌한 차원의 웰니스 리트리트 안의 힐링 모달리티로 끌어들여야 한다는 생각에 이르렀다.

방송작가이며, 국립무형유산원 공연 PD로 여러 무형 유산 공연을 기획했던 하윤하 피디는 MZ세대의 동해 별신굿이나 이수자 방지원의 동해 별신굿, 동해 유니버스에 관해 이렇게 부연하고 있다.

'동해안 별신굿은 어촌의 풍요와 안녕을 기원하는 풍어제의 성격을 띤다. 풍어제는 바다에서 사고가 일어나지 않기를 기원하며, 풍어를 빌고 마을의 평화와 운수를 바라는 어촌 마을의 제사다. 그런데 고기를 많이 잡으면 어민들이야 좋겠지만 물고기 입장에서는 정반대다. 말하자면 물고기 입장에서 풍어제는 상당히 무서운 제사다. 그 맥락에서 방지원은 동해 별신굿에 그물에 잡힌 고기의 운명을 함께 슬퍼하며 위로하는 오구굿(물고기 굿)을 통해 인간, 환경, 생명의 공존에 대한 질문을 대중에게 던진다.'

이미 젊은 세대가 재구성한 굿은 우리도 모르는 사이에 지구상의 모든 생물의 평화와 대통합이라는 차원으로 나아가고 있었다. 글로벌 패러다임의 변화에 선도적으로 함께 하고 있었던 것이다. 이는 나 혼자 꿈꾸는 공상이 아니다. 진작부터 우리의 굿은 유네스코 세계 문화유산으로 등록되어 있을 뿐만 아니라 월드 이코노믹 포럼World Economic Forum과 유엔 등에서 활동하고 있는 친구들이 두 눈을 크게 뜨고 주목하고 있다.

비단 굿만이 아니다. 눈을 크게 뜨고 보면 새로운 시각으로 재해석할 우리의 전통 문화가 한둘이 아니다. 이를 위해 어떤 시도와 도전이 이어질지, 그 결과가 어디로 어떻게 이어질지 생각힐수록 그 가능성에 가슴이 두근기린다.

가졌으나 알지 못하는 것,
우리 의식주에 담긴 웰니스 코드

코로나19를 겪고 나서야 지구를 구하자고 다들 난리법석이다. 이제는 친환경, 지속가능함 등의 단어를 못 들어본 사람이 없을 정도다. 나아가 여기저기에서 다양한 형태로 제도화를 시도하고 있다. 하지만 돌이켜보면 이런 지향은 이미 우리의 의식주 문화 속에 둥지를 틀고 있었다.

한옥은 자연의 이치를 담고 풍수에 근거해 자연 지형에 따라 지어졌다. 문화적으로 우리가 선호하는 남향은 여름에 시원하고 겨울에 따뜻해서 냉난방 에너지 사용을 최소화한다. 우리의 온돌은 스마트 시스템으로 음식과 난방을 동시에 효율적으로 할 수 있고, 대청마루는 앞뒤가 트여 앞마당과 뒤뜰의 서로 다른 열의 대류가 자연스레 이루어지게 한다. 기본적으로 삼각 구조의 천장은 겨울 실내온도 변화를 최소화하고, 여러 겹 쌓아올린 댓돌은 땅의 습기를 줄여주어 쾌적하게 살 수 있게 돕는다. 처마 덕분으로 직사광선이 직접 들어오지 않으며 하얀 모래를 깐 마당에 반사된 햇빛이 자연 재료 한지를 통해 건물 내부를 비추는 간접 조명 역할을 한다. 한지는 눈에 보이지 않는 수많은 구멍이 있어 실내의 온도와 습도까지 자연스럽게 조절한다. 또한 사람의 건강에 좋고 자연적인 재료인 황토를 실내에 적용해서 쓰는 지혜도 발휘를 했다. 이쯤 되면 지속가능한 건물과 친환경 건축을 부르짖는 각국의 건축 친환경 조건들은 한옥에 비해 초라해 보이기까지 한다.

음식 또한 예사롭지 않다. 전 세계 웰니스 리트리트 식단이 부럽지 않을 정도다. 지금이야 치킨 등 말초신경을 자극하는 음식이 많지만 한식은 지구온난화의 주범인 이산화탄소와 메탄가스를 줄여주는 채식 위주의 식단과 최근 다시 주목 받는 곡물, 잡곡 위주의 식단이다. 그 가운데 빼놓을 수 없는 것이 바로, 전 세계도 인정하는 발효 식품이다. 제철 식재료를 자연의 속도로 숙성해 만든 된장, 젓갈, 김치는 최고다. 조리법 또한 튀기거나 굽기보다 삶거나 끓이는 쪽이 많다. 건강에도 좋고 자연 친화적이다.

옷은 또 어떨까. 자연과 우주의 조화 속에서 고안해낸 것이라 할 수 있다. 색동옷은 보기에도 예쁘지만 무병장수와 행복을 기원하는 의미를 품는다. 고구려 고분 벽화 속 여인의 색동치마부터 아이들 설빔이나 새색시의 색동 저고리까지 색동에 대한 추억은 한국인이라면 누구나 하나쯤은 가지고 있을 것이다. 음양오행의 전통사상에 바탕을 둔 색동의 오방색은 목木, 화火, 토土, 금金, 수水의 우주적 에너지를 의미하며 나무는 청색, 불은 적색, 흙은 황색, 금은 흰색, 물은 검은색으로 표현되고 있다. 음양오행이란 우주와 인간을 나타낸다. 해와

사진 제공 : 월간밀양

가졌으나 알지 못하는 것, 우리 의식주에 담긴 웰니스 코드

오래전부터 우리 조상들은 의식주 모든 면에서 자연의 질서에 순응하며 살았다. 우리의 전통을
다시 들여다보면 새로운 패러다임의 전환점이 향하는 그곳에 이미 우리의 것이 가 있음을 알 수 있다.
과감하게 재해석되어 2023년 2월 「보그」 잡지에 실린 한복과 소반 위에 차린 일인일상의 상차림이 멋스럽다.

달의 음양과 다섯 개의 행성, 즉 목성·화성·토성·금성·수성을 우주관의 기본으로 삼는다. 지구의 구성 요소가 나무, 불, 흙, 쇠, 물의 다섯 개의 주요 원소이기에 음양오행은 우주와 인간을 담고 있다고도 한다. 이런 심오한 개념을 표현하는 색들은 모두 자연에서 비롯한다. 예를 들어 동쪽을 나타내는 청색은 쪽풀이라는 풀에서, 서쪽에 해당하는 흰색은 고령토나 조개껍질에서 나온 것이다.

이렇게 오래전부터 우리의 조상들은 이미 의식주 모든 면에서 자연의 질서에 순응하는 삶을 살고 있었다. 잠시 잊고 있던 우리의 전통을 다시 들여다보자. 새로운 패러다임의 전환점이 향하는 그 방향에 이미 우리의 것이 오래전부터 가 있었음을 알 수 있다.

무에서 유를 창조한 아랍에미리트 루브르 아부다비 박물관 주변 문화지구 마스터 플랜, 중국 쑤저우 상하 리트리트를 경험한 부동산 디벨로퍼의 시선으로 한국을 돌아본다. 지형적 특성, 스토리텔링, 진정성의 퍼포먼스, 자연을 존중하는 의식주 전통 등 하나같이 웰니스 리트리트에서 지향하는 요소들이다. 이 모든 요소들이 한 곳에 이렇게 골고루 모여 있는 예를 나는 어디에서도 본 적이 없다. 전 세계적으로 유명한 루브르 아부다비 박물관 주변은 작은 해안 마을이라는 소박한 역사에서 시작했다. 쑤저우의 상하 리트리트 또한 매립지 위에 세운 것으로, 웰니스에 걸맞는 어떤 원천적 소스 없이 시작해야 했다. 그럼에도 불구하고 세계적인 미디어『포브스』지의 주목을 받고 웰니스 리트리트 대명사로 거론되곤 한다.

지극히 평범한 것을 특별한 것으로 바꿔 전 세계의 주목을 받은 이들도 있다. 세계 곳곳을 다니며 폐차된 차나 전봇대 등을 색색의 뜨개질로 감아 예술로 승화시킨 미국 뜨개질 아티스트 매그더 세이예그Magda Sayeg로 인해 전 세계에 뜨개질 아트 열풍이 일었다. 집에서 혼자 소자본으로 시작한 그녀의 세계관에 수많은 사람들이 열광적인 반응을 보인 것이다.

아프리카에서는 지금도 밥을 짓기 위해 집에서 멀리 떨어진 숲에서 땔감을 구해와야 하는 곳이 있다. 그렇다 보니 땔감을 구하러 간 여성들이 성폭행을 당하거나 심지어 납치를 당하는 일도 비일비재하다. 남아프리카 공화국의 사라 콜린스Sarah Collins는 어린 시절 할머니가 음식을 따뜻하게 보관하기 위해 담요 같은 것으로 냄비를 싸놓았던 걸 떠올렸다. 우리 어릴 적 할머니가 따뜻한 아랫목에 밥그릇을 넣어두고 이불로 덮어둔 것과 비슷하다. 그녀는 여러 겹의 천을 바느질해 호박처럼 생긴 원더백Wonderbag을 만들었다. 이른바 전기가 필요 없는 슬로쿠커가 탄생했다. 냄비가 끓자마자 원더백에 넣으니 일정 시간 보온이 되어 땔감 사용량이 훨씬 줄어들었다. 땔감을 구하러 나갈 일도 줄었다. 그녀가 어린 시절 추억을 소환한 덕분에 아프리카 여성들은 범죄에 노출될 위험이 한결 줄어들었고, 한발 더 나아가 그녀의 원더백은 난민 캠프에서도 수많은 사람들을 돕고 있다. 여기에서 끝이 아니다. 땔감 사용량을 줄이고, 전기를 쓰지 않음으로써 탄소 배출을 줄이는 결과를 가져온 원더백은 탄소 배출권 시장으로 진출, 글로벌 기업인 마이크로 소프트 사와 손을 잡기에 이른다. 평범하기 이를 데 없는 것으로 미래 산업의 새로운 가능성을 만들어낸 셈이다. 그녀는 이 원더백을 북한으로 보내고 싶다는 소망을 피력하고 있는데, 그녀의 이타적인 행보는 전 세계의 눈길을 끌어 테덱스·『타임즈』 등에서도 앞다퉈 소개할 뿐만 아니라 아프리카에서 가장 영향력 있는 여성 기업

가로 선정이 되기도 했다.

그녀의 사례처럼 우리의 밥 한 그릇은 어디에서 찾을 수 있을까. 눈을 크게 뜨고 우리 기억 속 따뜻한 아랫목에 넣어두었던 밥 한 그릇을 찾아 새로운 옷을 입혀야 할 때가 아닐까.

한국이 품고 있는 가능성은 무궁무진하다. 결코 빈말이 아니다. 나만의 일장춘몽도 아니다. 2023년 영국 레저 미디어 그룹에서 발행하는 잡지 『스파 비즈니스』와의 인터뷰에서 나는 웰니스 산업 측면에서 한국의 막강한 가능성에 대해 이야기했다. 한국의 영지, 신화, 온천 문화에 대한 나의 이야기에 업계의 반응은 놀라울 정도였다. 큰 반향을 일으킨 이 기사는 이 잡지가 매해 한 번씩 발간하는 산업 전망 분석 도서에 포함되기도 했다. 이 기사를 읽은 글로벌 웰니스 연구소 자문 위원을 거쳐 지금은 글로벌 웰니스 마케팅부서에서 활약하고 있는 한 친구는 언젠가 한국형 웰니스 리트리트가 생기면 자신이 홍보 대사가 되겠다고 나선 지 오래다.

나는 『호텔에 관한 거의 모든 것』에서 호텔은 '공간과 라이프 스타일의 실험실'이라고 했다. 현재 진행중인 제4차 산업혁명의 물결을 타고 우리의 세계관은 인간 역시 자연의 시스템의 하나라는 천인합일의 시각으로 변하고 있고, 이에 따라 우리의 가치관은 점차 인간이 건강하고 행복하게 살려면 자연의 이치를 존중하며 환경 또한 건강해야 한다는 방향으로 재정비되고 있다. 이에 따른 우리의 라이프 스타일의 변화는 역시 호텔에서 구현되고 있다. 바로 호텔의 새로운 장르인 웰니스 리트리트의 등장이다. 그리고 이 웰니스 리트리트에서는 하드웨어적인 공간 이외에도 소프트웨어적인 치유 프로그램의 접목이 요구되어 기존에 없던 폭넓은 경험이란 새로운 상품을 내놓기에 이르렀다.

저자 인터뷰가 실린 2023년 『스파 비즈니스』 잡지 표지와 해당 지면 일부.

웰니스 리트리트라는 새로운 장르는 우리가 가진 것을 세계적인 반열에 올려 놓는 동시에 그동안 정체되어 있던 한국 호텔 산업이 한 걸음 나아갈 수 있는 도약의 기회가 될 가능성이 매우 크다. 우리가 이 기회를 제대로 잡기 위해서는 그 동안 우리가 잊고 있던, 또는 그 가치를 제대로 존중하지 않았던 우리의 것들에 대한 새로운 시각이 필요하다. 혁신이란 없는 것을 만들어내는 것이기도 하지만 있는 것을 새로운 시각으로 재해석하는 것이기도 하다.

이는 곧 관광과 접점을 같이하고 있는 호텔을 십분 활용하여 GDP 대비 관광 산업의 소득 증대, 고용창출의 기회를 늘려 지역 활성화라는 화두를 세계적인 시장을 대상으로 확대하는 대담한 행보로 이어져야 한다. 그러기 위해서는 공공과 민간 모두 혁신적인 노력을 해야 한다. 지역마다 버티고 선 백설공주와 난쟁이는 이제 그만 치우고, 가장 고유한 한국적인 것으로 세계적인 언어를 만들어낼 준비를 해야 한다. 패러다임의 전환점에서 기가 막히게도 한국의 고유한 특질이 제대로 들어맞는다는 것, 한류로 세계적인 이목이 우리에게 쏠려 있는 이 안팎의 호재에 우리는 과연 어떻게 대응을 할 것인가. 앞으로의 미래는 여기에 달려 있다.

· 단행본

그렉 조한슨·론 커츠 지음, 김천기 옮김, 『하코미 심리치료와 노자 도덕경』, 이너북스,
    2008.

김상욱, 『떨림과 울림』, 동아시아, 2018.

다니엘 골먼·리처드 J. 데이비드슨 지음, 미산·김은미 옮김, 『명상하는 뇌』, 김영사,
    2022.

디팩 초프라 지음, 최린 옮김, 『디팩 초프라의 완전한 명상』, 센시오, 2021.

브루스 H. 립튼 지음, 이창희 옮김, 『당신의 주인은 DNA가 아니다』, 두레, 2014.

에드워드 오스본 윌슨 지음, 안소연 옮김, 『바이오필리아』, 사이언스북스, 2010.

오기노 준야·보쿠라 샤폐 기미코·요시다 덴세 지음, 장은주 옮김, 『세계 최고 인재들의
    집중력 훈련법』, 가나출판사, 2016.

윤성철, 『우리는 모두 별에서 왔다』, 21세기북스, 2020.

제임스 H. 길모어·조지프 파인 2세 지음, MX디자인랩 옮김, 『경험경제』, 유엑스리뷰,
    2021.

조용헌, 『조용헌의 도사열전』, 불광출판사, 2022.

하라 켄야 지음, 서하나 옮김, 『저공비행』, 안그라픽스, 2023.

한양대학교 박물관, 『여행하는 인간』, 한양대학교 박물관, 2016.

Ervin Laszlo·Fredrick Tsao, *Dawn of an Era of Wellbeing: New Paths to a Better
    World*, Select Books Inc, 2021.

Global Wellness Summit, *The FUTURE of Wellness 2023 TRENDS*, Global
    Wellness Institute, 2023.

Sonal Uberoi, *The Wellness Asset: How wellness can transform and futureproof your hotel*,
    Sonal Uberoi, 2021.

· 기사 및 자료

김수연, 「제대로 알고 활용하면 약이 되는 민간요법 12」, 『헬스인 뉴스』, 2023. 10. 6.

김토일, 「그래픽」 관광산업 GDP 기여도 순위」, 『연합뉴스』, 2020. 10. 9.

박소영, 「엄마 손은 약손이다, 과학적 효과 입증됐다」, 『중앙일보』, 2002. 7. 31.

배재성, 「하루15번 흡연만큼 해롭다, 몰랐던 외로움의 위험성」, 『중앙일보』, 2023. 5. 3.

원동우, 「먼지에서 우주먼지로, 당신은 별의 아이들」, 『한겨레』, 2016. 1. 22.

Cai Mason at Wessex Archaeology, "Pandemics and public health: cleansing Bath's 'Great Unwashed'", *THE PAST*, 2012. 1. 7.

Concepcion de Leon, " Trends 2022, Travel as Healing", *NEW YORK TIMES*, 2021. 12. 23.

Emily Farra, "Angel Chang's New Line Was Made With No Electricity, Synthetics, Or Chemicals- Just "Sun, Plants, and Mountain Water", *VOGUE*, 2021. 5.

John Stewart, "The Incredible Story Behind Thailand's Award Winning Spa", *THE CAROUSEL*, 2016. 10. 3.

Kristy Alpert, "JFYI, You don't need a trust fund for a wellness retreat", *COSMOPOLITAN*, 2022. 11.

Megan Whitby, "South Korea, Ripe for wellness development", *SPA BUSINESS*, 2023. 1.

Serena Gianfaldoni· Georgi Tchernev· Uwe Wollina, Maria Grazia Roccia· Massimo Fioranelli· Roberto Gianfaldoni and Torello Lotti, "History of the Baths and Thermal Medicine, *NIH* (*National Library of Medicine*), 2017. 7. 23.

이 책을 둘러싼 날들의 풍경

한 권의 책이 어디에서 비롯되고, 어떻게 만들어지며,
이후 어떻게 독자들과 이야기를 만들어가는가에 대한 편집자의 기록

2021년 12월 1일. 저자의 첫 책이자 혜화1117의 열여섯 번째 책 『호텔에 관한 거의 모든 것』을 출간하다. 20대 초반 미국으로 건너간 뒤 50대 초반 다시 한국으로 돌아와 일하고 있는 저자의 첫 책에 대한 독자들의 뜨거운 반응을 접하다. 첫 책을 준비하며 책을 통해 저자가 한국 사회에 기여할 바가 많음을 짐작하던 편집자는 이미 두 번째 책을 함께 할 생각을 가지고 있긴 했으나 이 정도의 반응은 미처 예상하지 못한 탓에 연일 놀라움을 금치 못하다. 저자와의 다음 책 준비를 염두에 두고 자연스럽게 책의 제목은 첫 책과의 연결에 방점을 찍어 '호텔에 관한 거의 모든 것2'로 내심 정하고 시작하다.

2022년 2월. 출간 직후 빠른 속도로 2쇄를 제작하게 한 독자들의 반응을 지켜보며 편집자는 저자와의 후속권은 물론 이 책의 구성안을 참고하여 독자들이 관심을 가질 만한 유무형의 공간 및 일에 관한 후속권을 만들어보겠다고 생각하다. 이는 곧 박물관, 공원, 신문사 문화부 등에 관한 새로운 기획의 구상으로 이어지다.

2022년 3월. 『국민일보』에 저자의 기명 칼럼 연재가 실리다. 미국으로 건너간 뒤 한글로 긴 글을 거의 써본 적이 없다는 저자가 단행본 한 권을 쓰고, 매월 한 편씩의 칼럼을 쓰는 걸 지켜보며 편집자는 저자의 탁월한 학습 능력을 확인하다. 성인이 된 뒤 한글로 처음 긴 글을 쓴다는 부담감을 내려놓은 저자와의 새 책을 만드는 과정이 훨씬 더 순조로울 것으로 기대하다. 『호텔에 관한 거의 모든 것』 출간 이후 본업 외에도 책과 관련하여 저자는 쇄도하는 인터뷰 및 다양한 매체 출연 등으로 눈코 뜰 새 없는 일정을 보내다. 이런 와중에 다양한 독자의 반응을 직접 경험한 저자와 편집자는 새 책 출간을 위한 본격적인 협의를 시작하다.

2022년 8월 26일. 수시로 만나 협의한 내용을 바탕으로 저자의 첫 구성안이 도착하다. 웰니스, 웰니스 리트리트에 관한 책을 만들되 책의 제목은 여전히 '호텔에 관한 거의 모든 것2'를 염두에 두다. 저자가 접하는 글로벌 단위의 호텔업계에서는 이미 오래전 화두로 부상하기 시작, 관련 산업 전반의 선두에서 새로운 패러다임의 변화를 이끌고 있는 웰니스라는 키워드를 한국 사회에 본격적으로 안내한다는 방향을 설정하다. 다만, 이를 독자들에게 어떻게 가닿게 할 것인가, 자칫 그들만의 리그로 여겨질 법한 대상과 대중적인 접점을 어떻게 만들 것인가에 대해 집중적으로 고민하다.

2022년 11월 14일. 여름에 시작한 책의 구성안에 관한 고민이 가을의 끝무렵에서야 마무리되고 책의 윤곽이 서서히 드러나다. 저자로서는 이미 경험한 세계의 일이나 편집자로서는 다소 낯선 대상을 다루는 것이어서 이에 대한 이해의 시간이 꽤 걸리다. 수차례의 의견 교환 및 조정을 거친 끝에 정리된 구성안을 보며 편집자는 비로소 큰 산을 넘었다고 안도하다.

2022년 12월 4일. 정리된 구성안에 근거한 원고의 일부가 들어오기 시작하다. 이에 대한 편집자의 의견을 보태 회신하다. 이후로도 이미 알고 있는 기본적인 내용은 간단하게, 새로운 내용을 더 자세히 서술하려는 저자와 기본적인 내용이 더 궁금한 편집자 사이의 편차를 줄이는 과정을 거듭하다.

2023년 3월 22일. 저자의 공간 원앙아리에서 만나 계약서를 작성하다. 지금까지 집필한 원고의 톤과 방향, 정보의 편차, 깊이와 넓이의 높낮이 등에 관해 협의하다.

2023년 7월. 상반기 내내 몇 차례에 걸쳐 구성안이 조금씩 변경되고, 그에 따라 원고의 내용도 수정의 과정을 거듭하다. 28일. 저자와 만나 원고의 방향에 관해 의논하던 중 모 매체에 실린 저자의 사진을 새삼스럽게 주목하다. 『호텔에 관한 거의 모든 것』 출간 이후 표지를 둘러싼 독자들의 호기심이 워낙 커 새 책의 표지 역시 그 못지 않은 관심을 받고 싶다는 마음, 웰니스라는 키워드를 본격적으로 국내에 소개하는 역할을 하게 된 저자의 상징성을 극대화하려는 바람으로 표지의 방향을 고민하던 차에 저자의 사진을 적극 활용한 새 책 표지의 안을 떠올리다. 이로써 표지에 대한 고민을 일찌감치 해결하다.

2023년 8월. 연내 출간을 목표로 하고 관련하여 예상 일정을 정리하여 저자와 공유하다. 이미 곳곳에 저자의 새 책 출간을 공표한 탓에 연내 출간을 하지 못하면 공수표를 남발하는 셈이 된다고 저자와 편집자가 서로를 독려하다.

2023년 9월. 장별로 원고가 들어오기 시작하다. 원고가 들어올 때마다 편집자는 바로바로 읽으며 보완할 부분을 메모하는 동시에 화면초교를 진행하다. 원고의 방향 및 구성에 관해 여러 차례 협의를 거친 덕분에 무리없이 교정을 진행할 수 있게 되다. 책의 판형 및 본문 레이아웃 등은 『호텔에 관한 거의 모든 것』을 바탕으로 진행하기로 하여 작업의 시간이 결과적으로 줄어들다. 각 장의 원고 및 수록 이미지를 함께 취합하여 디자이너 김명선에게 작업을 의뢰하다. 표지의 방향을 미리 전달하다. 28일부터 시작하는 추석 연휴에 집중하여 교정을 보겠다는 저자의 계획에 맞춰 연휴 직전 조판을 마무리한 본문의 파일을 전달하다.

2023년 10월. 추석 연휴 직후 초교를 완료한 교정지를 들고 저자와 만나 처음부터 끝까지 확인 및 보완할 사항을 점검하다. 표지의 1차 시안을 입수하다. 이를 놓고 저자와 협의하다. 정치인의 선거 홍보 포스터처럼 보이지 않도록 주의하기로 하다. 편집자는 그보다는 잡지 표지 분위기를 연출하겠다고 구상하다. 아름답고 부드러운 이미지를 전면에 내세우는 포스터나 잡지 표지 이미지 대신 저자의 표정 및 눈빛을 통해 전달하려는 바를 강조하기로 하고, 일반적인 잡지 표지에 실린 인물 이미지의 경우 지나치게 보정하여 현실감이 떨어지는 경향이 있는 만큼 사진을 촬영한 작가에게 보정을 최소화하여 최대한 자연스러운 느낌을 살려줄 것을 요청하다. 이를 위해 몇 차례의 사진 파일이 오고가다. 책의 제목은 내내 염두에 두었던 『호텔에 관한 거의 모든 것2』가 아닌 『웰니스에 관한 거의 모든 것』으로 정하다. 호텔에 관한 이야기라기보다 더 넓은 산업 전반에 관해 다루고 있으니 아예 웰니스라는 단어를 전면에 내세우는 것이 더 맞겠다고 판단하다. 표지에 노출할 제목 및 부제의 영문은 영어를 제2의 일상어로 사용하는 저자의 가족회의를 통해 결정한 것으로, 특히 미국에서 나고 자란 저자 가족의 일원이 내놓은 의견에 결정적인 영향을 받다. 각 장에 들어갈 이미지와 관련 요소들을 추가하기 위해 저자는 지난 십수 년 동안 작업해온 온갖 프로젝트 관련 사진을 보고 또 보고의 과정을 거듭하다. 저자로부터 받은 이미지와 수정사항 등을 반영한 재교지의 파일을 미국과 멕시코 등으로 떠나는 저자의 장기 출장일 직전에 전달하다. 미국에 도착하자마자 교정사항을 보내온 저자는 한국에서 미국으로 향하는 13시간의 비행 시간이 '순삭'되는 신기한 경험을 했노라 전하다. 이 와중에 『호텔에 관한 거의 모든 것』 3쇄를 출간하다. 이왕이면 책의 뒷날개에 새 책의 정보를 싣고 싶어 버틸 수 있을 때까지 버티고 싶었으나 재고가 거의 소진이 되어 부득이하게 몇 주 먼저 출간을 하게 되다. 미국과 멕시코 등지에서, 웰니스라는 키워드이 글로벌 최전선의 현장에서 종횡무진하고 있는 저자와 서울의 편집자와 파주의 디자이너가 손발을 맞춰 시차와 공간을 넘나들며 책의 마감을 향해 전진하다. 이를 위해 때로는 온라인 메신저로, 메일로, 통화로 밤낮 가리지 않는 교신이 이어지기도 하고, 또 때로는 서울에서 파주까지 교정지를 들고 뛰기도 하는 등 아름다운 가을 하늘 아래 동분서주의 나날이 펼쳐지다. 이런 시간을 거치며 표지는 표지대로, 본문은 본문대로 마침표를 향해 나아가고, 멕시코에서의 출장을 마친 저자가 미국에서 보내온 최종 오케이 사인으로, 마침내 마침표를 목전에 두게 되다.

2023년 11월 3일. 모든 작업을 마무리하다. 표지 및 본문 디자인은 김명선이, 제작 관리는 제이오에서 (인쇄 : 민언 프린텍, 제본 : 다온바인텍, 용지 : 표지 스노우250그램 순백색, 본문-미색모조95그램, 면지 -화인페이퍼110그램), 기획 및 편집은 이현화가 맡다.

2023년 11월 15일. 혜화1117의 스물네 번째 책 『웰니스에 관한 거의 모든 것-지금 '이곳'이 아닌 나아갈 '그곳'에 관하여』가 출간되다. 이는 2021년 12월 5일 출간된 첫 책 『호텔에 관한 거의 모든 것』에 이어 거의 2년 만에 출간하는 저자의 두 번째 책이기도 하다. 이후의 기록은 2쇄 이후 추가하기로 하다. 출간 전 확정한 일정을 미리 기록해두다.

2023년 11월 24일. 오후 7시 서울 독립문 인근 동네책방 '서울의 시간을 그리다' 주관으로 저자의 공간 '원앙아리'에서 독자와의 만남을 갖기로 예정하다.

"우리를 향해 다가오고 있는 웰니스라는 커다란 흐름에 동참하여 선두에 설 수 있는 이 기회를 우리 모두가 놓치지 않기를 바란다."

_한이경

웰니스에 관한 거의 모든 것

2023년 11월 15일 초판 1쇄 발행   **지은이** 한이경
펴낸이 이현화
펴낸곳 혜화1117 **출판등록** 2018년 4월 5일 제2018-000042호
주소 (03068)서울시 종로구 혜화로11가길 17(명륜1가)
전화 02 733 9276 **팩스** 02 6280 9276 **전자우편** ehyehwa1117@gmail.com
블로그 blog.naver.com/hyehwa11-17 **페이스북** /ehyehwa1117
인스타그램 /hyehwa1117

ⓒ 한이경

ISBN 979-11-91133-13-4 03300